国家社科基金后期资助重点项目“新民主主义革命时期马克思主义学术中国化史论”（20FDJA001）研究成果

# 新民主主义革命时期
# 马克思主义学术中国化的生成逻辑研究

庞 虎　陈仁锋 ◎ 著

XINMINZHUZHUYI GEMING SHIQI
MAKESI ZHUYI XUESHU ZHONGGUOHUA DE
SHENGCHENG LUOJI YANJIU

人 民 出 版 社

责任编辑:邓浩迪
装帧设计:姚　菲

**图书在版编目(CIP)数据**

新民主主义革命时期马克思主义学术中国化的生成逻辑研究/庞虎,陈仁锋著.—北京:人民出版社,2025.6
(国家社科基金后期资助项目)
ISBN 978-7-01-026246-8

Ⅰ.①新…　Ⅱ.①庞…②陈…　Ⅲ.①马克思主义-发展-研究-中国-1919-1949　Ⅳ.①DD61

中国国家版本馆 CIP 数据核字(2024)第 020883 号

**新民主主义革命时期马克思主义学术中国化的生成逻辑研究**
XINMINZHUZHUYI GEMING SHIQI MAKESI ZHUYI XUESHU
ZHONGGUOHUA DE SHENGCHENG LUOJI YANJIU

庞　虎　陈仁锋　著

人民出版社 出版发行
(100706　北京市东城区隆福寺街 99 号)

北京建宏印刷有限公司印刷　新华书店经销

2025 年 6 月第 1 版　2025 年 6 月北京第 1 次印刷
开本:710 毫米×1000 毫米 1/16　印张:15.5
字数:300 千字

ISBN 978-7-01-026246-8　定价:89.00 元

邮购地址 100706　北京市东城区隆福寺街 99 号
人民东方图书销售中心　电话 (010)65250042　65289539

# 国家社科基金后期资助项目
# 出版说明

后期资助项目是国家社科基金设立的一类重要项目，旨在鼓励广大社科研究者潜心治学，支持基础研究多出优秀成果。它是经过严格评审，从接近完成的科研成果中遴选立项的。为扩大后期资助项目的影响，更好地推动学术发展，促进成果转化，全国哲学社会科学工作办公室按照“统一设计、统一标识、统一版式、形成系列”的总体要求，组织出版国家社科基金后期资助项目成果。

全国哲学社会科学工作办公室

# 目　　录

# 代　序

## 坚持理论自主性是构建中国特色哲学社会科学的重要前提

习近平总书记在哲学社会科学工作座谈会上提出:“我们的哲学社会科学有没有中国特色,归根到底要看有没有主体性、原创性。跟在别人后面亦步亦趋,不仅难以形成中国特色哲学社会科学,而且解决不了我国的实际问题。”①这段话突出地强调,中国特色哲学社会科学要创造主体性、原创性的理论观点,形成自己的特色和优势。要完成这个重大任务,一个至关重要的前提绝不能忽视,就是必须牢牢坚守理论自主性。

### 一、坚持理论自主性是马克思主义的一个基本原则

坚持理论自主性原则,既体现在马克思主义同其他阶级的理论有着本质的区别,同时体现在它主张每一个国家的理论建构必须有自身的特色。

一方面,马克思主义是代表无产阶级立场的新世界观,深刻揭示了历史发展规律,阐明了无产阶级的历史使命、解放道路、奋斗目标,是无产阶级意识独立性的科学理论形态,同其他意识形态有着根本的区别。坚持理论自主性,必须用马克思主义科学理论武装教育群众,同各种非马克思主义思想划清界限,同时必须与时俱进地发展马克思主义理论。

另一方面,每一个国家的马克思主义者必须独立自主地把马克思主义普遍原理同本国实践、历史文化结合起来,形成具有本国特色的马克思主义理论。贯彻理论自主性原则,必须在把握马克思主义精神实质的基础上,立足于本国具体国情和实际需要,实现马克思主义的本土化发展。依附于外来的理论标准、话语体系,在理论上绝不可能形成独创性的建构,在实践上必然招致失败。

### 二、坚持理论自主性是马克思主义中国化的重要经验

马克思主义中国化发展的历史经验,对于完成中国特色社会主义的发

① 习近平:《在哲学社会科学工作座谈会上的讲话》,《人民日报》2016年5月19日。

展,实现"两个一百年"奋斗目标具有重要启示,毫不动摇地坚持理论自主性就是其中一个极其重要的经验。

第一,同错误思想进行坚决斗争,捍卫马克思主义的指导地位,确保理论上的先进性。中国的马克思主义者,在中国共产党成立前后就同实验主义、无政府主义、空想社会主义等进行论战,为马克思主义中国化扫清了思想障碍。20 世纪 20 年代,中国马克思主义的先行者们积极开展了同国家主义、戴季陶主义的论战,向大众传播阐明马克思主义的基本理论,使马克思主义在中国从一种新思想上升为指导理论。抗日战争期间,中国共产党人和一些学者同国民党围绕着真假三民主义、马克思主义是否适合中国等问题展开论战,在澄清真假三民主义的同时,宣传和捍卫了马克思主义,深入探讨了中国革命的性质、特点、任务和出路等问题,创立了新民主主义理论。20 世纪 40 年代末,在中国革命即将胜利之际,毛泽东撰写了《丢掉幻想,准备斗争》《唯心史观的破产》等文章,揭露了美国对华政策的帝国主义本质,批评了国内一些对美国帝国主义的幻想,用历史唯物主义基本原理对中国革命作了科学分析。在改革开放过程中,我们党对资产阶级自由化思潮进行深刻批判,为推进改革开放廓清思想认识。党的十八大以来,对西方宪政民主、"普世价值"、历史虚无主义等错误思潮进行了有力批驳,为发展中国特色社会主义理论体系打牢了马克思主义思想基础。

第二,抵制各种外来力量控制,打破党内的理论依附思维,捍卫理论上的独立自主性。中国共产党为争取理论自主进行了长期而艰辛的努力。大革命时期,中国共产党尚处于幼年阶段,缺乏组织上的独立自主和理论上的独立建构,实际上存在着对共产国际和国民党的双重依附,在重大问题上缺乏独立话语权和自主决策权。但是,毛泽东等党的领导人努力打破限制,在中国社会性质、各阶级地位分析、农民运动、领导权等问题上,发表了重要的自主性的理论观点,为中国共产党的思想理论建设奠定了基础。土地革命时期,党内普遍存在着对共产国际指示和俄国十月革命经验的教条主义,连续出现了三次"左"倾错误。在这种情况下,以毛泽东同志为主要代表的中国共产党人坚持独立自主地探索中国革命道路,并提出"反对本本主义""没有调查,没有发言权"。遵义会议是中国共产党走向独立自主的标志性事件。自此以后,党在组织上和理论上得到比较顺利的发展。

新中国成立后特别是改革开放以来,中国共产党在不断同各种非马克思主义的、反社会主义的思想进行斗争中,保持了自身理论上的自主性,坚持立足中国具体国情,开创了中国特色社会主义道路和制度,创立了中国特色社会主义理论体系,并在实践中不断丰富和发展。

第三，创造性地把马克思主义同中国具体实际和中华优秀传统文化结合起来，形成了独创性的理论建构。马克思主义理论同中国具体实际的结合，是独立自主的主动性过程而不是外在强制的被动性过程，是根据实践要求不断创新的过程而不是教条主义的照搬照抄过程。一方面，马克思主义中国化的主体是中国人而不是其他人，必须把立足点放在中国人自己身上，放在中国的具体国情上，必须是独立自主而不是被动强制地把马克思主义运用于中国实际。另一方面，这个结合过程是开放的，是对马克思主义的创新发展，而不是封闭僵化的，因此在本质上是一种再创造的创新性过程。

## 三、构建中国特色哲学社会科学必须坚持理论自主性

在构建中国特色哲学社会科学的过程中，必须牢记马克思主义的理论自主性原则，充分发扬中国共产党人坚持理论自主性的优良传统，坚决打破各种理论依附思维，坚定地立足当代中国实际，创建体现中国特色、中国风格、中国气派的哲学社会科学。

第一，坚持以马克思主义为指导思想。构建和发展中国特色哲学社会科学，首先要毫不动摇地坚持以马克思主义为指导。虽然我们党一直强调马克思主义的指导地位，但在思想理论界依然存在着大量非马克思主义、反马克思主义的观点。一些人以“异质性”“包容性”的名义搞指导思想多元化，用各种各样的“主义”“理论”来取代马克思主义，鼓噪所谓的“普世价值论”“西方宪政论”等。对于这些具有鲜明政治色彩的错误思想，我们必须以高度的理论自觉和坚定的政治定力，旗帜鲜明地加以反对和批判，敢于和善于进行理论斗争。

值得注意的是，在马克思主义研究领域也存在着一些模糊认识。一些人刻意抬高“生存论”“生活论”“实践论”“主体论”“过程哲学”的地位，力图降低辩证唯物主义和历史唯物主义的地位；一些人把西方某些学者的观点进行包装，套上马克思主义的名头，在中国思想界宣扬，制造马克思主义多元化的迷雾；一些人主观地“制造”出马克思的马克思主义、恩格斯的马克思主义、列宁的马克思主义，青年马克思主义、中年马克思主义、晚年马克思主义，割裂马克思主义的整体性和一脉相承性，并挖空心思地论证这些“不同的”马克思主义之间的对立；一些人把马克思主义文本化、学院化、晦涩化。我们必须处理好尊重差异同坚持马克思主义指导地位的关系、坚持基本原理同学术创新的关系、基本原理统一性与学术研究多样性的关系、政治性话语与学术性话语的关系，澄清模糊认识，坚决抵制把马克思主义碎片化、庸俗化，维护马克思主义的科学性、整体性。

第二，坚持中国哲学社会科学学术标准。我们正处在经济全球化的时代，各种文化观点相互激荡，不同意识形态相互渗透，文化意识形态安全形势日趋复杂。一些西方国家的意识形态输出和渗透从来没有停止，而且越来越以学术化的形态展开。他们编制了一系列所谓的“普世价值”和普遍标准，输出了一系列包含着意识形态内容的教材，派出大批学者宣讲符合自己意志的学术话语，为其他国家培养遵循自己标准的所谓学术精英，以学术发表、会议、评奖等形式推广他们的价值理念、发展模式和学术标准。中国早已成为这些国家意识形态渗透和学术话语传播的重点。

西方意识形态渗透学术化的倾向和文化标准普世化的做法，在我国理论界已经有相当程度的表现。一些学者、学术机构甚至某些管理部门，已经自觉不自觉地陷入对“洋教条”的膜拜当中。一些人根本不细究或者故意掩盖西方学术标准背后的意识形态指向，以适应全球化、思想解放、学术自由的名义，把“普世价值论”、历史终结论等意识形态话语平移到国内，大力推广并奉为圭臬，提出一些所谓的“理论”或“主义”来“替代”我国的主流意识形态。一些人把新自由主义、后现代主义、解构主义等视为学术标准，仿佛不使用这些话语就是学术水平缺失，反之才是思想精英，特别是当坚守马克思主义的学者对这些做法提出质疑和批评时，往往被视为“缺乏时代感”“传统保守”等。

标准是最重要的导向。当前必须引起重视的是，一些部门和机构在制定学术考核、机构评估、人才引进、职称晋级的标准时，把目光盯在西方的学术刊物、评价标准上，以是否使用引进西方原版教材、是否在欧美刊物发表文章、是否有欧美留学经历作为硬性尺度。在这种导向下，我国哲学社会科学领域出现了不同程度的“失语”“无语”“妄语”情况。一些人完全放弃马克思主义的真理性话语和契合中国实际的表达话语，而用西方社会制度和文化背景的话语体系来阐释中国的现实。因此，面对朝气蓬勃的中国实践，一些理论文章根本不能做出有深度的分析而处于“失语”状态，或者完全把学术理论变成自说自话的文字游戏而处于“无语”状态，或者一味地按照外来话语背后的意识形态指向进行无端地挑刺和攻击而处于“妄语”状态。

构建中国特色哲学社会科学，必须真正做到政治上的坚定和理论上的自主，彻底打破对西方学术理论标准和学术话语的依赖，绝不能搞依附发展，更不能搞模式崇拜。必须把丢失的话语找回来，把缺乏的话语建起来，把有效的话语继承下来，把有用的话语引进来，把模糊的话语弄清楚，把错误的话语清理出去。必须毫不动摇地坚持马克思主义的指导地位，立足中国特色社会主义的发展实践，充分发掘中华优秀传统文化的思想价值，借鉴国外优秀文化，构建符合哲学社会科学发展规律、具有中国自身特色、适应中国发展需要的学术话语和评价标准，充分体现中华民族理论思维的当代水平。

第三，坚持推动哲学社会科学创新发展的原则和方法。习近平总书记指出：哲学社会科学的现实形态，是古往今来各种知识、观念、理论、方法等融通生成的结果，我们要善于融通古今中外各种资源，特别是要把握好马克思主义、中华优秀传统文化和国外优秀文化三方面资源，既要向内看又要向外看，既要向前看又要向后看，坚持古为今用、洋为中用，创造具有中国特色、符合时代特点、遵循学术发展规律的哲学社会科学理论体系。这是构建中国特色哲学社会科学的重要方法和原则，必须认真贯彻落实。

对于国外优秀文化资源，必须坚持以马克思主义为指导，从中国自己的实践和理论需要出发，学习借鉴，为我所用。一方面，必须以开放的胸怀吸收世界上一切优秀的、有益的思想文化，包括哲学、文艺、政治、法律、社会管理等方面的合理性成分，推进中国的理论和实践发展，绝不能搞封闭自守、盲目自大。另一方面，必须摒弃教条主义，破除迷信思维，把立足点放在中国的实际上，把一切外来的优秀文化同中国的现实实践和历史文化有机结合起来，使之中国化为中国特色哲学社会科学的有机组成部分，绝不能简单地照搬照抄。

对于中国传统文化资源，必须以马克思主义为指导，推动其实现创造性转化和创新性发展。中国传统文化经过数千年发展，已经成为中国人的精神血脉和文化基因，沉淀为民族的思维方式和精神品格，是当代中国哲学社会科学发展最深厚的思想资源。但是，传统文化也是一个良莠并存的复杂系统，包含着特定的时代烙印。为此，我们必须着眼于当代人类社会的基本发展趋势，进行甄别选择，去糟粕、取精华，克服其历史和文化局限性，以当代人类文明发展的最新成果丰富其内容。

对于马克思主义理论资源，必须进一步推进马克思主义的中国化时代化。中国特色哲学社会科学的构建，必须在这方面下大功夫，在中国特色社会主义的实践基础上，不断深化马克思主义中国化时代化的创新成果，推动中国特色社会主义理论体系的完善与发展。

第四，坚持构建能够推动中国实践发展的话语体系。一是建构具有自身标识性的概念系统。习近平总书记指出："要善于提炼标识性概念，打造易于为国际社会所理解和接受的新概念、新范畴、新表述，引导国际学术界展开研究和讨论。"①这是创建中国特色哲学社会科学的基础性工作。马克

① 《习近平著作选读》第一卷，人民出版社2023年版，第486页。

思在创建科学世界观的过程中，完成的一项基础性工作就是实现术语革命，他所运用的经济学术语同资产阶级经济学的术语有着本质性的区别。在推进马克思主义中国化的过程中，中国共产党人也创造了一系列标识性概念，诸如实事求是、群众路线、小康社会、与时俱进、以人为本等。党的十八大以来，习近平总书记提出了中国梦、“四个全面”战略、五大发展理念等重要概念和范畴，这些都是构建当代中国哲学社会科学的基础性概念。

二是形成具有创新性的思想观点。要立足中国实践，凝练和提升中国发展经验，分析和回答实践提出的重大问题。当代中国的发展实践产生了最新的经验，需要用新的理论来概括和总结。同时，新的社会实践也提出了众多问题，需要从理论上给予回答。构建中国特色哲学社会科学，就是要深入总结和提升中国经验，解释和分析中国道路，深化和升华中国特色社会主义的实践、理论和制度成果，进一步完善和发展中国特色社会主义的理论体系。

三是创建具有解释力的学术理论。建构中国特色哲学社会科学，归根到底要能够形成解释现实、引领实践的科学理论体系。马克思和恩格斯创立的马克思主义世界观，深刻揭示了人类历史发展的客观规律，科学阐明了实现无产阶级解放的道路方向和方式方法；列宁深刻揭示了资本主义发展到垄断资本主义阶段的新特征，科学回答了帝国主义和无产阶级革命时代的重大问题，形成了马克思主义发展史上的列宁主义阶段。中国共产党人在推进马克思主义中国化的历史进程中，创立了新民主主义理论、社会主义革命和改造理论、社会主义本质理论、社会主义初级阶段理论、社会主义市场经济理论等，深刻揭示了中国革命、建设、改革不同时期的社会性质和主要矛盾，回答了中国新民主主义革命与社会主义革命、建设和改革进程中的重大问题，创立了毛泽东思想、中国特色社会主义理论体系、习近平新时代中国特色社会主义思想，极大地丰富和发展了马克思主义理论宝库。如今，中国特色社会主义进入了一个全面发展的时代，以习近平同志为核心的党中央，创立了中华民族伟大复兴中国梦、“四个全面”战略布局、五大发展理念等理论，不断推进了二十一世纪中国马克思主义的深入发展，这些重大理论创新成果是构建当代中国特色哲学社会科学的主体内容，我们应该以高度的理论自信和理论自觉，深入研究、广泛宣传、丰富发展这些创新思想。

**中国社会科学院研究员　金民卿**

# 绪　论

## 一、选题缘起

### （一）选题背景

近年来，“马克思主义中国化”已成为我国学术界主流话语建构的高频词汇，相关研究成果颇丰，可谓汗牛充栋。但大多数成果将这一命题限定于政治或者意识形态的范畴，一定程度上降低了马克思主义中国化的影响意义，也束缚了学术界在该领域的研究视野。

事实上，“马克思主义中国化”是一个包含意识形态和学术文化在内的多维度多要素辩证统一的综合命题。以中国特色哲学社会科学的起源为视角来研究马克思主义学术中国化问题，能进一步拓展对马克思主义中国化研究的学理思考。例如：在近代中国百舸争流的思想理论领域，马克思主义学派是如何力排众议并最终主导中国近现代学术发展走向的？马克思主义为什么能够破解近代中国学术“中西论争”的两极对立？马克思主义学术指导话语的合理性依据是什么？对这些问题的解答，就构成了“马克思主义中国化”研究在学术思想上的拓展方向，即“马克思主义学术中国化”的研究旨趣。

“马克思主义学术中国化”的研究，既是增强马克思主义中国化科学性、规范性的题中之义，也是建构中国特色哲学社会科学体系的逻辑起点。在马克思主义学术中国化的进程中，马克思主义理论工作者遵循实践需要与理论发展相统一的原则，创造性地将马克思主义立场、观点和方法融入中国哲学社会科学的学科领域，并初步探索出哲学社会科学中国形态的建构使命、意义和方向，具有鲜明的“中国特色”，构成了中国特色哲学社会科学的起源语境。正是从这一意义上讲，“当代中国哲学社会科学是以马克思主义进入我国为起点的，是在马克思主义指导下逐步发展起来的”①。

然而，在当下，马克思主义在我国哲学社会科学领域的指导地位却面临较大的冲击，一方面遭受着西方以“意识形态终结论”架空马克思主义学术话语权的挑战；另一方面，国内学术界仍在蔓延的“西化”和“儒化”思潮，也

---

① 习近平：《在哲学社会科学工作座谈会上的讲话》，《人民日报》2016年5月19日。

在不同程度上造成了马克思主义在部分学科领域中的“边缘化”“空泛化”和“空心化”现象。在此形势下,回溯历史,从中国特色哲学社会科学的起源语境出发,深入探寻马克思主义引领中国哲学社会科学的发展理路和历史经验,就成为马克思主义理论界的当务之急。

### (二) 研究意义

1. 理论意义。马克思主义中国化是一个具有政治性和学术性双重意蕴的科学命题,政治层面的马克思主义中国化离不开马克思主义学术中国化的学理支撑。本书以马克思主义学术中国化为对象,系统研究马克思主义与中国学术相结合的发展历程及演进规律,能够丰富马克思主义中国化的研究视野,为中国特色哲学社会科学的建构,提供必要的学理依据。

2. 现实意义。马克思主义学术中国化是早期马克思主义者超越中西视域,将马克思主义立场、观点和方法融入中国学术研究领域,创造性地建构中国特色哲学社会科学的逻辑进程。本书通过对新民主主义革命时期马克思主义学术中国化的研究,努力挖掘马克思主义引领中国哲学社会科学的合理性依据,能够为净化学术环境、提升马克思主义哲学社会科学话语权,发挥一定的指导意义。

## 二、学术综述

### (一) 马克思主义学术中国化相关研究的综述

目前,学术界关于马克思主义学术中国化问题的研究,成果颇丰,主要涵盖马克思主义学术史、具体社会科学学科的学术史、马克思主义理论队伍建设、中国哲学社会科学话语权等多个领域。

1. 关于中国马克思主义学术史的研究。该领域的代表人物主要是吴汉全,他撰写的《中国马克思主义学术史概论(1919—1949)》一书,是我国学术界第一部系统梳理中国马克思主义学术成果的专著。全书分三个阶段勾勒了马克思主义学术的发展轨迹,并针对陈独秀、李大钊、毛泽东、蔡和森、李达等50多位马克思主义者的学术思想进行具体评析,为本书研究提供了重要的理论资源和立论基础。也有不少学者侧重于对马克思主义学术中国化的重要历史节点的研究。例如:侯静的《20世纪上半叶马克思主义学术中国化之检视》,认为马克思主义学术中国化始于20世纪20年代,发展于30年代,并在中国共产党正式提出“马克思主义中国化”命题之后得到繁荣发展;李方祥在《二十世纪三四十年代“学术中国化”与“马克思主义中国化”的思潮互动》一文中,则把马克思主义学术中国化直接界定为20世纪30年代中后期的“学术中国化”运动,探讨了“学术中国化”与五四以来中国文化发展的承继关系，以及“学术中国化”推动马克思主义中国化进程的思想轨迹。刘小红的博士论文《新民主主义革命时期马克思主义学术中国化研究》，以历史的视角对新民主主义革命时期马克思主义学术中国化进行了比较系统的梳理，为本书研究提供了清晰的历史脉络和丰富的史料支持，具有很好的参考价值。李白鹤的《20 世纪 30 年代“学术中国化”的倡导与马克思主义中国化》、胡倩的博士论文《李平心学术思想与马克思主义学术中国化研究》、侯钇汜的硕士论文《学术中国化与马克思主义中国化的互动关系研究——以延安新哲学会为个案》，从关联性视角，对马克思主义学术中国化的影响因素进行了集中探讨，进一步拓展本领域的研究视野。王向清的《学术层面马克思主义哲学中国化的逻辑发展》、张艳涛的《政治与学术的良性互动：马克思主义中国化新进展》、尹保云的《“马克思主义中国化”的学术定位》、曹峰的《“马克思主义中国化”命题的学术化向度基本问题梳析》等，则以理论的视角，挖掘马克思主义中国化的学术内涵，为本领域研究提供了学理基础。但值得注意的是，当前学术界的研究，主要是把马克思主义学术中国化定位为新民主主义革命时期“中国化”思潮的组成部分，还没有形成对马克思主义学术中国化的整体探讨。

2. 关于各具体社会科学学科学术史的研究。20 世纪，中国哲学社会科学的各学科体系获得快速发展，关于学术中国化的个案研究也逐渐增多。例如：由山东人民出版社出版的《20 世纪的中国：学术与社会》一书，在史学卷、哲学卷、社会学卷等部分都有大量内容涉及马克思主义在该领域的学术探索；由北京社会科学界联合会组织编写的《中国学术百年》丛书，从宏观方面总结了 20 世纪中国社会科学领域的学术争鸣和学术成果，充分彰显了马克思主义学术的主流地位。马启民、侯静的《试论 20 世纪上半期学术界“中国化”思潮》，主要选取艾思奇、陈伯达、范文澜、侯外庐、吴文藻、孙本文等人的学术思想为例，分别梳理了哲学中国化、史学中国化和社会学中国化的发展历程；陈克俭的《王亚南〈中国经济原论〉与中国经济学》一文，则着重肯定了王亚南对“中国经济学”的开创之功。这些成果为本书研究提供了丰富的理论资源。

3. 关于马克思主义理论队伍的研究。马克思主义理论家群体是马克思学术中国化的重要推动者，该群体既包括中共领袖群体，也包括马克思主义知识分子群体。以理论家群体为视角探讨马克思主义学术中国化问题，有助于深化对马克思主义学术中国化践行机制和互动机制的探究。王海军编写的《延安时期知识分子群体与马克思主义中国化研究》一书，着重分析了延安时期马克思主义知识分子群体的马克思主义理论研究和宣传工作，阐述了知识分子对马克思主义哲学中国化、史学中国化、文艺理论中国化、科技思想中国化的学术贡献;马启民、侯静、郭德钦合著的《革命时期马克思主义理论队伍建设史论》一书,对革命时期马克思主义理论队伍的形成背景、发展历程和历史经验作了翔实探索,指出,马克思主义理论家队伍除了党的领袖群体外,还应包括党内外的理论工作者,并认为,中国的马克思主义学派正是在领袖与知识分子的互动中,以及知识分子广泛参与的学术论争中不断形成的,学术论辩机制和主体互动机制构成了马克思主义学术中国化的两个重要动力。

4. 关于马克思主义重大学术活动的研究。当前学术界在该领域的研究,主要集中在"新兴社会科学"运动、抗战时期的"学术中国化"运动以及新民主主义革命时期的各大学术论战等等。在"新兴社会科学"运动的研究方面,向南燕的《新社会科学运动与中国社会科学的发展》一文,考察了"新社会科学"运动时期中国历史学、经济学、社会学等学科的发展状况,突出强调了该时期马克思主义唯物辩证法对中国社会科学发展的引领作用;阎书钦的《"新兴社会科学"的兴起与马克思主义社会科学话语体系的构建》一文,论证了马克思主义者将唯物史观和辩证法运用于中国社会科学研究的情况。在抗战时期的"学术中国化"运动研究方面,郑大华的《抗战时期"学术中国化"运动的再研究》一文,从"学术中国化"面临的内容、任务和目标入手,认为"学术中国化"不能等同于"马克思主义中国化",前者属于学术范畴,后者属于政治范畴,他还界定了"学术中国化"的内涵和外延,认为"学术中国化"运动是以马克思主义为核心和本质;欧阳军喜的《论抗日战争时期的"学术中国化"运动》一文,则从抗战需要以及共产国际的决议变化等两个方面考察了"学术中国化"运动的兴起背景,并从主要代表人物柳湜、潘菽、潘梓年、侯外庐等人的文章中,总结出"学术中国化"运动的基本内涵,包括了坚持马克思主义指导、解决中国实际问题、吸收世界先进文化、批判继承传统文化四个方面。从上述成果可以看出,学术界对马克思主义学术中国化的研究已从宏观把握转向微观探索,为本书研究提供了丰富的历史素材。

5. 关于马克思主义学术中国化与中国哲学社会科学关系的研究。目前学术界并没有将马克思主义学术中国化与中国哲学社会科学的关联性作为一个议题进行探讨,二者之间的互动关系散见于一些学者的零星论述之中。例如:程恩富的《中外哲学社会科学发展的历史脉络》一文,提到了中国现代哲学社会科学体系发源于五四运动时期,并肯定了马克思主义在这一时期对中国哲学社会科学发展的引导作用;王海军的《中国共产党领导创建哲学社会科学的历程与经验探析——以新民主主义革命时期为例》和龚云的《中国共产党新民主主义革命时期领导哲学社会科学的成就与经验》，以党史为视角，梳理了中国哲学社会科学在新民主主义革命时期的发展轨迹，并把抗战时期中共领导的"学术中国化"运动界定为中国哲学社会科学在新民主主义革命时期的成熟阶段；刘小红的《中国早期马克思主义学术话语的建构路径》，则以新民主主义革命时期的学术论战为线索，从学术研究实践、阐释解决现实问题、学术争鸣等三个方面概括了该时期中国马克思主义学术话语权的建构路径。

除了国内学术界的研究成果之外，马克思主义学术中国化问题也吸引了不少国外学者的关注。他们有的偏重于中国马克思主义知识分子的理论贡献研究，有的注重马克思主义知识分子学术成果的对比研究，有的则以先进知识分子与中共领袖人物之间的思想互动为视域展开研究，有的则偏重于某一代表人物或某一学科在马克思主义学术中国化成就方面的研究。虽然，国外学者的论著在某些问题的认识上还存在很多偏颇，但是他们的研究视角和问题导向对拓展马克思主义学术中国化的理论视域具有启迪意义。例如：澳大利亚学者冯崇义在《国魂，在国难中挣扎——抗战时期的中国文化》一书中，以较强的理论性，全面地分析了抗战期间中国的文化思潮与中国学术发展的时代特征，并通过中国共产党、国民党与现代新儒家的思想对比，鲜明地再现了20世纪30年代中国思想界从"世界化"转向"中国化"的发展轨迹。不过，在对"中国化"思潮和"民族形式"的评价中，冯崇义却表现出明显的贬斥态度，不仅把"中国化"直接等同为文化保守主义，还将"中国化"与"世界化"对立起来。美国学者施拉姆对毛泽东思想的深入研究也具有一定的学术参考价值，他的诸多论著不仅提供了许多宝贵的历史资料，也对马克思主义学者与毛泽东思想的学术互动关系进行了研究探讨。但他也在《毛泽东思想》一书中，以"抄袭说"为名，否定了毛泽东在《实践论》和《矛盾论》中的马克思主义哲学中国化学术成就，武断地将这两部著作评判为对苏联教科书的简单抄袭。对这一问题的正视，有助于我们对马克思主义学术中国化的历史局限进行更加深入的思考与反思。

### （二）现有研究的不足

不难看出，国内外学术界在该领域的研究，取得了丰硕的理论成果，但是在某些问题上仍然存在尚待深化的研究空间。

第一，对马克思主义学术中国化的意义和价值体现不够。由于学术界主要将马克思主义学术中国化运动视为近代"中国化"思潮的一个重要分支，并以"中国化"思潮与"马克思主义中国化"的互动关系为思路，探寻马克思主义学术中国化对“马克思主义中国化”命题的学理贡献。这一研究思路,虽然有助于挖掘“马克思主义中国化”命题的学理基础和思想渊源,但却忽视了一个更为重要的理论场域,即:“马克思主义学术中国化”作为“马克思主义中国化”在思想文化领域的重要展现,它对中国现代学术发展和中国哲学社会科学建构的实际意义。

第二,对马克思主义学术中国化的历史脉络梳理不够。目前学术界对马克思主义学术中国化的历史考察,比较集中于对20世纪30—40年代的“新兴社会科学运动”“新启蒙运动”“学术中国化运动”等重大学术事件的研究,较少有人分析这些运动之间的思想演进关系。这就导致关于马克思主义学术中国化在30年代以前的历史梳理还非常薄弱,尚未完整再现它的历史发展轨迹。

第三,马克思主义学术中国化与中国哲学社会科学的关联性研究滞后。首先,从当前中国哲学社会科学的研究状况来看,学者们虽然对中国哲学社会科学的发展历程做了较多的梳理工作,但是,梳理工作几乎都是以新中国成立作为研究起点的,没有涉及中国哲学社会科学的起源语境。虽然,有部分学者如王海军、龚云等,探索了新民主主义革命时期中国共产党领导哲学社会科学发展的历史经验,但还是以中共党史为研究视角,同马克思主义学术中国化的关联不大。其次,从马克思主义学术中国化的现有成果来看,大多数学者仅仅是在反复阐述马克思主义学术中国化的历史贡献,而对马克思主义学术中国化进程中马克思主义引领中国哲学社会科学的发生逻辑、理论依据、运行机制等方面极少涉及。

第四,对马克思主义学术中国化的发生逻辑研究不足。发生逻辑是对马克思主义学术中国化之所以能够发生的内在依据的追问,主要包含两个层次:其一,“马克思主义为什么能”,即:马克思主义引领中国学术发展,最终形成中国特色哲学社会科学的内在根据是什么?其二,“非马克思主义学术为什么不能”,即:近代中国形形色色的西方学术为何难以在中国落地生根,以及中国传统学术为何也不能引领中国学术的发展方向。然而,在这一问题上,大多数学者仍侧重从革命的需要(党内反对教条主义)和政治环境(民族危机)出发来探讨马克思主义学术中国化“何以发生”,这种回答方式仍局限于对外部原因的解释,缺乏对内在根据的深入探析。

第五,对马克思主义学术中国化的学术性与意识形态性复杂关系认识不足。马克思主义学术中国化诞生于近代中国救亡图存的特殊背景下,高昂的救国情怀是当时中国知识界的普遍心态,这就使得近代中国的学术发展呈现出学理探讨与政治博弈相互交织的态势,其直观体现就是学术性与政治性的错综联结。然而,当前的学术界对这一复杂关系的研究却存在两极分化的倾向,或是以国共两党的意识形态斗争为主线统摄当时的学术论争,忽视了对意识形态较量下呈现出的某些学理问题进行深入的探讨;或是只停留在学术层面,仅仅讨论马克思主义学术中国化的学术成就,忽视了学术背后的意识形态导向探究。

## 三、思路方法

### (一) 基本思路

本书以新民主主义革命时期为时域,以马克思主义学术中国化为对象,以中国特色哲学社会科学的起源为语境,围绕马克思主义学术中国化的理论基础、发生逻辑、历史节点、逻辑内涵、路向矫正、作用机制、成果形态、历史意义等问题展开研究,力图从马克思主义学术中国化的进程中总结出马克思主义引领中国哲学社会科学的内在逻辑。

### (二) 研究方法

1. 文献研究法:本书研究需要掌握大量近代中国马克思主义者的原始成果,涉及哲学、历史学、经济学、社会学等多个学科的文献资料,力图通过对文献资料的分析、识别、选择、梳理和整合,进行相关问题的逻辑推演。

2. 历史考证法:本书力图通过梳理马克思主义学术中国化的历史脉络,寻找最具代表性的历史节点,以期再现马克思主义学术中国化对中国哲学社会科学的历史影响。

3. 逻辑分析法:透过马克思主义学术中国化的关联要素及演进态势,分析其中的逻辑关系和运行规律。

4. 辩证分析法:在对马克思主义学术中国化历史意义的评价中,既肯定马克思主义学术中国化的历史贡献,也正视其中的诸多局限。

## 四、概念界定

“马克思主义学术中国化”是本书的核心概念,目前学术界众说纷纭、莫衷一是,尚未形成对这一概念的权威界定。笔者认为,从其形成发展的历程来讲,“马克思主义学术中国化”就是理论家在马克思主义的指导下,遵循“学术中国化”的发展理路,将马克思主义立场、观点和方法融入中国的学术研究领域,创造性地建构中国特色学术体系的逻辑进程。本书特指马克思主义引领中国特色哲学社会科学学术体系的建构进程。

马克思主义学术中国化不仅是中国近现代学术发展史上的典型现象,而且是建构中国特色哲学社会科学的逻辑起点和内在动力。就其实质内涵

而言,主要包括以下几个方面:

1. 中国马克思主义理论家是马克思主义学术中国化的主要推动者,广大人民群众的实践是马克思主义学术中国化的直接源泉,近代以来的中国社会是马克思主义学术中国化的现实土壤。

2. 马克思主义与中国学术领域的辩证融合是马克思主义学术中国化的逻辑主线,创建中国化马克思主义学术话语权乃至中国特色哲学社会科学话语权是马克思主义学术中国化的主要目标。

3. 马克思主义学术中国化既要直面中外文化的论争,又要着眼中国社会现实需要,因而它并不是纯粹的学术范畴,而是一个与时俱进、不断创新的实践活动,具有鲜明的现实导向性。

# 第一章　马克思主义学术中国化的理论前提

马克思主义尽管诞生于170多年以前资本主义工业化时代的欧洲,但历史和现实都已证明它是真理,迄今仍有强大的生命力,能够为中国的科学体系建构提供先进的方法、原则和立场。科学研究又具有鲜明的价值属性,也迫切需要先进意识形态的方向指导。马克思主义学术中国化能够引领中国学术达成科学性与价值性的辩证统一。

## 第一节　马克思主义是科学

——驳"马克思主义非科学"论

马克思主义自诞生之日起,就一直遭到一些思想流派的质疑、批判甚至否定。马克思主义正是在与错误思潮的斗争中不断彰显自身的科学性,任何形式的误解和歪曲都是不能成立的。

### 一、"马克思主义非科学"的谬论

否定马克思主义科学性的观点由来已久,早在马克思主义诞生之初,一些资产阶级理论家就将马克思主义视为异教邪说,猛烈抨击它的合理价值,特别对社会主义取代资本主义的可能性表示质疑。东欧剧变、苏联解体后,社会主义运动走向低谷,西方资本主义趁机鼓吹"历史终结论""意识形态终结论",反马克思主义浪潮迅速高涨。受其影响,国内一些"用心不良"人士大肆鼓吹"西化"论调,否定马克思主义指导价值和中国共产党的执政地位,夸大国内的马克思主义信仰危机,致使在某些领域马克思主义被逐渐边缘化、空泛化、标签化,甚至在一些学科中"失语",在教材中"失踪"、在论坛上"失声"。

概括起来,"马克思主义非科学"的论断,主要包括以下几个观点:

一是,认为共产主义理想是不切实际的"乌托邦",是浪漫主义的幻想,是"规范目的论"的价值理论。例如:科拉科夫斯基认为马克思主义是"这个世纪最伟大的幻想",他把马克思主义所取得的一切成果都归于其预言的、幻想的和非理性的成分①;宾克莱用"人间乐园"与"一场梦幻般的美景"来说明马克思的共产主义理想是乌托邦;波普直接把马克思主义比作"乌托邦蓝图",认为它最终是要实现"理想乌托邦"②的发展;海尔布隆纳也宣称马克思主义是不言而明的目的论,是太平盛世下的假想。他们都把马克思主义的社会理想归结为毫无科学根据的"目的论"的价值追求,把马克思主义曲解为非科学的学说。

二是,把马克思主义的世界观历史观进行道德化、宗教化扭曲,把马克思主义说成是"道德激进主义"或"人道主义宗教"。例如:波普将马克思的真正贡献归于他的道德激进主义,认为他对资本主义的批判主要是一种道德批判③;宾克莱认为马克思的历史观不是科学的规律,不过是历史哲学的体现;甚至有人认为马克思是一位宗教道德家而非经济学家或历史学家。人们认为马克思对资本主义的批判多是对遭受资本家剥削压迫的工人阶级的同情,是出于人道主义的谴责而不是基于科学的批判。

三是,极端化马克思主义的政治意识形态性,企图依此将它踢出"科学"的圈子。以马克思主义意识形态性来否定它的科学性的观点,是有其特定的历史背景的。俄国十月革命的爆发使无产阶级的革命意识日益突显,从而使马克思主义意识形态性的一面更加突出;东欧剧变、苏联解体后,马克思主义在资本主义的猛烈攻讦下遭遇了前所未有的怀疑,从而使它的意识形态性得以突显,科学性遭到质疑。随后,以"实用主义""实证主义""非理性主义""历史虚无主义"来曲解、误解、肢解甚至消解马克思主义,提出了"马克思主义过时"论、"社会主义失败"论、"告别革命"论、"共产主义渺茫"论、"共产主义最终消亡"等消极观点,如布热津斯基宣称"共产主义最终消亡"、海尔布隆纳宣称"资本主义获得了最终胜利"、福山的"历史终结论"等谬论,使得这一观点不断泛滥。

此外,还有一些人侧重在微观层面上直接或间接地否定马克思主义的科学性。例如:有人刻意制造"恩格斯反对马克思""青年马克思反对老年马克思""马克思反对马克思主义"④等荒谬言论,严重割裂了马克思思想的发展历史,肢解马克思主义体系的完整性。一些人还在某些学科的教材

① 参见陶玉泉:《马克思主义是科学——评西方学者用非理性主义曲解马克思主义本质的观念》,《南京政治学院学报》1996年第6期。

② 陶玉泉:《马克思主义是科学——评西方学者用非理性主义曲解马克思主义本质的观念》,《南京政治学院学报》1996年第6期。

③ 参见陶玉泉:《马克思主义是科学——评西方学者用非理性主义曲解马克思主义本质的观念》,《南京政治学院学报》1996年第6期。

④ 参见张艳涛:《怎样科学对待马克思主义》,《马克思主义研究》2012年第5期。

中,大量引用西方政治学和西方经济学的观点,认为马克思主义"劳动价值论缺乏实证""剩余价值论只是一种臆想",企图以现代资本主义经济学来取代马克思主义政治经济学的学科地位。

## 二、马克思主义的科学属性是马克思主义学术中国化的首要前提

首先,它是完整的科学的理论体系。

马克思主义本身也是一种理论,有着完整的思想体系,其理论张力主要体现在以下两个方面:

其一,它的三大组成部分是内在统一的有机整体。马克思、恩格斯在批判吸收德国古典哲学、英国古典政治经济学与英法空想社会主义合理成分的基础上,形成了马克思主义的哲学、政治经济学和科学社会主义,这三大部分共同构成了完整的马克思主义理论体系。其中,马克思主义哲学作为基础理论,为其他两部分提供思想方法;政治经济学作为分析框架,为其他二者提供具体素材;科学社会主义则是现实结论,为其他二者提供价值归宿,三者之间是内在统一的有机整体。

其二,它是科学的世界观和方法论。马克思曾以"新唯物主义"来称呼自己的理论,其实质是一种新的世界观。马克思主义世界观就是辩证唯物主义和历史唯物主义,是与主观唯心主义和形而上学唯物主义根本区别的新的世界观。在此基础上,马克思和他的追随者还将马克思主义作为认识世界和改造世界的思想武器,在指导人们在具体实践中不断彰显了自身的真理魅力,成为迄今为止世界上最先进的世界观和方法论。

其次,马克思主义是世界上最先进阶级的科学理论。

马克思主义是批判的、革命的理论,阶级性是其最鲜明的特征,它自诞生之日起就公开声明自己是为全世界无产阶级服务的,是无产阶级立场在理论上的表现。它一方面揭露资本主义根本矛盾的经济根源,论证资本主义制度的暂时性以及被社会主义、共产主义代替的历史必然性;另一方面指出工人阶级的先进性,通过揭露工人阶级受资产阶级剥削的实质,唤起无产阶级的革命意识与使命意识,使全世界无产者联合起来彻底消灭任何剥削制度,最终实现共产主义的崇高理想。马克思主义最大的生机和活力,就在于把严格的科学性与鲜明的阶级性、彻底的革命性有机统一起来。

一直以来,马克思主义坚定的阶级立场正是那些"马克思主义是非科学"的倡导者反对马克思主义的主要借口,他们把当代工人阶级的某些嬗

变解读成马克思主义阶级基础的消亡，把马克思主义对工人阶级受剥削实质的揭露解读为基督教式的“道德宗教”等等。无论何种形式的诋毁，实际上都是否定马克思主义所代表的无产阶级的先进性，最主要的是否定马克思主义所预言的“两个必然”——资本主义必然灭亡与共产主义必然胜利的客观历史规律，其最终目的就是要动摇人们对社会主义和共产主义的信仰，维护资产阶级的剥削统治。该观点的最大依据就是马克思主义所代表的利益群体——无产阶级已发生了“重大改变”，当代发达资本主义国家的工人阶级已不再是资本主义制度的“掘墓人”。在此基础上，他们还抛出了“资产阶级与无产阶级一体化论”等作为反对马克思主义的理论依据。这些理论企图模糊甚至掩盖阶级差别，混淆工人阶级与资产阶级的界限，进而把那些阶级立场脆弱、使命意识淡薄的工人阶级划归“中产阶级”的范畴，企图一方面减少工人阶级的数量，借机宣传“工人阶级消失论”，另一方面壮大资产阶级的力量，宣扬“资本主义永恒论”。

诚然，当代资本主义国家尤其是发达资本主义国家的工人阶级与马克思、恩格斯所处时代的工人阶级相比，确实发生了变化，例如：工人阶级的私人财产大幅度增加，政治权利有了较好保障，文化水平已经大大提高，有些工人还直接参加了管理，甚至当了股东，等等。这些状况的出现，是否意味着无产阶级的阶级本性丧失？是否意味着共产主义变成了浪漫主义的“幻想”？是否意味着马克思主义便是“规范目的论”的价值追求？答案显然是否定的。这是因为：当代资本主义国家的工人阶级仍是与先进生产机器相联系的劳动阶级，同时也是资本主义国家物质财富与精神财富的生产者和创造者，这些财富所包含的剩余价值仍是由工人阶级创造的，但仍被大资产阶级乃至中小资产阶级所占有，生产资料的私人占有制仍未改变，工人阶级受剥削、被统治的地位更没有实质性的改变，改变了的仅仅是工人阶级自身劳动力再生产的条件而已。资本主义国家再如何改变也根本改变不了其生产的社会化与生产资料私人占有之间的基本矛盾。所以，工人阶级的阶级属性不会随着自身生活状况和生产条件的改善而消失，更不会与资产阶级“一体化”。

相反，资本主义经济的发展，在量和质上都壮大了工人阶级的力量。随着资本主义高新科技产业的发展，资本家为了更多地榨取剩余价值，大力提高工人阶级劳动力再生产的文化条件，造就了大批新的科技知识分子，也推动了普通工人的知识化进程。这些科技知识分子仍未改变雇佣劳动者身份，与知识化了的普通工人阶级一起成为先进生产力的代表者，是未来实行革命或变革的主要力量。当代资本主义乃至未来资本主义的“掘墓人”不会消失，而且会越来越壮大，只要资本主义制度没被消灭，生产自己“掘墓人”的进程就不会终止。

所以，“马克思主义是无产阶级及其政党的指导思想”的论断并没有过时，那些企图掩盖阶级矛盾而否定马克思主义科学性的理论，是站不住脚的。

再次，它是发展的理论，具有与时俱进的理论品质。

马克思主义能否与时代同步，发挥新的价值，是衡量它是否科学的重要因素。马克思主义是发展的理论，这是恩格斯晚年指导美国工人运动时针对当时的教条主义和宗派主义而提出来的科学论断，也是马克思主义的重要品质。历史已充分证明，固守马克思主义的“原教旨”，以教条化、僵化的方式对待马克思主义，恰恰是歪曲了马克思主义的品质。相反，只有在具体实践中因时、因地、因条件不断发展和完善马克思主义，促进马克思主义的中国化，才能最终取得革命、建设和改革的胜利。那些还在纠缠于马克思主义理论与当今社会不相适应的某些枝节从而大肆渲染“马克思主义过时论”的人士，是对马克思主义发展品质的亵渎。马克思主义不会过时，或者说它本来就不存在是否过时的问题，原因就在于，它从没给后人提供过某种具体的教条化的操作，它只提供了方法论指导和行动指南，马克思主义正是在不断的自我发展、自我完善中才获得了永久的活力。

讨论马克思主义的与时俱进品质，需要考量和澄清以下几个问题：

其一，当前所处时代的界定。这是理解马克思主义与时俱进品质的现实前提。这里所说的时代，主要是指世界范围的大时代，又包含我国当前社会主义建设的小时代。关于我们当前所处何种时代的问题，学术界大致有三种观点：一是当今时代仍是资本主义占统治地位的时代；二是当今时代仍是由资本主义向社会主义过渡的时代；三是当今时代仍处于世界历史大调整的时代①。从总体上来看，应该说，目前的时代仍是资本主义主导的时代，但由于资本主义的自我调整也在一定程度上积累了社会主义的因素，所以它的过渡方式也可能发生变化，即：可能由阶级斗争的方式向社会主义改革的和平发展方式转变。另外，还应看到，虽然世界社会主义运动处于低潮，但以中国为代表的现有社会主义国家正焕发出勃勃生机，不断壮大着社会主义力量。由此可见，社会主义是一个世界性的

① 参见赵明义等：《理论与实际结合：马克思主义·科学社会主义当代化与本国化研究》，山东人民出版社 2009 年版，第 42—43 页。

范畴，不能仅把个别时期个别国家的现状作为判断依据，还要考虑到发达资本主义国家经过社会主义因素的积累而逐渐向社会主义过渡的趋势。只有以辩证发展的眼光来看待社会主义发展问题，才能全面把握当今时代的主题和趋势，才能提出符合自身实际和时代潮流的历史任务。马克思主义也只有立足当今时代的变化，时刻保持与时代同步，才能保持旺盛的生命活力。

其二，马克思主义的当代意义。这是马克思主义时代化的价值体现。任何理论都是自己时代精神的升华，诞生于170多年前的马克思主义能否代表当今时代的精神？要回应这种质疑，就要理解马克思主义在当今时代的应用价值。其之所以具有当代价值，首先在于它是实践的理论，时刻关注实践和时代提出的现实问题。它从来都不是抽象思辨的形而上学，而是关注现实的人的生活世界，其理论体系的三大组成部分都是针对“人的发展”这一现实问题而作出的理论论证，而人的发展是任何时代都必须面对的永恒话题。其次，马克思主义为认识和把握人类社会的发展进程提供了规律性指导。马克思以生产力与生产关系矛盾运动规律、经济基础与上层建筑矛盾运动规律为基础创立了唯物史观，揭示了人类社会形态更替的发展趋势，并通过剩余价值理论揭示了资本主义必然被共产主义所代替的历史必然性，还提出了实现全人类解放和人的自由全面发展的终极使命，为人类社会文明的发展指明了方向。这一理论迄今仍有现实指导意义。此外，最重要的是，马克思主义仍是新时代中国的指导思想。马克思主义与中国共产党、中国人民、中华民族的命运紧密相连，是我们立党立国的指导思想，为新时代党和人民的事业提供了科学理论指导，为全国人民团结统一提供了思想基础，所以新时代必须坚持和发展马克思主义，以当代中国马克思主义为指导。

其三，马克思主义的发展性并不排斥质的稳定性。由历史的延续性所决定，马克思主义的与时俱进绝不是脱胎换骨，也不是标新立异，而是必须保证其核心、精髓、灵魂的稳定性。随着时代的转移，马克思主义的某些具体思想和观点难免已跟不上社会的需要，但其中反映根本立场和客观规律的普遍原理和基本方法是永不变质的，无论任何时代都应坚持。马克思主义的发展是在质的稳定性指导下的发展，而质的稳定性也要在马克思主义不断发展中得以证明，二者彼此依赖，相得益彰。

上述几个方面构成了马克思主义具有不容置疑的科学属性，正是在这一前提下，马克思主义才能充分发挥自身的真理魅力，引领学术界突破以往种种缺陷，在主观与客观的辩证统一中，开辟学术中国化的新局面。

## 第二节　科学具有价值导向
### ——驳“科学价值中立”论

科学的价值性问题一直是学术界争论不休的重要问题，究竟是坚持纯粹意义的“价值中立”，还是鼓励价值选择，这是关乎中国学术发展取向的重大原则性问题，应该予以高度重视。

### 一、“科学价值中立”是根本不可能的

“价值中立”最早指“西方社会科学研究中一种带有唯客观主义色彩的方法论原则”①，它要求社会科学研究者在进行研究时，仅陈述客观事实，杜绝主观判断，保持价值中立。到目前为止，“价值中立”论的形成发展主要经历了三个阶段，出现了三种代表性的理论，具体内容如下：

第一，实证主义的价值中立论。

文艺复兴时期，宗教神学统治被打破，科学取代宗教成为思想理论界的权威，这不仅改变了人们的思维方式，也改变了哲学社会科学的研究方法。以孔德、斯宾塞、杜尔凯姆为代表的实证主义学派，以研究自然科学的方法研究社会科学，形成了实证主义的价值中立论。他们认为，社会科学与自然科学一样都是对客观规律的追寻，二者本质上具有同一性，因此在研究方法上也具有趋同的可能性，即按照自然科学的研究方法来研究社会科学问题。在这一方法指导下，他们对研究对象以及研究获得的结果只作“事实判断”，不作“价值判断”，将个人的主观意志完全摒除在客观性之外，不包含任何的价值因素。实证主义价值中立论在当时具有很大的积极意义，它打破了宗教神学的藩篱，以客观性为标准将社会科学从神学和形而上学的束缚中解放出来，被当做真正的科学。但其致命缺陷就在于混淆了自然科学与社会科学的本质界限，把客观性视为衡量一切科学的唯一标准，从而否定了价值性在社会科学中的应有地位，扼杀了人的主体性自由。

对此，深受康德价值哲学影响的新康德主义者提出了明确区分自然科学与社会科学的主张。在康德的价值哲学里，自然（自然哲学）和自由（道德哲学）是人类理性的两个法则，自然哲学研究的是“是什么”的问题，道德哲学则探讨“应该怎样”的问题。以文德尔班和李凯尔特为代表的新康德主义者，把自然科学与社会科学作严格区分，将前者看作可感觉的科学世

① 周蔚华：《价值中立论批判》，《中国人民大学学报》1991 年第 3 期。

界,旨在把握自然界普遍存在的客观规律,属于规范性科学,与价值无关;而把后者看作不可感觉的价值世界,旨在研究变化着的不可重复的具体的特殊个体——人的行为及其背后的价值内涵。李凯尔特进一步提出"价值关联"的概念,并把它与"价值评价"相区分,认为价值评价是主观的个别的,价值评价使人们即使对待同一事物也可能得出不同结论;而价值关联则是客观的共同的中立的,通过价值关联人们能对一事物形成共识。因此,社会科学研究无法也不能离开价值关联。新康德主义者对自然科学与社会科学作了明确区分,并对其中涉及的事实与价值、价值关联与价值评价进行了辨别,一定程度上纠正了实证主义的唯科学倾向,但又否认社会领域的规律性,不可避免地陷入了主观主义的泥潭。

第二,马克斯·韦伯系统化了的价值中立论。

如果说,实证主义价值中立论将价值完全驱逐出社会科学领域从而导致科技理性的过度膨胀,是一个极端,那么新康德主义又过度强调社会科学研究中的价值关联,导致了主观主义泛滥,走向了另一个极端。而马克斯·韦伯则努力规避两个极端遇到的理论和现实困境,试图在实证主义与新康德主义之间寻找平衡,于是形成了系统化的价值中立论。

在韦伯看来,价值中立有两层含义:一是社会科学工作者需要按照自我价值观念选择研究课题,一旦确定研究课题之后,就必须摒弃一切主观情感,以价值中立的态度考察分析收集到的材料和数据;二是研究者在对这些材料考察分析的过程中只做描述客观事实的"事实判断",而不做教人价值选择的"价值判断"。

韦伯在主张社会科学研究"价值中立"的同时,并不否定其价值性与有用性,至于能得出怎样的价值性与有用性,这与个人的价值观念和价值评价相关,也就是说,"价值中立要求免于价值判断,但却不能免于价值关联或价值参照"①。对此,韦伯将价值中立与价值关联进行了严格区分。他认为,价值中立不是排斥社会科学中的价值因素,相反,对社会现象背后意义的揭示也就是对这个社会现象表现的价值的呈现;另外,一定历史条件下社会现象的意义是人为赋予的,社会科学研究者要揭示其意义,需要了解当时条件下的人是在什么样的价值观念驱动下做出的这一行为,研究者在选题、收集资料以及得出结论的过程中所表现的主观目的性,都与价值相关联。为了方便区分价值立场问题,韦伯把价值立场区分为科学外价值立场与科学内价值立场:科学外价值立场指的就是价值关联,是研究者本身所秉持的

① 周蔚华:《价值中立论批判》,《中国人民大学学报》1991 年第 3 期。

价值观念和所代表的阶级立场，为社会科学研究提供"规范性建议"；而科学内价值立场是指科学研究过程中必须保持价值中立的科学态度，只能客观地描述事实，不作任何的价值判断。两种方法相互结合，构成了马克斯·韦伯价值中立论的系统化特色。

第三，当代西方价值中立论。

马克斯·韦伯价值中立论中的科学与价值是一种既对峙又关联的关系，但在当代西方价值中立论者们却将科学与价值完全对立起来。他们与实证主义一样，都否认科学中的价值因素，认为科学中不应包含价值的参与，从而又把价值中立论推向完全抛弃价值的极端地步。当代西方价值中立论的缺陷在于它割裂了真理与价值、科学与意识形态的辩证统一关系。他们在此理论的指导下，已把矛头指向马克思主义，例如："奥地利马克思主义"者阿德勒、希法亭等人认为，马克思主义是"实证的唯物主义"，只是一种经验科学，与意识形态是分离的，是非意识形态的，与阶级立场、政治态度、价值判断无关，马克思主义研究应该保持意识形态和价值上的中立性。贝尔进一步指出，意识形态是与科学相对立的政治偏见，是被歪曲了的虚假意识，所以，意识形态在科技思潮下已完全终结，马克思主义作为一种意识形态也就终结了、过时了。

针对上述观点，法兰克福学派进行了批判。他们认为，科学必须有"价值负载"，科学在表面上是客观的、中立的，但正因为排斥了价值，它最终压抑了主体自由，沦为维护现存制度秩序的工具。法兰克福学派正确指出了当代西方价值中立论为现存资本主义制度辩护的本质，但又过分抬高了社会科学的意识形态性，否定了科学的客观性。

价值中立论在强调社会科学研究的客观科学性、反对主观随意性方面，有一定的合理性，但从总体上来看，价值中立论是错误的。它自身包含着无法克服的内在矛盾，其根源在于没有认清科学与价值的辩证关系，必然导致非此即彼的极端化倾向，使科学与价值陷入了矛盾对立的泥沼。

首先，就宏观发展趋势而言，最初，大多数学者对特定领域的研究确实是只停留在单纯的学术层面，只有少数人认可它们之间的关系，但是，真正的科学是要既能指导客观现实又能反映客观现实的，如果它想表达更多的人类诉求，蕴含更多的人类情感，从学术圈走向公共领域乃至国家高度，都是需要历经从学术层面转向政治层面，从对思想理论探索转向对国家意识形态建构的过程。也就是说，学者们肩负着既要解决学术难题，又要服务于国家政治问题的责任，是意识形态国家机器的重要智库，具有意识形态的特质。而意识形态实则是学术研究由真理转向价值的智慧结晶，它蕴含着丰富的思想理论成果，并自觉规范着学术领域的发展方向，使之能够从基于真理的自由探索提升为国家核心价值的飞跃。“现如今，没有一种意识形态不是扎根于哲学社会科学的”，“如果在现代社会，完全剔除哲学社会科学，那么国家意识形态也将不复存在”。[①] 可见，学术研究特别是哲学社会科学领域的研究在很大程度上承担着为国家意识形态建设服务的重任，特别是对于大国而言，没有与国家价值体系相契合并为国家价值体系服务的学术研究，该国的意识形态基础必然很脆弱。同时，在唯物史观看来，经济基础决定上层建筑，上层建筑又包含着政治的上层建筑和意识形态的上层建筑。学术理论成果作为上层建筑的一部分，不仅为无产阶级社会主义经济基础服务，更为革命的政治斗争服务。社会主义的经济基础决定社会主义的政治上层建筑，而中国的学术研究是根植于中国特色社会主义经济基础的上层建筑，必须服务于社会主义公有制的主体利益。特别是，一定时代、一定社会的科学，历来都是具有阶级性的。迄今为止，整个人类社会仍处于阶级社会，社会主义制度与资本主义制度、工人阶级与资产阶级的对立与斗争依然存在。当前在我国，虽然主要矛盾已发生重大转变，阶级矛盾已逐渐淡化，剥削阶级也已被消除，但是阶级斗争仍然存在，甚至在某种程度上还会被激化。列宁曾说过：“建筑在阶级斗争上的社会是不可能有‘公正的’社会科学的。”[②]当无产阶级登上政治舞台，以马克思主义为指导的科学研究逐渐打破了剥削阶级的藩篱，发掘并运用了社会发展的客观规律，能够站在人民的立场上，既追求客观世界的真理，又反映社会主义的本质规律，成为我国意识形态体系的重要组成部分。

其次，就学术研究的微观运行机制而言，它也不可能脱离意识形态的特质，以马克思主义指导下的哲学社会科学领域表现得尤为突出。

一是，研究对象的特质，决定了科学研究不可能价值中立。任何一门科学都不是脱离人类社会的空中楼阁。哲学社会科学更是如此。哲学社会科学一开始就是一门研究人的学问，研究对象始终是人的行为背后的意义或价值，包括文化、历史、道德等在内的一切社会活动及现象都可以成为哲学社会科学的研究对象。哪些社会现象能够纳入研究者的认识和实践范围而成为研究对象，这不仅与研究者个人的主观兴趣有关，更与研究者自身所代表的阶级立场和价值取向直接相关。研究过程中，既有研究者对社会现象内在规律的真理性把握，也包含对社会现象具体要素和内涵的价值性选择

① 安维复：《哲学社会科学与意识形态关系的合理化重建》，《学术月刊》2010年第9期。

② 《列宁选集》第2卷，人民出版社2012年版，第309页。

与评价。所以，科学研究从研究对象的确立到最终结果的评定，都包含着价值的因素。

二是，研究者的强烈主体性，决定了科学研究不可能价值中立。在社会科学研究领域，研究者既是客体更是主体，人的主体性始终贯穿于社会科学研究的始终。人在本质上就是一切社会关系的总和，所以研究者本身必然会把自身所属的阶级、阶层、团体、民族的利益、立场、观念和信仰融入研究之中，必然给社会科学研究打上强烈的主体性烙印。

三是，社会发展规律的倾向性，决定了科学研究不可能价值中立。哲学社会科学领域的研究主要是对一定历史条件下的社会规律的揭示，这必然涉及不同阶级、民族和国家的不同历史环境，因此，它所揭示的社会规律不可避免地带有群体适用性和价值倾向性。一定历史条件下所揭示的社会规律总是被一定的阶级或群体所认可并自觉遵循，同时也被另一阶级或群体所攻击和反对，例如：劳动价值论与“两个必然”的社会发展规律，反映了无产阶级的价值立场，对资本主义不利，所以必然遭到资产阶级的诋毁和歪曲。这说明，社会发展规律的揭示和运用也具有鲜明的意识形态性和阶级性，并不是价值中立的。

四是，价值中立论本身的价值性，也决定了价值中立是不可能的。价值中立论将科学真理与价值对立起来，都不同程度地摒弃价值参与，这本身就是一种价值取向，本质上已与价值中立论相违背。例如：当代西方价值中立论借批判马克思主义的意识形态性来阐述自己的价值中立理论，这种批判本身就是一种价值判断和价值选择，这与价值中立论的核心观点是相互矛盾的。这种无法克服的理论本质上的内在矛盾，决定了科学研究的价值中立是不可能的，跳出这种矛盾怪圈的唯一办法就是放弃价值中立论。

## 二、马克思主义的价值属性是马克思主义学术中国化的根本依据

马克思主义的诞生，并不是经典作家在书斋中所实现的某种空想的理论体系，而是出于对人类命运的终极关怀，在思考如何解放全人类的问题中得出的科学结论。应该说，在马克思主义产生以前，从来没有一个真正代表全体劳动人民根本利益的理论学说。空想社会主义和一些资产阶级学说，或者是关于“代表全人类”的抽象宣扬，或者是对“自由平等”“普遍人权”的自我标榜，最终都沦为无法实现的美好空想。与之相反，马克思主义者自从诞生以来，就始终秉持对无产阶级苦难的深切关怀，聚焦被压迫民众的解放道路，为捍卫广大人民群众的根本利益不懈奋斗，正如马克思所说，他要

创立的“真正的哲学”,是汇集“人民的最美好、最珍贵、最隐蔽的精髓”,是“自己的时代、自己的人民的产物”①。他把这一“真正的哲学”的出发点确立为“从事实际活动的人”②,把“真正的哲学”的立足点扎根在“人类社会或社会化的人类”③,把“真正的哲学”的理论归宿确定为“每个人的自由发展”为前提的“一切人的自由发展”④。这一“出发点”“立足点”和“理论归宿”鲜明体现了马克思主义为人类谋求解放的理论旨趣。因此,马克思主义可以作为无产阶级和一切被压迫民族谋求自由解放的理论武器,从而为全人类的最终解放找到了现实的力量。正如列宁所说,马克思主义之所以具有“不可遏止的吸引力”,就在于它表明科学的目的和任务就是帮助被压迫的阶级和群众去从事实际的斗争,高度地实现了科学性与价值性的结合。⑤

以马克思主义引领中国学术的价值建构,是对近代以来中国国情的客观反映。主要体现在以下两点:一是,经受了历史的检验。近代意义上的中国科学发源于五四运动前后,受民主与科学两大思潮的洗礼,中国科学的建构自起步之日起,就非常注重和寻求与意识形态话语的对接。中国共产党诞生后,陈独秀等早期领导人大力传播马克思主义,引领研究工作者关注和研究中国现实问题,努力打造马克思主义学术话语,并通过与形形色色非马克思主义或反马克思主义思潮的论战,提升其在中国学术话语体系中的指导价值,逐渐成长起来的马克思主义理论群体正成为引导新民主主义革命的“先觉”力量。二是,反映了中国的阶级状况。近代中国学术的建构之初,世界正处于由资本主义向帝国主义过渡的特殊时期,西方列强加紧对外扩张,资本主义与社会主义的对立斗争异常激烈。反映在国内,新旧势力轮番登台,帝国主义与中华民族、封建阶级与农民阶级、垄断资产阶级与工人阶级之间的矛盾斗争日趋复杂。中国学术界只有在马克思主义指导下牢固树立先进阶级的立场,准确反映人民大众的根本利益,顺应中国革命的发展潮流,才能审时度势,在错综复杂的矛盾斗争中谋得自身的生存空间。

充分激发马克思主义的价值属性,推动马克思主义学术中国化建设,主要可以为中国学术的优化建构解决以下几个核心问题:第一,“真懂真信”的问题。“理论一经掌握群众,也会变成物质力量。理论只要说服人,就能

---

① 《马克思恩格斯全集》第1卷,人民出版社1995年版,第219—220页。
② 《马克思恩格斯文集》第1卷,人民出版社2009年版,第525页。
③ 《马克思恩格斯文集》第1卷,人民出版社2009年版,第506页。
④ 《马克思恩格斯文集》第2卷,人民出版社2009年版,第2页。
⑤ 参见《列宁选集》第1卷,人民出版社1995年版,第83页。

掌握群众；而理论只要彻底，就能说服人。"①理论彻底是说服群众、掌握群众，进而转化为群众物质力量的首要前提。推动马克思主义学术中国化进程，根本上就是要将马克思主义的科学观点、立场、方法运用于具体领域的研究之中，增强学术成果的理论彻底性和说服力，以更好地彰显马克思主义和中国科学研究的时代价值。第二，"为什么人"的问题。阶级立场是决定学术研究根本性质和职能取向的重要因素。推动马克思主义学术中国化进程，就是要使中国理论工作者树立为人民做学问的意识，尊重人民的主体地位，将个人的学术追求与国家和人民的需要相结合，创造出人民大众喜闻乐见的优秀理论成果。第三，"怎么用"的问题。学术研究不是居高临下的空洞说教，必须着眼于时代发展，不断解决新矛盾新问题。推动马克思主义学术中国化进程，就是要以马克思主义的开放性特质来引领中国学术领域的革新和完善，增强学术研究的问题意识，不断结合新的实践，创造新的理论，又以新的理论来推动社会实践的继续发展。

具体来说，马克思主义引领下中国学术的价值属性主要体现为学术价值和社会价值两个方面。学术价值主要在于：它通过创新和拓展，推动科学知识体系的丰富和提升，不断彰显科学理论自身的内在魅力。社会价值在于：它能够揭示社会发展规律，产生解放思想、引领文明、资政育人、创新制度、科学决策、完善管理、优化组织以及满足人的求知需要和优化人的精神品质等诸多外延价值。学术价值是以社会事实为基础的学术成果，而社会价值则是对学术成果的实际运用，都是对研究者特定价值取向和阶级立场的具体反映。从价值选择的角度来看，由于研究者既是主体又是客体，还是研究进程的直接主导者，无论是研究主题的确立，还是研究方法的选取，以及研究结果的运用，都不可避免地渗透着个人的情感偏好、阶级立场、价值观念等主观因素，这不但影响科学研究成果的形成，而且会制约最终认识结果的运用即社会价值的发挥。正是从这一意义上来说，马克思主义学术中国化就是一个价值选择的过程，价值选择的必要性和可能性为马克思主义中国化提供了根本依据。

① 《马克思恩格斯选集》第1卷，人民出版社2012年版，第9—10页。

# 第二章　马克思主义学术中国化的发生动因

马克思主义学术中国化决不是凭空产生的，也不是人为臆造的，而是存在着内在的发生逻辑。这里的发生逻辑就是对马克思主义学术中国化之所以发生的内在依据的追问，主要包含两个层次：第一，"马克思主义为什么能"，即马克思主义自身为何能够引领近代中国学术走向中国化的前景？第二，"非马克思主义为什么不能"，即近代中国形形色色的西方学说为何难以在中国落地生根，中国传统学术为何难以代表中国学术的发展方向。

## 第一节　近代中国学术建构的文化场域

鸦片战争之后，迫于内外交织的矛盾压力，中国社会开始了由传统向现代的转型探索。在"西学东渐"的浪潮中，中外思想文化在新的历史境遇中不断碰撞和融合，一些具有现代意义的学术思想逐渐萌生，一批学贯中西的硕儒巨子成为中国现代学术体系的主要奠基者。这其中，既有感叹于"西学"独占鳌头而"中学"花果飘零，进而高举复兴传统文化大旗、竭力捍卫"中学"的保守学术派人士；也有视"中学"为遗古，奉"西学"为新潮，进而高举"民主""科学"旗帜，阐扬"启蒙"价值的西方学术派人士。他们都围绕"中国向何处去"的时代课题，对中西文化关系进行了真诚的探索，为近代中国哲学社会科学的建构提供了必要的智识素材和理论经验。但是，传统学术和西方学术都具有自身不可克服的理论局限性，都已经不能代表中国近代学术的发展方向。

### 一、西方学术的移入与徘徊

近代中国学术的产生与发展，很大程度上是西学冲击的产物。中国知识分子的"西化"思想，肇始于鸦片战争之后，历经洋务派的"器物学习"、维新派和革命派的"政治实践"，再到五四时期的"文化启蒙"，范围逐步扩展，内容不断深化，对近代中国的经济、政治、社会、文化都产生了深远影响，是近代中国思想文化领域一支不可忽视的重要力量。

然而，由于西方学术以"启蒙"为主导价值，不能完全满足近代中国的

“救亡”使命，并且还带有很强的“文化殖民”色彩，这就决定了它难以担当起中国现代学术领军者的角色。

### （一）民族救亡语境下的“启蒙之殇”

与中国传统学术强调德性修养、注重家国情怀的“经世致用”逻辑不同，西方学术以追求科学和理性的“求是”逻辑为主要特征，以强调个性解放和思想自由的“启蒙”价值为主导取向。

早在古希腊时期，苏格拉底、亚里士多德、柏拉图等大批思想家就给西方哲学赋予了“求是”的特质。在文艺复兴之前，西方思想界是经院哲学一统天下，基督神学被塑造成绝对的权威主宰，个人的思想被要求对神学权威绝对服从，西方学术在基督教会的管制下犹如一潭死水，毫无生命力。于是，为冲破宗教神学的精神桎梏、恢复人的个性解放与思想自由，从文艺复兴开始，西方学术界的大批思想家打出了崇尚科学、尊重真理、提倡人性的旗号，向封建教会的专制主义、蒙昧主义、禁欲主义发起了声势浩大的冲击。西方哲学社会科学也在这一过程中应运而生并不断完善。在文艺复兴背景下诞生的西方哲学社会科学，也就深深地打上了“启蒙”的烙印，将批判封建传统、倡导个性与自由作为自身的主要价值追求。

西方哲学社会科学曾在打倒封建宗教的资产阶级革命中发挥了举足轻重的作用，它也因此成为近代中国思想界打破封建桎梏、发扬个性解放的有力武器。甲午中日战争的失败，深切刺痛了中国知识阶层的精神世界，引发了他们对中国传统的极大厌弃，开始着手从西方引入哲学社会科学成果，走上激进变法的革命之路。从康有为提出“破除九界”的诉求，到谭嗣同喊出“冲决网罗”的口号；从梁启超提出“自尊”“进步”“利群”“进取冒险”的新民精神，到陈独秀提出“自主的而非奴隶的”“进步的而非保守的”“进取的而非退隐的”“世界的而非锁国的”“实利的而非虚文的”“科学的而非想象的”六大主张。伴随西方哲学社会科学传播的深入，西学的“启蒙”精神在中国学术领域一路狂飙突进，披荆斩棘，为近代中国封建王朝的解体、知识阶层的思想解放，作出了不可磨灭的贡献。

特别是到五四新文化运动时期，激进知识分子在“民主”与“科学”旗帜的号召下，将“启蒙”为主旨的文化改造运动推向高潮。陈独秀在《新青年》创刊之初，就提出了“批评时政非其旨也”的主张，在他看来，中国当务之急是“举一切伦理，道德，政治，法律，社会之所向往，国家之祈求，拥护个人之自由权利与幸福而已”①。随后，中国知识界对“思想言论之自由”“个性之

① 《陈独秀文集》第1卷，人民出版社2013年版，第127页。

发展”“个人平等”“伦理上之人格独立”“学术上之破除迷信”等一系列启蒙话语的崇拜达到了前所未有的程度。

但是，在近代中国的特殊国情下，“启蒙”与“反封建”从一开始就不是中国最核心的使命，“救亡”才是最紧迫的时代话语。近代以来，中国的一系列“启蒙”运动，都是萌发于“救亡图存”的需要，其中的“反传统”内容也主要是对传统儒学无力抵御西方坚船利炮和民主制度的愤怒表达，“启蒙”从更深层次的意义上来说是启“救亡”之蒙，无论对待中国传统的态度如何，最终都是为了反抗外侮、追求富强、实现独立的救亡目标。事实上，从晚清魏源的“师夷长技”，到洋务派的“中体西用”、维新派的变法炮制，再到孙中山的三民主义，他们的理论关注点始终都不是对西学的系统性研究和解读，而是基于解决中国民族危机的需要来进行选择性的移入和阐发。即便是五四新文化运动的“启蒙”斗士，他们摧毁旧传统、改造国民性所力图达到的最高目标仍然是为了改变中国积贫积弱的落后面貌，没有脱离“救亡图存”的主题。在他们的思想深处，一方面以西方的启蒙主义为楷模，主张直面现实，研究问题；而另一方面，也在积极地评估和审思“启蒙”对于“救亡”的“效用性”，迫切渴望能够寻找到另一种主义能够给他们一个直接彻底地对所有问题“一网打尽”的答案。这也是一些启蒙人士后来转向马克思主义的一个重要动因。

### （二）文化殖民意蕴下的两难抉择

诞生于西方资本主义土壤的西方学术，本质上是服务于资本逻辑和对外扩张需要的。因此，“西学东渐”绝不仅仅是一个单纯的文化传播现象，而是在“理性”和“科学”话语的粉饰下隐含着“文化殖民”的意蕴。

近代西方学术的传入是在中西国力悬殊的情况下，伴随着西方列强的坚船利炮而实现的。这一过程绝不属于自由平等基础上学术交流与对话，而是在暴力和血腥开道下的意识形态驯服。西学输入的最终目的，也不是真正帮助中国实现国富民强，而是企图以西方的制度体系和价值观念来瓦解中国的民族根基，最终实现对中国的永久同化和奴役。

正是从这个意义上来说，近代中国知识分子的“师夷”之路，与其说是出于对西学的自觉认同，毋宁说是西方强势压迫下的无奈选择。在近代“弱肉强食”的生存环境中，强势崛起的西方文明与日薄西山的古老中国，构成了事实上的“刀俎”和“鱼肉”的关系。面对传统文化无力御外的残酷现实，中国的知识阶层才不得已从帝国主义的武器库中搬来了各种学说和主义，但是，对他们而言，西洋文明带来的更直接冲击，则是在大枪大炮下中国更加深重的亡国危机。这就造成了近代中国知识分子在接受西学时进退两难的矛盾心理:他们一方面都一致认为"要救国,只有维新,要维新,只有学外国",另一方面又无力回应"为什么先生老是侵略学生"①的质疑,从而不得不在学习西方之余也时刻考量西学对于中国的利弊得失,甚至也在一定程度上保留了对本民族历史和文化的一丝温情和余地。即使在五四时期,部分激进知识分子也表现出对资本主义文明弊端的难得清醒,例如,李大钊就明确指出:"此次战争,使欧洲文明之权威大生疑念。欧人自己亦对于其文明之真价不得不加以反省"②。陈独秀更是奋力疾呼:"世界上的军国主义和金力主义,已经造了无穷罪恶,现在是应该抛弃的了"③。这一状况,使得西方学术在短时间内难以获得中国知识分子的真正认同,也就不可能引领中国学术的前进方向。

## 二、中国传统学术的抗争与困顿

自鸦片战争到五四时期,在"西学东渐"的背景下,中国近代学术的转型大致可以用走出经学时代、提倡西洋方法、学术分科发展等几个关键词加以概括,而这其中所贯穿的一条主线,则是在欧风美雨的冲刷下,以儒学为代表的中学在与西洋"新知"的比较中,日益相形见绌,最终陷入摇摇欲坠、花果飘零的处境。但是,在中国近代"新学"与"旧学"复杂交织的特殊场域,"中国现代学术的建立,并不只是'西学东渐'的顺利开展"④。在知识界普遍"醉心欧化"的主潮之外,仍有不少人士对日渐衰败的中国传统学术抱有自信心。这其中,既有提出"保种、爱国、存学"口号的章太炎、邓实等"国粹派"人士,也有主张"昌明国粹,融化新知"的杜亚泉、吴宓等五四学衡派大师,还有提出"返本开新""老根新芽",力主"'儒化'、'华化'西洋文明"的现代新儒家诸君。这些学贯中西的文化保守人士,大多秉持着对中学的坚决守护精神,大力阐扬中学的现代意义,以求在"输入外来之学说"的大势大潮中,仍"不忘本来民族之地位"。同时,他们也不完全排斥西学新潮,而是主张以中学为根基来融摄西学,调和日趋紧张的中西学关系。不过,即便这些人士在近代"中西关系"的认识上提出了颇具东方特色的文化发展方案,但是囿于其保守主义的根本立场,他们所力倡的以"旧学"开出"新知"的文化方案,也不免存在着诸多的矛盾困境。

① 《毛泽东选集》第四卷,人民出版社1991年版,第1470页。
② 《李大钊全集》第2卷,人民出版社2013年版,第316页。
③ 《陈独秀文集》第1卷,人民出版社2013年版,第506页。
④ 陈平原:《中国现代学术之建立——以章太炎、胡适之为中心》,北京大学出版社2010年版,第13页。

在此,仅以现代新儒家思想为例予以说明。

在近代中国的文化保守主义阵营中,无论学理之精深、阵容之强大,还是影响之久远,现代新儒家无疑最具有代表意义。现代新儒家形成于五四运动前后,是近代中国文化场域中与西化思潮和马克思主义三足鼎立的一支思想流派,它以复兴儒学为己任,在对中国儒家思想的继承与创新以及中西文化精神的比较与重建中,成为近代中国哲学社会科学的建构贡献了诸多独特的思想资源。

概括来说,现代新儒家的突出贡献至少体现在以下两个方面:

其一,是对民族文化的守护和对西化思潮的纠偏。现代新儒家是作为西化思潮的对立面而出现的。与西化论者仅以时代性来评判中西文化的做法不同,现代新儒家更专注于文化的民族性。他们认为,文化的发展必须脱胎于民族文化的母体,"任何一个现代的新思想,如果与过去的文化完全没有关系,便有如无源之水,无本之木,绝不能源远流长,根深蒂固"①。为此,新儒家人士犀利批判全盘西化论者对西方文化削足适履、企图割断中国历史的虚无主义和投降主义做法,强调在学习西方的过程中必须建构一种民族主体意识。梁漱溟把这种民族主体意识称为"民族自觉",认为,只有以这种民族清醒的自我意识为前提,方能在学习西方的过程中,以中国文化为主导来"把握、吸收、融会、转化西洋文化",而不至于为西学所惑,沦为"文化上的殖民地"。应该说,现代新儒家对民族文化的肯定以及对西化思潮的反思,在一定程度上发挥了对西化思潮的纠偏和制衡的作用,成为防止近代中国哲学社会科学建构完全被西方话语所同化的重要力量。

其二,是对各种文化的综合创新。现代新儒家的代表人士多是学贯中西的学术大师,他们在治学的过程中,不仅创作出大量会通中西的哲学、历史著作,如:冯友兰的"贞元六书",梁漱溟的《东西文化及其哲学》和《中国文化要义》,张君劢的《民族复兴之学术基础》和《明日之中国文化》,熊十力的《新唯识论》,钱穆的《国史大纲》和《中国近三百年学术史》,贺麟的《文化与人生》和《儒家思想的新开展》,马一浮的《宜山泰和会语》等等,还形成了诸如熊十力"新唯识学"、冯友兰"新理学"和贺麟"新心学"这样博大精深的新儒家哲学体系。这些理论成果对中西文化及其哲学的认识与理解,对中国文化出路的思考与选择,无论从其深度还是广度上,都具有极高的学术价值,从而为近代中国哲学社会科学的本土化探索贡献了宝贵的智识资源。

---

① 贺麟:《文化与人生》,商务印书馆2005年版,第4页。

但在肯定现代新儒家对近代中国哲学社会科学建构的积极价值的同时，也必须看到其思想建构还存在着许多难以克服的内在困境：

首先，在对中西文化关系的认识上。虽然现代新儒家坚决反对“西方中心主义”的文化观、突出民族文化主体意识的做法值得肯定。但是，他们对文化民族性的过分强调，却又自觉或不自觉地接受了“华夏中心主义”的影响，导致他们在进行中西文化的比较时，倾向于崇中贬西，将儒家精神描绘得完美无缺，而仅把西方文化视作儒家思想的补充和注解，大力提倡“引西学入儒”，力图以儒学为本位来“儒化、华化西洋文化”。事实上，现代新儒家的这一构想，仍是对近代以来“中体西用”旧模式的坚守，这一思维框架不仅限制了现代新儒家对外来文化乃至马克思主义社会主义先进文明的包容态度，也导致他们对儒家文化的精华与糟粕缺乏了客观的分析和果敢的批判，致使他们所力倡的儒学复兴方案无法真正实现传统的创新转型而被新文化人士批评为“文化上的复古主义与排外主义”①，从而代表不了近代中国先进文化的发展方向。

其次，在对民族危机和中国出路的认识上。现代新儒家认为，中国近百年来的危机，根本上是文化的危机，文化危机的形成并不是缘于外部的冲击，而是内在固有的孔孟之道“真精神”没有得以很好地发扬和传承，导致民族文化无力应对外来文化的挑战。进而，他们将民族救亡运动定位为“民族文化的自救运动”，主张思想文化的改造应优先于政治、社会和经济的改革，把维护传统、振兴儒学看成是挽救民族危亡、振兴国家的唯一道路。不难发现，现代新儒家对近代中国民族危机的认识，本质上采取的是一种文化化约主义的思路，无视近代中国外有帝国主义入侵、内有封建主义压迫的深重苦难，把复杂的社会问题仅仅简单化为文化层面的问题，这就使得现代新儒家的“文化救国”方案只能成为文化人士一厢情愿的空想，既难以对民族危亡的现实作出积极效应，更不能吸引更多的追随者形成足够的抗争力量。

从现代新儒学理论建构的成就与困顿中可以看出，近代中国学术的发展，固然要在输入外来学说的过程中保存本民族的历史文化，但是，以儒家思想为代表的中国传统学术文化毕竟是封建社会条件下的产物，随着近代以来封建社会根基的解体，它已总体上“是进了历史博物馆的东西”②，既无力自动地内生出现代学术所必需的科学民主精神，更难以承担起近代中国

① 《胡绳文集》，重庆出版社 1990 年版，第 200 页。
② 《毛泽东选集》第二卷，人民出版社 1991 年版，第 686 页。

驱逐外侮、争取独立的历史任务。所以，以传统学术文化为根基，试图“返本开新”的文化保守人士，也无法指引近代中国学术的前进方向。

## 第二节　三民主义学术中国化的践行困境

近代，中国国民党为排挤共产党、维护其政党合法性，努力建立以三民主义为最高指导思想的学术话语权时，也曾对学术中国化问题进行过尝试和探索。然而，国民党领导的学术中国化建设步履蹒跚，使得三民主义始终没有能在学术界占据主导地位。究其原因，主要体现为以下几个方面：

### 一、三民主义的内在缺陷

国民党力图通过掌控哲学社会科学的话语权在全国学术界中树立三民主义的思想权威，用力甚勤、方法颇多，但始终未能达成学术界的共识。究其原因，最主要的就在于，三民主义自身存在的诸多难以克服的内在缺陷。

#### （一）三民主义缺乏完备的理论支撑

国民党自创党以来，一直力图把孙中山的三民主义视为绝对权威。早期，孙中山虽是国民党思想理论建设的掌舵人，但他并没有通过建构完整的思想理论来建构起党组织的强大凝聚力和对外影响力。就三民主义本身的结构来看，它既是“一个”主义，实际上又是独立的“三个”主义，这一状况虽然迎合了当时“主义”繁多、莫衷一是的思想局面，但也不可避免地增加了多元分散、分裂离析的变数危险。最初，孙中山倡导的旧三民主义其实只是作为一个临时的行动纲领，集中反映的是旧民主主义革命时期中国社会的主要矛盾。随后，孙中山又提出“新三民主义”的纲领，但与同时期共产党的马克思主义理论体系相比，还只是一个短期的革命目标而已，并没有建构起科学完备的理论基础，更没有形成像共产主义那样的最高追求，缺乏一个能牵引革命党人为之奋斗的终极目标。因此，无论旧三民主义还是新三民主义，其思想理论的层次都还处于低级的阶段，远不能满足党内同志和党外民众的思想需求。最初，三民主义的“大一统”主要是依托孙中山的个人权威来推动的：几乎所有的声明、指示都出自孙中山一人之手，党的主义也基本由孙中山一人来解读，其他党内人士和理论精英都无从插手。到孙中山逝世后，“三民主义”就逐渐蜕变成为一个形式上的思想招牌，成为各派势力争权夺利的装饰工具。随后，各党派及其理论精英都从自身的特殊利益出发，各执一词，把三民主义解释得支离破碎，有的仅热衷于某一个主义的反复鼓吹，有的选择其中的两个主义予以夸大解读，也有的对三个主义分别进行孤立阐释，致使思想界关于三民主义的认识莫衷一是、无所适从，最终导致很多人抛弃了三民主义去别求途径。

### （二）三民主义缺乏足够的国族视野

三民主义虽然包含着关于民族主义的言说，但它在国族建构的问题上存在着狭隘的认识偏见，表现出明显的排满情绪，不能促成中华民族的大一统局面。在此指导下，蒋介石时期只能实现形式上的中国统一，而无法完成中华民族的团结划一。蒋介石还在以党治国的标识下，过分抬高三民主义所代表的阶级利益，淡化和忽视“国民革命”理应具有的民族福祉。蒋介石为了巩固专制权威，大力鼓吹“一个党、一个领袖、一个主义”的政策，将三民主义与马克思主义相对抗，力图与马克思主义争夺民心。蒋介石曾在讲话中公开宣扬：“对内，我们需要党治下的政治安宁和经济社会秩序下的安定，等到把共产党的全部理论和方法都消灭了，稳定了中国社会，稳固了本党基础，最后再来实现三民主义的最终步骤，以此完成国民革命。”①删除共产党的一切理论和方法成了三民主义的主要使命，阶级利益变成压倒一切的最高标识。随着其执政地位的确立，国民党已无意愿继续推动自我标榜的三民主义，而是日益偏重于对上层既得利益集团的维护和扩大，促成“四大家族”为代表的特殊集团的形成，结果，“一般民众不仅对国民党的意识形态不信服，还表示蔑视”②。

### （三）三民主义缺乏切实的民本关怀

主义只有争得了民众，才能最终转为现实的变革力量。早在建党初期，孙中山就提出：每个党员都负有“感化”民众的责任，“用这个主义去统一全国人民的心理。到了全国人民的心理都被本党统一了，本党自然可以统一全国”③。但三民主义并没有提出切实可行的保障民生民权的方案，也就不能赢得民众的认同。到蒋介石时期，又以传统儒学解读三民主义，致使儒学传统中的等级观念得以极大发挥：依据知识程度的不同，戴季陶把国人分为“先知先觉”“后知后觉”和“不知不觉”三个大类。他认为，大多数中国人属于“不知不觉”之类，这些人“六根不灵，知识不开”，当前只能“知识上得到革命觉悟的人，为大多数不能觉悟的人去革命”，具体来说就是“治者阶级的人觉悟了为被治阶级的利益来革命，在资本阶级的人觉悟了为劳动阶级的利益来革命，要地主阶级的人觉悟了为农民阶级的利益来革命……那

---

① 秦孝仪编：《总统蒋公思想言论总集》第10卷，台湾“中央文物供应社”1984年版，第367页。

② 张其昀主编：《先总统蒋公全集》第1册，1984年版，第1215页。

③ 《孙中山选集》下卷，人民出版社2011年版，第547页。

些不来革命的人，只是不知，如果是能知，他的仁爱依然能够发现，依然能够为受痛苦的农夫工人努力”①。蒋介石也认为“我们的革命主义，革命方略，一切难做的事，先知先觉的总理已经一件一件详详细细的研究明白告诉我们了”，已“用不着再有一点怀疑”。② 这样一来，“先知先觉”的知识精英成了中国社会的主宰者，普通民众成了毫无能动性的盲从者。但事实上，在民众眼中，这些上流人士早已不是什么“先知先觉”，他们“智识既不足领导群众，而行为又在与自己发挥的理论相矛盾”③，已经失去了感化民众的能力和资格。

### （四）三民主义过分依附于旧有秩序

社会目标的选择，决定着一个主义的发展方向。在孙中山看来，只有传统文化才能代表“中国”，因为在今日中国只有传统文化能够与外国文明“并驾齐驱”，因此“务保持吾民族之独立地位，发扬吾固有之文化，且吸收世界之文化而光大之，以期与诸民族并驾于世界”，他甚至把原本由欧美传入的三民主义重新解释成三大来源，即“有因袭吾国固有之思想者，有规抚欧洲之学说事迹者，有吾所独见而创获者”④，并把传统文化来源放在了首要位置，“我辈之三民主义首渊源于孟子，更基于程伊川之说”⑤。其中的传统倾向已显而易见。如果说，在孙中山这里，传统还仅被看成来源之一的话，那么，到了蒋介石时期，三民主义就完全成了儒学传统的化身。南京国民政府成立后，蒋介石逐渐把维护既得统治地位放在首要位置，日益滋生出强烈的偏安求稳心理。在此心理作用下，一向以维护礼乐秩序著称的儒家思想，理所当然地成了国民党的维稳工具。蒋介石等人把孙中山形象圣人化，声称：“孙中山的基本思想完全渊源于中国的正统思想，是继孔子之后，中国道德文化上的大圣人。”⑥并把“四维八德”解释为革命的原动力，“三纲五常”被奉为三民主义的思想基础，外加灌输极端的法西斯主义，从内容到方式都颠覆了三民主义的原有含义，致使三民主义的革命本质消失殆尽。面对外界指责，蒋介石还辩称：“天底下的所有东西都是来源于旧的东西，

---

① 中国人民大学中共党史系、中国近现代政治思想史教研室编：《戴季陶主义资料选编》，中国人民大学出版社 1983 年版，第 35—36 页。

② 秦孝仪编：《先总统蒋公思想言论总集》第 20 卷，台湾“中央文物供应社”1984 年版，第 369 页。

③ 贺岳僧：《论改革运动失败之原因》，《独立评论》1936 年第 9 期。

④ 《孙中山全集》第 2 卷，人民出版社 2015 年版，第 260 页。

⑤ 《孙中山全集》第 8 卷，人民出版社 2015 年版，第 664 页。

⑥ 戴季陶：《主义资料选编》，中国人民大学中共党史系 1983 年版，第 14—15 页。

根本无所谓新旧,越是旧的东西反而越新"①,一战后的德国和意大利能迅速崛起,而中国却迟迟不能复兴,其最根本的原因"是一般国民知礼节与不知礼,德、意两国的一般国民,没有不尊重社会秩序的"②。这样一来,三民主义受制于旧式礼乐秩序的约束,逐渐丧失了继续前进的原动力,最终只能停留在旧中国的藩篱之内,被时代的发展所淘汰。

## 二、三民主义学术中国化的运行偏颇

在具体运行过程中,由于手段和路径的偏颇,三民主义学术中国化陷入诸多困境,没能实现预期的效果。

### (一)对思想战线的"清剿"

为拯救民族危亡,中国有识之士不断探索救国之路,马克思学说作为一种社会思潮被引入中国。俄国十月革命胜利后,马克思主义更是风靡全国,"反对现存制度并希望改革的人,都开始研究马克思学说"③。而最初,国民党并不反对马克思学说,早期一些国民党人还主动加入到传播马克思学说的队伍之中,对马克思学说进行翻译和研究。如孙中山、廖仲恺、戴季陶、胡汉民、宋教仁、马君武、朱执信、林云陔、沈玄庐等等,都曾在《民国日报·觉悟》《星期评论》《政治周报》《闽星》等多家报刊上发表过译介马克思学术的文章,力图借助马克思学说来充实自身的意识形态的思想内涵。

然而,随着国共关系的恶化,国民党对马克思学说的态度发生了转变,从主动传播转向严格查禁。正如蔡元培所说,"近年来国民党因反对共产党的缘故,对马克思主义思想与学说也进行排斥"④。因为国民党把共产党的存在视为中国社会的最大威胁,"不消灭共产党,中国社会就不能安定"⑤。要想铲除共产党在民众中的政治影响,必须首先消除马克思学说的意识形态地位。马克思学说作为共产党开展革命的"唯一武器","需要从理论上加以抨击,禁止其谬论的传播,唤醒被它愚弄的大众"⑥。否则,"受到这种恶势力的影响,中国人的思想必然会受到摧残"⑦。在国民党眼里,马克思学说是共产党用来麻醉群众心理的主义,而其影响非一朝一夕可以

① 张其昀主编:《先总统蒋公全集》第1册,1984年版,第884页。
② 蒋介石:《新生活运动之要义》,台湾"中央文物供应社"1984年版,第25页。
③ 陈公博:《马克思的一生及其事业》,《政衡》1920年第2期。
④ 蔡元培:《我国学术界纪念马克思逝世五十周年》,《申报》1933年3月13日。
⑤ 纠缪:《暴日横行中对于俄国的观察》,《光明之路》1931年第2期。
⑥ 陈振麟:《从解剖C.P.到我们的态度——反共》,《浙江反省院月刊》1931年第7期。
⑦ 王逸民:《驳"阶级斗争"理论的谬误及反其文化其文化势力》,《汗血周刊》1934年第1期。

转变,"这就需要清除共产思想于民族之外"①。

因此,为维护政治统治,蒋介石排斥异己,对革命文化进行了"清剿",大肆鼓吹"思想之统一,比什么事都重要",要确立"三民主义为中国唯一的思想,再不好有第二个思想来扰乱中国"。② 此时,马克思学说已被国民党视为社会的最大隐患,被列入到反动文化的清单,"实非严厉取缔不可"③。为此,国民党当局对思想宣传的读物严加管制,确立宣传领域的一元化方针,要求所有读物都必须以三民主义为唯一出发点,不许有任何其他思想。凡"意图破坏中国国民党或三民主义""意图颠覆国民政府"的出版物,一概不得出版。④ 那些"未经许可而擅行出版之书籍,概行扣押"⑤。而对于党政报纸、书籍、期刊、电影、戏剧、传单标语以及公文函件进行严查,只要含有"宣传共产主义及阶级斗争"之性质的宣传内容都被列为反动宣传品,一律查禁。自 1928 年至 1937 年 6 月,国民党查禁的书刊就有一千一百多种。⑥

作为当时的中国统治者,国民党采取各种手段严酷打压马克思学说,虽然在压制"反动"书籍的流通上起到一定效果,但同时也带来了严重问题,那些与马克思学说无关的哲学社会科学类非"反动"书籍也遭查封。当时的文艺工作者施蛰存曾谈道:"国民党为围剿共产主义文化而突然禁止百余种文艺书籍的发行,有些是国民党认可的书籍,有些并不含有反政府思想,还有的甚至根本不涉及政治或社会思想"⑦,都一律被国民党政府查禁。国民党禁止书报、封闭书店、颁布出版法、通缉左翼作家和著作家等做法,对中国哲学社会科学工作者以及哲学社会科学类成果造成了严重损害,非但没有真正压制住马克思学说在中国的传播,反而更激起了民众对马克思主义的兴趣和对共产主义的向往,马克思学说的书籍更如雨后春笋般大量涌现。

### (二)唯心哲学的炮制

近代以来,西方哲学的大量涌入,特别是马克思主义唯物史观哲学的广泛传播,使人们认识到:哲学是政治理论的重要基础,是改造社会和启发大众的强大武器。在国民党看来,哲学的兴衰,关系到国家兴亡与民族消长,

① 陈立夫:《清党是民族自信力之形成》,《海外月刊》1934 年第 19 期。

② 张其昀主编:《先总统蒋公全集》第 1 册,1984 年版,第 65 页。

③ 龙骧:《对于查禁反动刊物的意见》,《北宁半月刊》1929 年第 1 期。

④ 参见赵向标、刘松岭、张满号:《图文中国通史:清—中华民国》,新疆青年出版社 2002 年版,第 278 页。

⑤ 《出版法施行细则》(1930 年 5 月),《浙江党务》,1931 年,第 136 页。

⑥ 参见李新:《中华民国史》第八卷(1932—1937)(上),中华书局 2011 年版,第 346 页。

⑦ 施蛰存:《书籍禁止与思想左倾》,《文艺风景》1934 年第 1 期。

是一切学术和思想的最高形式，它与主义及政治密切相关。三民主义作为国民党的政治理论，被视为科学的救国理论与治国良策，但与唯物史观相比，缺少了高深而抽象的哲学基础。因此，为了意识形态斗争的需要，国民党内部打起了为三民主义寻找哲学依据的幌子，炮制了戴季陶的“民生哲学”、陈立夫的“唯生论”和蒋介石的“力行哲学”。

1. 民生哲学

戴季陶是最早提出为孙中山政治思想寻找哲学基础的。1925年，戴季陶撰写《孙文主义之哲学的基础》和《国民革命和中国国民党》，借着阐述孙中山哲学的名义肆意歪曲其哲学思想，提出了唯心主义的“民生哲学”，确立为国民党右派的指导思想。

为了达到政治上的反革命目的，戴季陶在阐述孙中山的民生哲学时，故意抹杀其唯物主义部分，竭力宣扬其内在的唯心主义成分，建立了一个彻底的唯心主义历史观。戴季陶强行把孙中山思想与中国传统思想相联系，鼓吹民生文化在中国已历史悠久，古代文化被整理出来后，组织成了民生哲学。孙中山的民生哲学就是以古代伦理哲学为基础，“中国原有的仁爱道德要作为传统思想的基础，科学文化只有建立在传统思想文化的基础上才能实现全人类的解放”①。戴季陶还断章取义地把孙中山思想说成是完全继承了尧舜以至孔孟仁义道德的正统思想，无视孙中山思想是建立在近代资产阶级民主革命之中的客观事实，不加区别地将孙中山的“民生”观等同于儒家传统的仁义道德，歪曲了孙中山思想的本义。

特别是，在戴季陶的“民生哲学”那里，民生作为历史的重心，就是说，一部人类发展史就是一部求生史，“人类最基本的初衷就是求生存，最终极的目标也是求生存”②，人的生存和发展，离不开经济，只有在经济层面上得到了满足，人才会开始有政治诉求，人的一切欲求都建立在生存欲的基础之上，甚至国家和社会文化没有一个不是为了人类的生存而存在的。而仁爱是民生的基础，是指社会中“阶级的差异，绝不能消灭人类的仁爱”，“社会虽然有变动，但人的仁爱本性没有变动”。③ 互助互爱，是人的本性，是社会的常态。戴季陶的民生哲学，把社会发展的动力视为人类的求生欲和仁爱本性，而不是人类社会基本的物质生产，脱离社会和国家来谈论人类的欲

① 戴季陶：《孙文主义之哲学的基础》，民治书局1927年版，第57—58页。

② 戴季陶：《国民革命与中国国民党》，载《中国现代政治思想史资料选辑》上册，四川人民出版社1983年版，第441页。

③ 戴季陶：《孙文主义之哲学的基础》，载《中国现代政治思想史资料选辑》上册，四川人民出版社1983年版，第399—433页。

求、仁爱以及对社会的作用,带有浓厚的唯心主义历史观色彩。

2. 唯生论

唯生论是由国民党宣传干将陈立夫所炮制,和戴季陶的“民生哲学”一样,都是对孙中山哲学思想的歪曲。其主要内容就是反唯物论和唯物史观,为国民党法西斯专制统治进行美化论证。

陈立夫的唯生论主要包括“宇宙论”“人生论”和“民生论”三大部分。其中,“宇宙论”即“本体论”,认为,宇宙本体不是物质的也不是精神的,而是“生元”,它包含着物质与精神的性能及作用。在对孙中山自然观的解释中,陈立夫主要以中国不合时宜的旧哲学和近代西方哲学来放大其含有的唯心主义成分,以此转化成新独断哲学。陈立夫的唯生论看似与唯物论和唯心论鼎足而三,但实质是彻底的唯心论,正如艾思奇所说:“如果中山先生的思想基本上是从旧封建社会的壳中脱出(虽然也还残有未能完全脱出的痕迹)而走向近代社会的方向,那么,唯生论却显示出由近代钻回到旧的坟墓中去的企图。”①

为宣传和贩卖其唯生论思想,陈立夫还积极著书立说,撰写《唯生论的人生观和价值观》《民族生存的原动力》《唯生论》《唯生论的新伦理观》《生命的动力—诚》,宣扬“人类的历史是一部求生存的记录,是唯生的而不是唯物的”②,“诚是民族发展的原动力”,在社会上产生较大影响,以至于出现了何行之的《唯生论哲学理论之基础》、黄文山的《唯生论的历史观——民生史观论究》、蒋静一的《唯生论的方法论》《唯生论文集》、张铁君的《唯生论与唯物论》《唯生论的方法论》、任觉伍的《唯生论与唯生史观》等众多为唯生论鼓吹的书籍和文章,对马克思主义辩证唯物论和唯物史观造成不小的冲击。

3. 力行哲学

为了给国民党反动行径提供理论依据,“用三民主义的世界观和哲学观,来重新构建各学术的体系和各文化事业的重心,以此来对抗共产党的哲学思想体系”③,蒋介石继陈立夫的唯生论之后,打出重塑国魂的幌子,歪曲孙中山的“知难行易”思想,炮制出愚民的“力行哲学”。

1932 年至 1943 年,蒋介石先后发表《自述研究革命哲学经过的阶段》《行的道理》《三民主义之体系及其实行程序》《中国之命运》,大力宣扬资产阶级人性论、阶级调和论、抽象的共同人性论,目的在于磨灭革命群众的

---

① 《艾思奇全书》第 3 卷,人民出版社 2006 年版,第 265 页。

② 陈立夫:《唯生论的人生观和价值观》,《进展月刊》1933 年第 2 期。

③ 蒋介石:《哲学与教育对于青年的关系总集》,内蒙古大学出版社 2002 年版,第 279 页。

革命斗争,维护反动统治。

对于"知",蒋介石宣扬,知的本源在于人类的本性,不必外求。表面上讲,我们求知,需要接受民族的经验和教训,接受、学习外国的科学和技术。而实质上,知如果"不得于己",便不算真知,唯"有得于己"的知,才是真知,且易行。蒋介石的思想否定客观事物及其规律,是彻头彻尾的唯心论。而力行哲学的核心在于"行",对于"行",蒋介石认为"是包括天体运行和人类的全部生活,是天地间自然之理,人生本然的天性",也就是要"实行良知",发扬人的本性,这也是人类能在宇宙中永远生存,不断进步的原因。"行"包罗万象,神通广大,是宇宙的本体,对社会发展起到决定性作用。蒋介石又提出,"行"与原动力"诚"紧密相连,力行的起点在于诚,"这个诚,就是力行的精髓",把"诚"视为"行"的原动力,"唯有诚才能尽己之行,近人之性,尽物之性,唯有诚才是物之始终,贯彻到底;唯有诚才能创造奋斗,才能牺牲"①。蒋介石引入的"诚",政治用意极为明显,是借以教化国民要以"诚"施"行"。

总之,蒋介石所推行的"力行哲学",其目的是要人民在不知不识之中,盲目服从、盲目去行,具有相当浓厚的愚民教化色彩,实质是让国民对领袖愚忠,是一套封建教化的唯心主义谬论,具有明显的反动目的。

### (三)党化教育的推行

国民党对高校的管制主要是实行党化教育。国民党把各个学校甚至全社会作为其推行党化教育的重要基地,力图把三民主义和国民党党纲内化为受教育者深信不疑的信仰、外化为坚定不移的行为准则。起初,孙中山因学习了俄国以党治国的理念,深受启发,在国内首次提出党化教育。并要求把以党治国放在全党的首要位置,尽最大努力来教育国民党员,使其信仰并宣传三民主义,从而扩展到全国人民都信仰三民主义,最后实现全国人民的思想统一,从而达到统一中国的目的。孙中山的这一理念,强调国民党党纲的重要性,要一切以它为准绳,教育事业更要积极配合国民党的整体事业。这一阶段,国民党的党化教育还只是作为一种宣传政策而存在,其目的是借助三民主义来动员民众。

1924 年 1 月,国共两党正式实现合作,大革命也迅速展开。在此期间,北伐军所到之处都跟随着国民党的党化教育,广泛宣传三民主义。1926 年 8 月,广东省教育厅厅长许崇清在《党化教育之方针——教育方针草案》中,首次提出党化教育的方针及实施党化教育的纲领。1927 年 1 月,著名教育

① 蔡尚思主编:《中国现代思想史资料简编》第 4 卷,浙江人民出版社 1983 年版,第 328 页。

家韦悫拟定《国民政府教育方针草案》，重新诠释党化教育，提出党化教育必须实现革命化与科学化、民众化与社会化的统一，为国家培养专业人才，为国民党培养党政工作者。许崇清和韦悫等人对党化教育的设计，并没有把教育狭隘化为政党的工具，而是突出了党化教育在推进国民革命、促进教育改革方面的积极作用。

然而，伴随国共合作的破裂，党派意识日益增强。南京国民政府建立后，为把三民主义和国民党党纲以常规教育的方式推广到各个学校，党化教育的概念发生了变化。强调：要“以三民主义来治理中国，只有以实现三民主义为目的的教育，三民主义才能被全国人民真正接受”①。党化教育从原来的宣传政策逐渐转变成教育政策，更被强化为维护国民党意识形态的统治工具。对国民党来说，加强高校管制，实行党化教育，要达到主要的目的有两个：一是，把学生束缚于学校范围内的狭小空间，隔断共产党对高校师生的思想渗透，挤压和消除共产党的势力范围；二是，抢占知识分子，把其纳入国民党体系，拥护国民党的政治主张，占领高校思想阵地。

为此，国民党成立“党化教育委员会”，拟定“党化教育大纲”，在《学校施行党化教育办法草案》中对党化教育做出新的解释。提出：在国民党的领导下，党化教育要变得革命化、民众化，其教育方针的制定必须建立在三民主义、建国大纲、建国方略等国民党所规定的根本政策的基础之上。蒋介石强制各类学校推行国民党党义，课程设置和教学用书的编撰都要符合党义内容；聘任专业的党义教师，营造浓厚的党义学习氛围；设立国民党党部，强化大学教授入党机制；加强对学校师生思想、言论、行为的控制。此时，国民党的党化教育已完全背离了孙中山的初衷。1931 年 6 月，国民党颁布《中华民国训政时期约法之国民教育专章》，以法律形式明确三民主义的教育宗旨，明文规定三民主义教育是中华民国最根本的教育原则，全国人民必须遵循。不久，国民党又通过《三民主义实施原则》，对各个学校各类学生各层次各方面教育的培养目标、课程设置、训育、设备、教学活动等做了详细而有原则性的规定，对三民主义教育宗旨进行了具体化。除此之外，国民党还试图对大学教师进行思想控制。陈立夫担任教育部长后，专门组织人员对学科和专业进行审评，颁布各大学各学院的必修课和选修课科目，教师必须严格按照教育部规定的内容进行授课，相关教科书由教育部统一发行。国民党的这一办法，虽然在一定程度上规范了高校课程，但严重限制了高校

① 华东师范大学教育系教科所：《中国现代教育史》，华东师范大学出版社 1985 年版，第 196 页。

教师的研究方向和教学活动,致使高校自由民主的学术氛围遭受破坏。

国民党费尽心思地向高校推行“党化教育”,表面上看似达到了控制高校师生思想的政治目的,实则使三民主义日益丧失民心,大多数高校师生倒向了共产党一边。失败的原因主要有:一是,国民党的党化教育带有明显的排他性,“一党专制”在教育领域表现明显。在抗日战争时期,国民党没有团结一切力量共同抗日,而是力图推行专制主义教育,排斥其他政党及其思想,完全背离人民团结救亡的诉求,受到社会各界进步人士的猛烈抨击。二是,党化教育的专制和压迫与高校崇尚的民主和自由的学术氛围背道而驰,不但不能被高校师生所认同,反而滋生厌恶,遭到知识分子的强力抨击和抵制,党化教育在高校没有生存土壤,各高校阳奉阴违,并没有按照党化教育的规定来实施。冯友兰公开申明:“我们从未屈服于任何政治因素,不会因为它而聘请或解聘教授,也不会因为它的强制而录取或开除学生,更不会因为它的高压管制而干涉学术工作。”①三是,国民党党化教育的内容有名无实。国民党虽然打着三民主义的旗号,但在学生中灌输的是纲常伦理的内容,倒行逆施的做法受到高校师生的排斥。

## 第三节　马克思主义学术中国化是超越中西之争的根本指南

马克思主义学术中国化是中国早期理论工作者创造性地把马克思主义融入中国学术文化的动态发展过程。马克思主义是否具备学术融合的可能性、是否具有与实践相结合的内在需要,是马克思主义学术中国化得以发生的现实依据。

### 一、马克思主义是代表“第三种文明”的先进文化

马克思主义之所以能够贯通中西、实现马克思主义学术中国化,还在于马克思主义本身是代表“第三种文明”的先进文化。

首先,马克思主义是对西方资产阶级文化的扬弃。

在论及马克思主义与中国的关系时,有一种声音总是把马克思主义视为一般意义上的外来文化或西学,从而否定马克思主义指导地位的合法性。不可否认,仅就诞生的场域而言,马克思主义确实与一般的西学一样都是西方资本主义世界的产物。但是,马克思主义是“研究广泛的真实生活和革

① 冯友兰:《我的学术之路》,江苏文艺出版社2000年版,第322页。

命经验所得出的一般规律的结论”,批判继承了西方哲学社会科学成果,超越了西方资产阶级文化的局限,具有世界历史的普遍意义。

正如列宁所说:“马克思主义这一革命无产阶级的思想体系赢得了世界历史性的意义,是因为它并没有抛弃资产阶级时代最宝贵的成就,相反却吸收和改造了两千多年来人类思想和文化发展中一切有价值的东西。”①马克思主义既是西方启蒙文化和资本主义社会的辨证批判者,更是现代先进文化的自觉促进者与建设者,是一种从根本上超越了地域的、民族的和阶级的片面性与局限性的世界性科学。正是从这一意义上说,马克思主义对近代国人而言,既满足了他们反抗西方殖民主义侵略、实现民族独立与解放的政治革命需要,同时也满足了他们破除封建思想束缚、构建现代先进文化的思想革命需要。因而,马克思主义能够在与形形色色的西方文化思潮的比较中脱颖而出,逐渐被进步知识分子认同为改造中国学术、建构中国特色哲学社会科学的理论指南。

其次,马克思主义对中国传统的创新转化。

马克思主义与中国传统文化在某些基因上的相似性,能够降低马克思主义在中国传播的生疏感,比较容易达成知识分子的心理认同。例如,在社会理想方面。中国传统文化中所设计的“天下为公”“讲信修睦”的“大同”社会是带有浓厚平均主义色彩的原始共产主义构想,这一构想已深刻根植于中华民族的精神世界中,成为近代以来中国人民渴望戡平乱世、乐业安居的理想诉求和精神寄托,其中蕴含的对美好社会和幸福生活的向往与马克思的共产主义具有一定的契合性,是近代国人对马克思主义形成价值认同的重要因素。此外,中国传统文化强调“经世致用”,倡导学术与现实相结合,做有利于国计民生的实学,以达成济世安民的实效。这与马克思主义所强调的实践精神有着内在的契合性,因而,进步知识分子能够比较容易地将这种经世致用的传统升华为马克思主义的实践精神,将马克思主义运用于中国的救亡现实,实现马克思主义学术中国化。

但是,马克思主义与中国传统文化的精神契合,仅仅为马克思主义学术中国化提供了契机,并不等同于马克思主义学术中国化本身。诞生于小农经济基础之上的中国传统文化毕竟与作为先进世界观和方法论的马克思主义有着本质的区别,如果忽视这一点,力图把马克思主义纳入中国传统文化的概念系统加以嫁接和比附,就势必造成马克思主义的扭曲。这也是为什么在马克思主义早期译介过程中一些知识分子以儒家传统中的概念来比附

① 《列宁选集》第4卷,人民出版社1995年版,第299页。

马克思主义,却不能真正产生"中国化"理论果实的重要原因。事实上,马克思主义学术中国化既是马克思主义学术在中国吸收东方思想智慧,获得民族色彩的过程,更是对中国传统文化进行批判改造、使之创新性转化的过程。只有以马克思主义为指导的扬弃改造,才是马克思主义学术中国化的正确途径。

总之,马克思主义的传入,才最终使近代国人获得了摆脱黑暗、走向光明的"真理的火炬"。对近代中国来说,马克思主义发挥了双重功效:一方面,它超越了一般意义上的西方文明,对西方资本主义制度和资产阶级文化作了科学的批判,为先进的中国人获得了抵御殖民主义的有力武器;另一方面,它又促进了中国传统文化的创造转型,使近代国人获得了按照时代趋势来重构中国文化的科学指南。正是从这一意义出发,李大钊将马克思主义的这一特质阐释为超越中西的"第三种文明",认为:"东洋文明既衰颓于静止之中,而西洋文明又疲命于物质之下,为救世界之危机,非有第三新文明之崛起,不足以渡此危崖"①。这里的"第三文明",就是"俄罗斯之文明",即马克思主义指导下的社会主义文明。

## 二、马克思主义学术中国化是中国特色学术体系建构的总导向

### (一)西方学术并不具有"普世价值"

"普世价值"论由来已久,最早兴起于资产阶级上升时期,它提出的一系列思想观点和价值理念代表了历史发展的基本方向,在凝聚本阶级及其联盟者力量、推翻没落的封建统治方面,发挥了积极的推动作用。但在资产阶级上升为统治阶级后,该思潮就逐渐走向保守和反动,最终沦为资产阶级统治的辩护工具。"普世价值"论虽然在不同时期不同场域的具体表现不尽相同,但它作为资本主义意识形态的本质始终没有改变。它极力将资产阶级特殊价值观进行抽象化、普遍化,把资产阶级的阶级利益视为全人类的共同追求,把西方某些国家的局部经验夸大为带有世界性的普遍法则,将资本主义的文化渗透美化成先进理念及其制度的推广,进而将西方文化及其制度永恒化、标准化。

不可否认,现代意义的学术体系诞生于西方世界。早在15世纪末16世纪初的文艺复兴运动时期,以欧洲为代表的西方国家,就高举人文主义旗帜,反对神学,高扬理性,极大地提升了以人为中心的社会科学研究的学术

① 《李大钊全集》第2卷,人民出版社2013年版,第311页。

价值和社会意义，最终使关于社会问题的学术研究从神学和自然科学的体系范畴中分离出来，获得了相对独立的学科地位。此后，随着资本主义的发展和社会分工的细化，社会科学内部的专业分类也日益完善，最终于19世纪末20世纪初形成了现代意义的学术体系。[①] 该体系诞生后，在“普世价值”的鼓噪下，迅速传入中国。鸦片战争以后，国人睁眼看世界，走出国门，向西方学习救国真理，使方兴未艾的欧洲学术得以广泛传播。到1915年新文化运动时期，更是直接以欧洲文艺复兴为蓝本，将“科学”与“民主”并行不悖，努力在近代中国复制出具有西方现代色彩的学术研究体系，一时间新兴的学堂、期刊大量涌现。很大程度上可以说，中国近代的学术探索就是对西学强力冲击的直接反应。在这一冲击下，国人产生了强烈的自卑情绪，“视固有学术都不成为学术”[②]，逐渐摒弃以往以“四部”为框架、“六艺”为基准的“中学”分类体系，几乎完全移植了哲学、社会学、政治学、伦理学、经济学等一整套西方学科范式，对中国之后的学术研究和文化发展产生了深远影响。

应该看到，在西方的学术体系中，其研究方法和手段上有科学性的一面，但就其本质而言，任何学术研究在展现学术属性的同时，也带有不同程度的意识形态特性。特别是，近代西学的传入是在中西实力明显悬殊的特殊背景下、伴随着军事入侵的淫威而实现的，受其影响，此时的东、西文化之间也就不可能存在自由平等基础上的交流对话，必然带有资本主义征服的鲜明烙印，其最终目的并不是促成中国的民主与富强，而是要将中国纳入西方主导的资本主义统治秩序之下，实现对中华民族的长期奴役。

此外，西方学术还包含着自身无法克服的根本缺陷：

首先，以现代性为标识的西方学术体系，注重理性反思，始终致力于自身需求的不断追逐。但是，受唯心主义或机械唯物主义世界观的影响，倾向于孤立、静止地分析问题，不仅极易导致初始目标的异化或迷失，而且对人类知识的和谐共进构成天然的障碍。它重视物质追求，淡化精神境界；热衷抽象提升，脱离具体语境；放大矛盾差异，排挤合作空间；等等。例如，亨廷顿的“文明冲突论”，忽视不同文明的共存与交融，固守二元对立思维，为西方国家对其他文明的压制和排挤提供了合理化依据。福山的“历史终结论”，则进一步否认世界发展的多元格局，片面夸大西方民主的适用价值，刻意掩盖了帝国主义的霸权图谋和侵略行径。反映在中国近现代史的研究

① 参见程恩富：《中外哲学社会科学发展的历史脉络》，《求是》2004年第22期。

② 熊十力：《十力语要》（卷三），岳麓书社2011年版，第224页。

上，他们往往无视社会历史矛盾的复杂演变，倾向于运用解构和实证的方法分别对社会历史问题进行孤立的考据式探究，或者偏重于局部数据的抽样分析，导致视野狭窄，方法单一，容易得出一些碎片化和绝对化的结论。

其次，西方学术崇尚科学、注重实效，倡导民主、追求自由。但是，它以科学主义和西方中心主义为导向，沿用固有的视角、模式或经验去审视世界，居高临下、以己度人，不愿接纳超出自我认知范式的新鲜事物。例如，他们在对中国问题的研究上，长期存在两个难以改变的参照系统：一是，研究中国具体现象时，主要以西方社会为参照物，参照西方国家的价值理念和行为模式来评价中国的现实状况和未来走向等问题，无视中国近代以来的特殊国情，企图以西方的思想理论和价值理念改变中国的现有面貌，进而成为西方国家的附庸。二是，研究中国共产党时，过多以苏联共产党为参照物，以对苏共的已有认知来定性中共的革命和建设的探索，无视中国共产党对马克思主义的创新发展。

西方学术的上述倾向，一直是近代以来阻碍中国特色学术体系建构的主要因素，是推动马克思主义学术中国化必须破除的最大思想禁锢。

### （二）马克思主义的学术中国化不能等同于儒学化

反对西方“普世价值”论的同时，马克思主义学术中国化还必须辨清“中国化”与“儒化”的界限。近代以来，受中国几千年来儒学文化土壤的影响，伴随儒学复兴的几经高涨，在反对“西化”浪潮的过程中出现了过分抬高儒学的国族意义、将儒学为代表的传统文化视为中国的唯一标识，进而形成了以“儒化”取代“中国化”的思想倾向。

不可否认，在远古年代，文化确实是中国的绝对标识。最初，“中国”既不是一个地理概念，又不是一个政治概念，也不是一个种族概念，而是一个关于文明的概念，即：与野蛮相对立的“文明”。在古人眼里，自己所在的地方就是中心，越往边缘，那里的人们就越野蛮，文明也就越低级。正如钱穆所说，“在古代观念上，四夷与诸夏实在有一个分别的标准，这个标准，不是‘血统’而是‘文化’。所谓‘诸侯用夷礼则夷之，夷狄进于中国则中国之’，此即是以文化为华夷分别之明证”①。从这个意义上来说，“中国”一词就有向周边族群进行文化教化的意思，文化是古代中国的唯一标识。

到近代，由于中国资产阶级和无产阶级的先天不足，知识分子群体扮演了救亡图存启蒙者的角色，长期控制着思想意识的解释权，出于对本职业的自恋，他们很容易从自身的优势出发，仍将文化视为“中国”的表征并且提

① 钱穆：《中国文化史导论》（修订本），商务印书馆1994年版，第41页。

升到至高无上的地位。但究竟什么文化才能代表中国？拯救中国？思想界经历了一个长期的探索和论争过程。最初，率先睁眼看世界的进步人士提出了“师夷长技以制夷”“中学为体、西学为用”等思路，将“以中国伦常名教为原本，辅以诸国富强之术”“器变道不变”作为中华民族的救世良方，力图借助外来要素的注入来维持儒学传统的主导地位，并希冀以此促成传统文化的新生。但是，洋务运动、戊戌变法相继失败，人们最后将矛头对准了传统文化，认为是传统文化在人们内心根深蒂固，若不彻底拔除这一造成中国腐朽落后的“罪魁祸首”，那么，无论进行怎样的改革与革命都是徒劳无功的。一时之间，传统文化成了愚昧、落后、腐朽的代名词，陷入人人喊打的被动困境。此时的知识分子仍怀抱着“文化救国”的希望，力图借助以“民主”和“科学”为核心的西方文化力量，从根本上改变旧的文化体系和思想意识结构，重构中国人的文化心理，以达到救亡图存的目的。然而，此景不长，“救命”的西方文化未能帮助中华民族实现解放，反而民族危机日益加深。在此背景下，一些人士提出了“复兴民族文化以救国”的口号，认为儒学的命运关乎民族的未来，“欲求儒家思想的新开展，在于融会吸收西洋文化的精华与长处”。他们希望通过“援西学入儒学”“儒化西洋文化”的路径，“使每个中国人都具有典型的中国人气味，都能代表一点纯粹的中国文化”。① 但是，在援引西学的同时，他们又极力固守“中学”的统治地位，甚至有人认为五伦观念就是维系中华民族群体的纲纪，企图从中发现最新的现代精神，无疑夸大了儒学的价值。可见，无论是传统文化的拥护者还是批判者，他们都秉持着“文化救国”的美好理想，将“中国”等同于“中国传统文化”，进而又将“中国化”等同于“儒化”。

从表面看，“儒化”带有“中国”的特色和某种程度的“中国化”表征，但二者的区别是深刻的，绝不能等量齐观。

一是，中国不等于、也不约等于儒学。虽然儒家文化曾在中国国族特别是古代中国的国族建构中扮演了重要角色，甚至一度成为“中国”的绝对标识，但发展到近代，中国所呈现的已是集政治、经济、文化、社会等多重元素为一体的半殖民地、半封建的复杂形态，绝非一个历史文化形态所能概括的，儒学已不能代表近代的中国。并且，儒学虽然是中国传统文化的主体，但在中国特色学术体系的建构过程中，道家、墨家等传统文化所提供的思想资源并不比儒家少，甚至在某些领域还多于儒家，所以，也不能以儒学一家来囊括整个传统文化。

---

① 贺麟：《文化与人生》，商务印书馆 1988 年版，第 7、11 页。

二是，儒学在“中国化”和“儒化”中的地位是不同的。前者，儒学仅是中国特色学术建构的文化土壤，是“中国特色”的表征之一，不会决定中国学术的根本性质；而后者，儒学处于绝对主导地位，起决定性作用，中国特色学术建构已被完全纳入儒家体系的运行轨道。

三是，马克思主义在“中国化”和“儒化”中的意义是不同的。虽然在马克思主义学术中国化的起始阶段特别是马克思主义作为一种外来学说传入中国的初期，为了降低“水土不服”的反应、减少国人认同的阻力，往往予以一定程度的“儒学化”色彩，成为“中国化”初始阶段的典型表现，但它并不是“中国化”的全部，而且在中国化的过程中，马克思主义始终居于主体地位，儒学是被批判继承和改造的对象，具体表现为马克思主义指导下对儒学“去其糟粕，取其精华”的过程，马克思主义的主体结构和根本属性不会改变，而且还从儒学中汲取有益思想资源来丰富完善自身体系，实现马克思主义在中国的新发展。也正是在这一意义上，中国化了的马克思主义也经常被称为马克思主义在中国发展的新阶段。

最后，儒化马克思主义是根本不可能的。由二者的形成背景、阶级基础、核心理念、价值信仰等层面的根本差异所决定，与儒学相比，马克思主义具有绝对的优势和活力。在马克思主义引领学术中国化的过程中，儒学的作用仅限于提供一些“零散的思想资源”，再加以改造后，融入马克思主义学术中国化的成果之中，因而，“马克思主义儒家化只能是一个梦幻泡影”①。

### （三）马克思主义学术中国化是中国特色学术体系建构的必由之路

近代，马克思主义在中国思想界的传播以及学术中国化的推动具有深厚的现实根基，马克思主义最终取代儒学占据中国思想领域的主导地位，并不是一些人士所说的“西学入侵”“鹊巢鸠占”②，而是中国特色学术建构的应有之义。

从发展历程来看，马克思主义学术中国化直接促进中国特色学术体系的建构。近代中国学术体系的建构是以西学东渐为背景，特别是以马克思主义的正式传入为起点的，马克思主义基本原理同中国具体实际相结合探索中国特色革命建设道路的过程，直接推动和成就了学术中国化话语的形

① 刘东超：《马克思主义中国化是儒家化吗——兼与金观涛、郭齐勇、汤一介三位先生商榷》，《学术研究》2011 年第 7 期。

② 康晓光：《我为什么主张“儒化”——关于中国未来政治发展的保守主义思考》，儒家中国网，2010 年 4 月 18 日。

成。近代初期,形形色色的主义和学说蜂拥而至,它们纷纷立言著说,扩大影响,力图在民族救亡的方案设计中谋取自己的话语地位。不可否认,在近代中国学术的初创时期,马克思主义基本观点并没有得到学界人士的普遍认同,相反,还时常遭到一些学派和势力的非议和阻挠。近代著名的"问题与主义之争"和"唯物辩证法论战",就包含着西化论者和现代新儒家与马克思主义理论家的激烈论争。然而,最终事实胜于雄辩,随着历史的发展,"全盘西化"和"儒学复兴"都在民族救亡的角逐中败下阵来,只有马克思主义最终指明了中国革命的正确道路,并取得了胜利。马克思主义之所以能在各种主义和学说的纷争中脱颖而出,恰恰就在于,它并不是一般意义上的西方学说,而是既来自西方又超越西方的极具革命批判性的理论学说。由近代中国的积贫积弱以及一战后西方资本主义的反动本性决定了,中国既要向西方学习又不能复制西方的老路,唯有作为"第三种形态"的马克思主义才能适应中国现实的需要,能够成为中华民族复兴崛起的指导思想。但与"儒化"和"西化"思维不同的是,赢得指导地位的马克思主义并没有因此自恃"独尊"姿态,更没有自封为解决一切中国问题的万能法则,而是立足中国实际,通过一系列的创新探索,积极推动自身理论的中国化,并及时将中国化进程的最新成果融入中国的国情,不断以现实的成效丰富和发展了"中国话语"的时代内涵,进而将民族解放的历史记忆和中国复兴的未来构思内化为学术建构的认知逻辑和核心价值,成为中国特色学术体系的思想灵魂。也正是从这一意义上说,经过中国化洗礼的马克思主义已不是一般意义上的西方"舶来"主义,它早已超越了最初引介时期的救国工具范畴,对象化为不断发展着的中国实体,是中国国情的最高内涵。所以,坚持马克思主义引领以及学术中国化的推动也就成为中国特色学术体系建构的应有之义。

此外,从近代中国学术的自身属性来看,中国特色学术体系的建构也离不开马克思主义学术中国化的指导。首先,近代中国学术作为真理属性和价值属性的有机统一,既是学术争鸣的主阵地,更是意识形态博弈的主战场,必须坚持正确的政治方向。马克思主义"坚持实现人民解放、维护人民利益的立场,以实现人的自由而全面的发展和全人类解放为己任,反映了人类对理想社会的美好憧憬"[①],能够保障中国学术沿着"为人民服务"的方向健康发展。同时,学术成果又是特定社会环境的产物,它的价值导向与特定社会的性质息息相关,列宁指出,"建筑在阶级斗争上的社会是不可能有

① 习近平:《在哲学社会科学工作座谈会上的讲话》,《人民日报》2016年5月19日。

'公正的'社会科学的"①。这就决定了近代中国的学术体系建设必须以马克思主义的世界观、方法论为指导,在认识社会和改造社会的创新探索中不断提升学术成果的解释力和引领力。其次,近代学术是一个复杂的综合系统,需要主导思想的统一引领。学术领域涉及学科较多,涵盖内容广泛,"是古往今来各种知识、观念、理论、方法等融通生成的结果"②。由各知识领域运行规律的特殊性所决定,学术阵营内部的表述方式各异,研究方法多样,评价标准不一,极易造成关系的混乱和话语的衰微。作为学科体系,学术研究领域并不是各个学科知识的杂乱堆积,也不是古今中外学说的无序拼接,而应该是以真理为导向的更高层次的优化组合。对真理的憧憬和追求,是一切科学研究的根本宗旨,"真理是一切真实的确立性的种子和不可缺少的前提"③。近代以来,我们提倡学术的"中国特色",就是要在中华民族的探索实践中去发现真理、发展真理,并在现实成效中检验真理、磨炼真理;我们建构科学研究的"中国话语",目的也是要在百家争鸣中鉴别真理、充实真理,并在对外斗争中传播真理、捍卫真理。马克思主义作为迄今为止最先进的世界观和方法论,拥有科学的原则立场和观点方法,代表着人类社会的发展方向,是中国思想领域的主导力量,已经或者正在显示着它的独特优越性。科学研究只有在这一真理力量的指引下,凝聚力量,优化资源,才能在学术中国化的进程中不断实现从"必然王国"向"自由王国"的新飞跃。

---

① 《列宁选集》第2卷,人民出版社2012年版,第309页。

② 习近平:《在哲学社会科学工作座谈会上的讲话》,《人民日报》2016年5月19日。

③ [德]E.卡西勒:《启蒙哲学》,顾伟铭译,山东人民出版社1988年版,第11页。

# 第三章　新民主主义革命时期马克思主义学术中国化的演进节点

中国哲学社会科学正是以马克思主义传入中国为起点，在马克思主义的指导下逐步发展起来的。在新民主主义革命时期的马克思主义学术中国化历史进程中，以陈独秀、李大钊、瞿秋白等为代表的马克思主义者积极倡导运用马克思主义进行哲学社会科学研究，为当代中国哲学社会科学发展进行了开拓性的努力。本章的叙述并不是要系统描述马克思主义学术中国化的整个历史进程，而是侧重于选取其中几个关键的历史节点展开分析，以此展现马克思主义引领近代中国哲学社会科学发展的历史逻辑，并从中发掘马克思主义学术中国化对当代中国哲学社会科学建构的历史经验。

## 第一节　马克思主义的早期译介与中国哲学社会科学的价值转型

马克思主义在中国的译介与传播，是马克思主义学术中国化发生，并对中国哲学社会科学产生影响的历史前提。十月革命以前，马克思主义事实上已经开始传入和译介到中国。但是，这种传入和介绍并不是真正意义上的传播马克思主义，而是一种不自觉的文化传递过程。因而，即便在马克思主义早期译介中已经出现了“中国化”的现象，但并没有真正结出“中国化”的果实。马克思主义真正大规模且具有实质内容的传播是在十月革命后，早期马克思主义者在接受马克思主义后，就迅速地将其作为科学方法与中国的具体实际联系起来，并融入到学术研究中，从而为形成初期的近代中国哲学社会科学实现从“学术”向“救亡”的价值转型提供了一条马克思主义学术中国化的崭新道路。

### 一、马克思主义的早期译介的“中国化”现象

相对于中国本土的学术文化而言，诞生于西方社会文化土壤下的马克思主义毕竟是一种外来的文化，要使这种外来文化与中国的具体实际和中国的学术文化结合起来，开展马克思主义学术中国化，首先必须让中国人知道、了解乃至接受马克思主义。马克思主义通过译介实现语言转换，从另一

种文化形态进入到中国的学术文化系统中,是马克思主义学术中国化进程开启的历史前提。

马克思主义进入中国知识界的视野,最早可以追溯到19世纪70年代。当时,晚清统治阶级中的一些进步人士就曾介绍过同马克思主义相关的概念和社会运动。由江南制造局编撰的《西国近事汇编》,在报道欧洲革命的时候,已经开始用中国文化中的一些概念来译介共产主义学说,如:将社会主义译述为"主欧罗巴大同""贫富适均""贫富均材之说"。维新变法前后,国内一些学者在翻译欧洲社会主义相关著作时,开始涉及了对马克思、恩格斯的生平和社会主义某些论点的介绍。1903年,由英国传教士韦廉士创办的《万国公报》,就曾连续刊载了由李提摩太节译、蔡尔康撰文的《大同学》。该文第一章《今世景象》中提道:"其以百工领袖著名者,英人马克思也。"①这是马克思的名字首次在中文报刊中出现。降至20世纪初,随着社会主义思潮的泛起,马克思主义也作为其中的一个派别更多地被中国的知识阶层所知晓。在这一过程中,日本留学生、资产阶级改良派、资产阶级革命派、无政府主义者和社会民主党人士都是推动马克思主义早期译介的重要力量。值得注意的是,社会民主党人士王滃尘是该阶段译介马克思主义的学者中,对马克思主义和社会主义理解得最为深入和准确,在宣传和坚持马克思主义上也明显高于同时代人的理论家。他不仅在一定程度上"信从"马克思主义,明确表示出要"将马尔克之行义、之学说绍介于吾同党、吾同胞,知所信从而知所则效矣",同时,也在其《社会主义与社会政策》《驳社会主义商兑》等文章中,基本认清了科学社会主义与改良主义、无政府主义之间的区别,明确反对改良主义的主张,支持马克思主义的社会革命思想。

在马克思主义早期译介中,尤其值得重视的是,基于马克思主义与中国传统文化在价值观念和精神气质上的某些契合,当时的译者和传播者从一开始就自觉或不自觉地将马克思主义置于中国传统的学术文化话语体系中加以附会和阐释。这种在传播话语中的本土化调试,在学理上肇始了马克思主义与中国传统文化的初步结合,是早期知识阶层对马克思主义中国化的初步尝试。

例如,以中国传统文化中的"大同"理想和"均贫富"思想比附马克思主义,是马克思主义早期译介中的一个颇为普遍的"中国化"现象。早在洋务

① 林岱昭、潘国华:《马克思主义在中国——从影响的传入到传播》(上册),清华大学出版社1970年版,第44页。

运动时期,《万国公报》刊登的《大同学》,就本着"惟拯济贫民"的宗旨,把马克思主义视作"安民养民"的学说译介到中国来,并认为马克思主义的"立言大旨",是"惟欲除贫富相争之法"①。中国留日学生在引介社会主义学说时,也深受传统"大同"理想和"均贫富"思想的推动。留日学生罗大维在翻译《社会主义》一书时,尤其关注马克思《资本论》中对工业制度下"富者益愈富,贫者益愈贫"这一"贫富悬隔之现象"的批判,因此,他把马克思主义理论视作"救济社会之完策"的"民政思想",认为"社会主义本来之目的,在变革现今资本制度,即打破现今贫富之阶级也"②。伟大的资产阶级革命先驱孙中山也曾对社会主义"竭力赞成",希望社会主义学说被"广为鼓吹",并宣称"余实完全社会主义家也"③。这其中的一个巨大动因就是他将"大同"理想与社会主义相比附的结果。对此,吴玉章曾说:"孙中山先生主观上对资本主义的不满和对社会主义的同情。他常常把《礼记》里面《礼运篇》的大同思想和社会主义、共产主义联系起来,作为他的民生主义的根据。"④

概括来说,辛亥革命前后,马克思、恩格斯的生平和思想,马克思主义的一些理论观点已经零星地传入中国的思想界,这在知识积累的意义上,为后来马克思主义被进步知识分子接受并广泛传播准备了思想条件和文献基础。这一思想史的事实说明,十月革命后,马克思主义潮流在中国的泛起并不是一个偶然和突发的事件,在十月革命之前,马克思主义事实上已经在中国进行了近40年的理论旅行和思想酝酿,在这一过程中,马克思主义也在与同时期一同引进的各种主义与学说的比较中,初步获得了中国知识分子的认可,譬如,一些学者在译介马克思主义的过程中,就曾以"社会主义之泰斗""社会主义之祖师"等溢美之词高度评价马克思主义。就此而言,十月革命之所以让酝酿许久的马克思主义在五四的知识界喷薄而出,其中一个重要原因就在于,与马克思主义一同引进的西方资产阶级学说,在历经数十年解决中国现实危机的检验中已经纷纷败阵,进步知识分子在"对各种主义做综合的审定"之后,觉得马克思主义真为改造中国对症之方,"只此

① 林岱昭、潘国华:《马克思主义在中国——从影响的传入到传播》(上册),清华大学出版社1970年版,第50页。

② 林岱昭、潘国华:《马克思主义在中国——从影响的传入到传播》(上册),清华大学出版社1970年版,第47页。

③ 林岱昭、潘国华:《马克思主义在中国——从影响的传入到传播》(上册),清华大学出版社1970年版,第308页。

④ 林岱昭、潘国华:《马克思主义在中国——从影响的传入到传播》(上册),清华大学出版社1970年版,第16页。

方法较之别的改造方法所含可能的性质为多"①,从而进一步确认了马克思主义救中国的理论可能性和科学性。

此外,马克思主义早期译介中的"中国化"现象,也在思想史反思的意义上,对马克思主义学术中国化作出了初步尝试。一方面,从上述的"中国化"现象中可以看出,当时已有部分译者有意识地将马克思主义的一些观点同中国的具体实际结合起来,将马克思主义视为"民政思想""民生主义"等,试图借鉴马克思主义来解决中国的问题;另一方面,当时的译者将马克思主义纳入中国文化系统中加以引介,不仅反映了马克思主义与中国文化有内在的契合之处,也使经由传统文化语言转换后的马克思主义在早期传播过程中多了几分亲近感,减少了传播的阻力。但是,必须指出,由于早期译介者并没有真正理解马克思主义,更没有把马克思主义作为指导思想,因而不可能真正产生"中国化"的理论果实。

## 二、从"学术"到"救亡":中国哲学社会科学的价值转型

中国现代意义的哲学社会科学是近代以后伴随着"西学东渐"的深入而不断发展、建立起来的。鸦片战争后,在救亡图存的迫切形势下,进步知识分子向西方寻求改造中国的方案,大量的西方学术思想开始被广泛地介绍到中国。甲午中日战争后,有识之士意识到仅仅学习西方的科学技术并不能解决中国的问题,由是,西学在中国的传播重点也由早先的自然科学转向哲学社会科学。以1897年严复翻译发表《天演论》为标志,中国出现了学习和传播西方哲学社会科学知识的热潮。1905年,科举废除而新学堂兴起,无疑是近代中国学术转型的一个大事件。这不仅标志着近代中国哲学社会科学形成的客观基础的奠定,同时,也打破了中国数百年来"学而优则仕"的传统,使学术风气由传统的"学为政本",转向了初具现代意义的"学以求知",并且,新学堂的设立,也使一大批中国传统儒生转型为近代知识分子,从而共同为近代中国哲学社会科学的形成准备了人才储备和思想氛围。自此之后,西方哲学社会科学各学科在中国纷纷兴起,学科教育也逐渐体制化、正规化,中国哲学社会科学体系得到了快速发展,并于五四新文化运动期间初步确立。

近代中国哲学社会科学的形成萌发于国人救亡图存的需要,以学术研究服膺于"救亡"主题,在回应和解决中国的现实问题中,使"外源"的哲学社会科学在中国扎根,这本是中国学人理应肩负起的时代课题。然

① 中国革命博物馆、湖南省博物馆编:《新民学会资料》,人民出版社1980年版,第18页。

而，在中国哲学社会科学形成之初，受西方学术所谓"专门化""独立化"研究的影响，一些中国学者却逐渐偏离了服膺"救亡"实践的治学导向，试图摆脱政治的枷锁，寻求一条学术绝对自由化的"专门家"道路。早在1898年7月，严复发表《论治学治事宜分二途》一文，批评了古来"读书做官""野无遗贤"的理想，就已经开始强调政治与学术分离："国愈开化，则分工愈密。学问政治，至大之工，奈何其不分哉"①。随后，早期思想家梁启超也提出："泰西之政治，常随学术为转移；中国之学术思想，常随政治为转移，此不可谓非学界之一缺点也"②，他认为："凡学问之为物，实应离'致用'之意味而独立生存"③，"断不以学问供学问以外之"，由是便提出了"为学问而学问"④的口号。这一口号一经提出，也获得当时多数学者的追捧，在这其中，既有胡适打定"二十年不谈论政治"，专注于思想文化建设的自我表白，也有章太炎对"学以求是，不以致用"的摇旗呐喊，蔡元培在北大任校长期间，更是大力宣扬这一思想，使得"为学问而学问"的精神风靡一时。

不过，即便"为学问而学问"的口号在五四的思想界屡被作为旗帜挥舞，却是一个行不通的方案。毕竟，对于理论工作者来说，一个时代的理论必须能够反映这个时代的社会现实，没有认清时代的意义，不能捕捉历史任务的理论运动，只能是空洞的理论和无的放矢的呐喊。特别是在近代中华民族危亡的局势下，客观上要求知识分子在"妙手著文章"的同时，更应该"铁肩担道义"，心系家国，服务"救亡"。因而，随着国内危局的进一步加深，这种无法回应社会的"纯学术"的研究空间也愈发狭窄，胡适等人也逐渐修正了先前的立场，转而认为，固然不能使学问的价值限定在狭隘的功利主义中，但如若学术完全抛弃了致用的标准，便很容易"走上荒谬的路上去，变成枉费精力的废物"⑤。

与"为学问而学问"的治学取向不同的是，早期马克思主义者在接受马克思主义之后，就以强烈的现实观照性，自觉以马克思主义这个锐利的思想武器来剖析中国贫病落后的症结，进而用马克思主义学术认识和改造中国，服务于"中国向何处去"这一总问题的回答与解决。李大钊在接受马克思主义后明确表示，他研究马克思主义，是为了细细地研考马克思的唯物史观

① 严复：《严复集》第1卷，中华书局1986年版，第89页。
② 梁启超：《新史学》，商务印书馆2014年版，第171页。
③ 梁启超：《清代学术概论》，天津古籍出版社2004年版，第87页。
④ 梁启超：《清代学术概论》，天津古籍出版社2004年版，第93页。
⑤ 《胡适文集》，北京大学出版社1998年版，第112页。

怎样应用于中国今日政治经济的情状,"怎样去作民族独立的运动,把中国从列强压迫之下救济出来"①。1922年陈独秀指出,我们应当"以马克思实际研究的精神研究社会上各种情形,最重要的是现社会的政治及经济状况"②。1923年初,时任《新青年》主编的瞿秋白在办刊宗旨中也指出,《新青年》"当尽其所有区区的力量,用社会科学的方法,试解剖中国的政治经济,讨论实际运动"③,这里的"社会科学的方法"指的是马克思主义的理论与方法。正是带着这种以理论研究服务实践运动的研究导向,早期马克思主义初步创作出了一批马克思主义学术中国化的力著。如李大钊的《史学要论》《由经济上解释中国近代思想变动的原因》;陈独秀的《谈政治》《马克思学说》《对于现在中国政治问题之我见》等;瞿秋白的《自民权主义至社会主义》《中国革命史之新编》《政治运动与智识阶级》等;蔡和森的《社会进化史》等,都是用马克思主义研究中国具体问题的文论。这些文论体现了五四时期中国学者以马克思主义为指导,以中国问题为研究对象的鲜明指向,着力回答的都是"中国向何处去"的现实政治问题,从而为当时中国哲学社会科学初步从"学术"到"救亡"的价值转型提供了必要的理论贡献。

不过,由于学术创作主体认知水平的限制、外部环境和时代条件的制约,于五四时期产生的早期马克思主义学术中国化,带有其酝酿萌芽阶段的初步性和不成熟性等局限。这种局限首先表现为对马克思主义存在一定程度上教条化、公式化、简单化的理解。应该看到,马克思主义虽然在五四时期获得广泛传播,但其传播的广度和阐释的深度依然不足,这就使得早期马克思主义者在对经典著作有限的掌握中,仅仅把马克思主义等同于唯物史观、阶级斗争等几条基本原理,而难以对马克思主义有全面的理解和体会,同时,唯物史观也在当时被理解和表述为一种绝对的经济决定论。其次,由于中国马克思主义学术一经产生就对中国的"救亡"革命存在较强的依存性,政治斗争的急迫需要,以及社会问题的亟须解决,也使早期马克思主义者在当时来不及对马克思主义做更深入细致的学理研究,便投入到了随之而来的大革命斗争中。总而言之,该时期的马克思主义学术中国化总体上仍处于初步的、零星的摸索阶段,尚未达到深入的专业学理探讨和实践阶段,因而对中国哲学社会科学施加的影响也有限。

---

① 《李大钊全集》第4卷,人民出版社2013年版,第516—517页。

② 《陈独秀文集》第2卷,人民出版社2013年版,第250页。

③ 《瞿秋白文集(政治理论编)》第2卷,人民出版社2013年版,第10页。

## 第二节　“新社会科学运动”与哲学社会科学本土化探索的“新境界”

五四时期，马克思主义在中国思想文化界的异军突起，初步为中国哲学社会科学摆脱西方“学院化”的研究取向，开辟了一条以观照具体现实、配合救亡实践为主要价值取向的马克思主义学术中国化的新道路。不过，尚处于初步探索阶段的马克思主义学术中国化还局限于少数马克思主义先觉者的零星探索中，对中国哲学社会科学的影响也十分有限。时至 20 世纪 30 年代，这一情况则大不相同。该时期，由中共领导成立的中国社会科学家联盟发起了一场旨在系统研究、广泛传播马克思主义的“新社会科学运动”，不仅为中国哲学社会科学输入了唯物辩证法这一科学的思想方法论，众多马克思主义知识分子也充分运用这一理论武器在哲学社会科学各学科领域开疆拓土，从而肇始了哲学社会科学本土化探索的全面兴起。

### 一、新社会科学运动：中国哲学社会科学“新输液的黄金时代”

早期马克思主义学术中国化在初步探索后，便因 1927 年大革命的失败而遭受到了重大挫折。这一时期，李大钊牺牲，恽代英被捕，蔡和森因疾暂离中国，陈独秀犯了思想错误，这批早期马克思主义理论家的离散，使得马克思主义学术中国化的进程一度陷入停滞。不过，在主客观条件极其不利的情况下，顽强的马克思主义者并没有停下对中国化探索的步伐，而大革命失败的惨痛教训，也给忙碌于革命实践而轻视理论工作的中国共产党以当头棒喝，充分暴露其在成立初期理论准备不足的问题。在此严峻的形势下，中共及其理论家群体痛定思痛，深刻地意识到“没有革命的理论，就没有革命的运动”，“做政治运动是离不了理论工作”。在深刻总结大革命的经验教训中，深入地学习和传播马克思主义理论，成为了该时期中共领导层及其理论战线面临的严峻任务。

正是出于上述认识，中共进一步加强了对马克思主义理论引进、传播和宣传工作。相较于大革命时期，中共在理论战线上既“没有列为专项的文化工作”，也“未见有文化运动的决议案”①的情况，1928 年至 1929 年，中共连续通过了两份《宣传工作决议案》，明确把加强马克思列宁主义论著的翻

① 转引自郑师渠：《中国共产党文化思想史研究》，中共中央党校出版社 2007 年版，第 31 页。

译和介绍作为思想文化战线的中心工作。此外，随着郭沫若、何干之、艾思奇、李平心等一批具有专业知识背景的理论队伍开始聚集，并走上马克思主义学术研究的道路，而从日本留学归来的朱镜我、冯乃超、李初梨、彭康等“新锐的斗士”，也加入到马克思主义学术研究的理论队伍中。以他们为主力，中共于1930年在上海成立了致力于中国新型社会科学运动的组织——中国社会科学家联盟（简称“社联”）。由此，揭开了“新社会科学运动”的大幕。

20世纪20年代末至30年代初兴起的“新社会科学运动”，可以说是继五四新文化运动之后，学术界又一次高潮迭起的介绍和传播西方学说的文化运动。但是，与五四新文化运动的中心思想是自由主义不同，新社会科学运动的“新”，主要体现在马克思主义的唯物辩证法和唯物史观取代了五四时期的自由主义，风靡于学术界。这一理论取向上的转变，从时人的言说中可见一斑。史学家齐思和便概括道，从“五四”到新社会科学运动，“中国的学术思想，又走到第一个解放时期”，“五四的中心思想是自由主义，是知识分子对传统束缚的解放运动”，而新社会科学运动的中心思想是社会主义，是“唯物史观的观点对于中国过去的文化加以清算”。① 同样是当时文化发展见证人的郭湛波也指出，胡适等自由主义派学者在五四期间所推崇的“杜威的实验伦理学，和罗素的数学逻辑虽然曾盛行一时”，但是到了20年代末之后，这些思想在学术界“却失掉了权威，继之而起的新思想方法，就算辩证法了”②，“这个时代的特征，以马克思体系的辩证唯物论为主要思潮，来反对第二个段落的思想学说”③。应该说，这些当事人的感受，也是当时中国思想文化界具体实情的生动再现。

马克思主义的唯物史观和唯物辩证法之所以在新社会科学运动时期风靡于中国思想界，这首先归功于“社联”成员在该时期大力翻译、介绍和传播马克思主义的理论活动。谭辅之曾称新社会科学运动为中国社会科学界“新输液的黄金时代”，这里所指的“新输液”，便是“唯物辩证法和唯物史观的介绍”④。在社联成员的努力下，马克思主义的社会科学著作在该时期如“雨后春笋”般涌现。例如，《哥达纲领批判》、《雇佣劳动与资本》、《政治经济学批判》（导言）、《资本论》第一卷第24章中《资本积累的历史趋势》、《反杜林论》、《费尔巴哈与德国古典哲学的终结》、《家庭、私有制和国家的

---

① 齐思和：《近百年来中国史学的发展》，《燕京社会科学》1949年第2期。

② 郭湛波：《近五十年中国思想史》，岳麓书社2013年版，第188页。

③ 郭湛波：《近五十年中国思想史》，岳麓书社2013年版，第144页。

④ 谭辅之：《最近的中国哲学界》，《文化建设》1936年第6期。

起源》等经典著作，都是在新社会科学运动期间被首次翻译或重译出版。此外，该时期还出版了一大批由社联盟员自己撰著的马克思主义社会科学著作。在这其中，有邓初民的《政治科学大纲》《新政治学》，张如心的《无产阶级的哲学》《辩证法概论》，艾思奇的《大众哲学》《新哲学论集》，何干之的《中国经济读本》《转变期中国》，等等。值得一提的是，在传播马克思主义众学者中，李达的贡献尤为突出，从20年代末至30年代初，李达翻译和著述了近10种马克思主义的哲学书籍，其中最能体现其研究水平的则是他于20世纪30年代中期出版的，长达47万余字的辩证唯物论和历史唯物论巨著——《社会学大纲》。该书作为李达钻研马克思主义哲学的经典著作，是马克思主义传入中国后的集大成的思想结晶，也是中国人自己写出的第一部马克思主义哲学教科书。中共领袖毛泽东就曾把该书细品了不下10遍，许多马克思主义者和进步知识青年也从该书中受到了教益，坚定了对马克思主义的信仰，铆足了继续革命的动力。对于李达对马克思主义广为传播的贡献，郭湛波曾高度评价说："今日辩证唯物论之所以澎湃于中国社会，……李先生一番介绍翻译的工作，在近五十年思想史之功绩不可忘记"①。侯外庐也认为，在"宣讲马克思主义学说的学者"中，"就达到的水平和系统性而言，无一人能出李达之右"②。

除理论的介绍与传播外，新社会科学运动期间，左翼社会科学家同各种反马克思主义者的思想论战，也是进一步促使马克思主义在该时期于中国学术界"独步天下""深入人心"，极大树立起话语权威的重要因素。这里需要说明的是，作为马克思主义理论体系重要内容的唯物史观和唯物辩证法，虽然早在20世纪20年代初就已经在中国思想界产生了不小的影响，但是当时的讨论大多还局限于一般性的宣传和一些与实际政治运动还相距较远的理论论争，如："问题与主义"的论战、"科玄论战"等，因此，马克思主义尚未在中国社会科学界中形成广泛的影响。时至30年代，情况则大不相同，该时期的思想论争如：中国社会性质的论战、中国社会史的论战、唯物辩证法论战等，不仅与政治时局和国家的前途命运紧密关涉，而且，唯物辩证法与唯物史观也作为一种解释社会发展的思想理论和方法论，被论战双方竞相引以为理论旗帜。由是，通过这些论战，马克思主义几乎就成了社会科学的同义词，成为解释政治和社会发展问题的有效理论工具，在学术界近乎掌握了话语权。譬如：中国社会性质和中国社会史的论战，虽然围绕中国原始

① 郭湛波：《近五十年中国思想史》，岳麓书社2013年版，第174页。

② 侯外庐：《韧的追求》，生活·读书·新知三联书店1980年版，第36页。

社会和奴隶制社会的历史依据、亚细亚生产方式,中国封建社会的起始和崩溃等诸多问题展开,但其核心归结到一点,则是为了反驳当时反动派所宣扬的"马克思主义不适合于中国国情"的观点。因而,通过这场论战,既为科学判断中国社会性质提供了重要的理论依据,有力地支撑了中共在根据地所开展的土地革命,使马克思主义对中国问题获得最具权威的诠释水平。同时,马克思主义的唯物史观也在学术界获得了极大的认可度,即便是那些反马克思主义者,"敢于公开否认唯物史观的,似乎也不多",甚至有些人还不得不"以'唯物史观'或'辩证法唯物论'相标榜","被迫要在'唯物史观'的幌子底下,来做反对唯物史观的勾当"①。由此可见,唯物史观在当时的中国社会科学界"已具有最大的真理权威"。

总而言之,新社会科学运动对近代中国哲学社会科学的"新输液",使得进步知识分子更系统且完整地掌握了马克思主义,这就为随之而来的马克思主义学术中国化的全面开展奠定了重要基础,而相比于同期学术界对"中国化"的探索,马克思主义学术中国化则在理论与实践相统一的层面上,引领着中国哲学社会科学本土化探索迈向新的境界。

## 二、马克思主义引领中国哲学社会科学本土化探索的"新境界"

在近代中国思想文化领域中,对外来理论进行"本土化""中国化"探索的并不是只有马克思主义学派一家之言,而是一个具有普遍性的思想史现象。

清季民初,在"西化"思潮滥觞一时的背景下,西方哲学社会科学作为先进的事物被大规模地引入、介绍、移植到中国,但是当时的中国知识界还仅仅是"形式主义地看问题",并没有认真思考外来学说与本国实际之间的关系。因此,大量西方学说的引入不免沦为"文化贩卖主义",众多学者总是"不去研究中国今日的现状应用什么救济的方法,而去引那些西洋学者的陈言来辩护自己的偏见"②。这也导致形成初期的中国哲学社会科学因其"外源"的性格,不免沦为西方学术的传声筒,成为西方思想界在东方的"影像投射地"。

不过,面对西学的大力引进却难以改观中国国势日趋恶化的现实,中国知识界也开始反思"五四"以来的"西化"思潮,认识到要从中国实际出发,

---

① 钟离蒙、杨凤麟主编:《中国现代哲学史资料汇编》第 2 辑第 4 册,辽宁大学出版社 1981 年版,第 189 页。

② 《胡适文集》第 10 册,北京大学出版社 2013 年版,第 670 页。

从自身需要的角度来辨析和取舍外来理论。譬如：学者杨铨在1924年回顾中国近代思想发展时，就认为："中国之近代社会思想几乎完全为中西文化接触之产物"，这些思想"大多对于中国社会缺少深刻之观察和精密之分析"，有明显的不切实际的"西来特性"①。正是对这种"西来特性"的反省，1930年《大公报》已有社论强调："社会科学者"在引介西方学说之时，应努力"别出机枢，卓然以自立"，以求形成切合中国实际的学术思想，重塑中国思想界的面貌②。此外，"九一八"事变之后，空前加深的民族危机和激愤的民族主义情绪，也促使越来越多的学者从远离现实、闭门塞户的玄深理论研究中抬起头来，试图通过"中国化"的努力，来克服以往"抄袭""模仿""附庸"的弊端，致力于使学术研究更加具体化、实用化，能够有效阐释和解决中国的实际问题，进而为抗战服务。

正是基于"西化"反思和民族危局加深的双重刺激，从20世纪30年代起，无论是传统文化派的学者，还是自由主义派的学者，都开始积极思索外来理论的"中国化"问题。譬如，教育学中国化是学术界较早提出"中国化"口号的社会科学领域。早在20年代初，教育改革家仲九就已经认识到，中国新兴的教育学仅仅取道欧美日的做法"总摆脱不了奴性"，西方的教育理论也"难免有不好的地方"，因此，他主张教育界应当"一方面当然取法法美和他国的学说，一方面不妨凭着自己的能力去从事创造"③。1924年，著名教育学家舒新城则明确提出了"教育学中国化"的口号。在《论道尔顿制精神答余家菊》一文中，舒新城从批判中国教育"轻视国内固有文化，盲从国外方法"的现象入手，指出"此时我们所当急于预备者，不在专读外国书籍，多取外国材料，而在用科学的方法，切实研究中国的情形，以求出适当之教育方法，使中国的教育中国化"④。除教育学中国化外，众多学人也在哲学、法学、史学、社会学等社会科学领域相继进行了"中国化"和"本土化"的探索，从而，在当时的中国学术界形成了一股蔚为壮观，盛极一时的中国化浪潮。

但是，从整体上看，当时学术界的"中国化"思潮虽然声势浩大，讨论激烈，但实质上仍局限于精英知识分子的学术讨论，众多学者无一不是抱着"中国之病根在文化，而起死之良方为学术"的思想，坚决相信"舍文化无从复兴，非学术莫由救国"的愿望，呼吁举国上下"共同从事于'学术救国'与

① 杨铨：《中国近三十年社会改造思想》，《东方杂志》1924年第17期。

② 参见《社会科学者应当努力》，《大公报》1930年2月19日。

③ 仲九：《教育高在的方法》，《中华教育界》1920年第3期。

④ 舒新城：《论道尔顿制精神答余家菊》，《中华教育界》1924年第8期。

'文化复兴'两大运动"①。然而,就外来理论的本土化而言,一种外来的科学理论只有融入现实实践中,在实践运用中证明自己的理论价值,才能具备在中国长期扎根的现实基础。特别是在近代中华民族生死存亡的时代背景下,"外源"的哲学社会科学要想真正摆脱其"西来特性",在中国扎根,其先决条件还在于能够为近代中国民族独立和国家富强指明一条正确的道路,这也是致力于"中国化"探索的近代知识分子的最终理论指向。但是从他们提出"学术救国"方案的实效来看,这种远离社会生活,忽视民众力量,而仅仅局限于精英知识圈中的文化探索,至多只是在学术文化上加深了对"中西关系"的认识,但对于如何以学术研究助益现实的"救亡"运动而言,学者们的努力只能是文人论政、纸上谈兵,对现实的改变是苍白无力的。此外,"中国化"毕竟只是国人更切实、更具体地运用外来学说以"救中国"和"扶微业"的方法,最终问题的解决还在于引入的理论本身。若被拿来"中国化"的理论本身就不足以承担起近代中国"救亡图存"的历史使命,那么无论运用之人的觉悟有多高,无论其提出的"中国化"构想有多完美也只能是杯水车薪、无济于事。

正是在这一意义上,在20世纪30年代兴起的马克思主义学术中国化,虽然是作为学术界"中国化"思潮中的分支,但却是超越"中国化"思潮本身,引领着中国哲学社会科学"本土化"探索迈向崭新境界的决定性力量。这一超越性,一方面源自被拿来"中国化"的马克思主义本身的科学性;另一方面则源自中国马克思主义学术对理论与实践相统一的重视。与学术界"中国化"的各种西方学说不同,马克思主义是指导无产阶级革命的理论,是为了解放一切被压迫的人们,给世界带来革命性变革的理论,其理论精髓中所蕴含的实践品格和革命动力,决定了马克思主义在中国是作为一个能够唤起大多数人的共同的理想和主义而存在的,是作为对中国问题的一个根本解决方案而存在的。因此,马克思主义的"学术中国化",决不仅仅是同中国的学术文化相结合,而实现某种"空想的理论体系",更重要的是,立足中国革命的实际问题,通过解剖中国的政治经济,来助益实际的革命运动。正如何干之在《近代中国启蒙运动史》中对该时期马克思主义学术中国化的总结所说,这场理论活动的目的是在马克思主义指导下认识中国社会的构造,这种"创造理论的工作",是为了"更高级更深入的社会运动"做准备工作。

① 康选宜、杜纲百:《上海各大学教职员联合会会务报告》,上海各大学教职员联合会,1935年,第3—4页。

譬如，该时期的马克思主义政治经济学中国化就发挥了科学认识中国国情，指明革命前途的实效。中国马克思主义经济学家决不是“为理论而理论”的学者，他们始终是带着为中国经济变革和社会进步服务的理论导向来研究马克思主义政治经济学的，并致力于创建“一种特别具有改造中国的社会经济”。因此，在20世纪30年代的中国社会性质论战中，中国马克思主义经济学家，以马克思主义政治经济学理论为指导，通过对中国特殊国情的深入调查和细致分析，撰著了一批深刻反映中国现实国情的力著，如王学文的《中国资本主义在中国经济中的地位其发展及其前途》、刘梦云的《中国经济之性质问题的研究》、薛暮桥的《研究中国农村经济的方法问题》等。这些作品深刻地说明了中国社会经济“半殖民地半封建”的特殊性，不仅驳斥了理论界所宣扬的“马克思主义不适合中国国情”的谬论，更以雄辩的事实和充分的论据，论证了中共领导的反帝反封建的革命斗争是近代“中国向何处去”的必由之路。

此外，20世纪30年代中期，以艾思奇为代表的马克思主义者对马克思主义哲学的“通俗化”探索，则发挥了理论掌握群众，造就一支以马克思主义为旗帜的革命大军的作用。出于对中国革命实际需要的密切关注，艾思奇认为，马克思主义作为无产阶级和劳动人民的精神武器必须与它的物质武器，即人民群众相结合才能发挥应有的作用。因而，他撰著《大众哲学》一书，用通俗读物的形式把马克思主义哲学普及到大众中，使马克思主义的道理深入人心，真正起到了使学术研究从书斋和课堂上走出，转为群众实践武器的作用，从而，为马克思主义的广泛传播和中国革命事业的进一步发展作出了巨大贡献。这一巨大贡献用按冯契的评价说，就是因为《大众哲学》“掌握了时代的脉搏，用哲学的理论深入浅出地回答了当时（抗战前夕）爱国青年和革命群众中切身感受到的那些问题。因此，它在理论联系实际特别是联系群众当时的思想方面，取得了显著的成就”①。

上述可见，相比于学术界的“中国化”思潮仍局限于在学术文化上谋求一种“中西结合”的，却无实际效用的理论体系而言，马克思主义学术中国化则在理论与实践的互动机制中，促使马克思主义引领下的中国哲学社会科学能够在解答现实问题，理论转化群众的过程中，展现出更强烈的现实性和本土化色彩。也正是因为中国马克思主义学者写出了许多有关中国现实局势和奋斗前景的颇有理论水平的社会科学著作，其中对中国革命状况和政治斗争的分析，远远比其他理论学说更具说服力和感召力，所以，自20世

① 冯契：《中国近代哲学的革命进程》，上海人民出版社1989年版，第415页。

纪30年代起,马克思主义作为一种优越的社会科学研究方法开始逐渐受到一些非马克思主义者的推崇,这表明中国马克思主义学派日益占据了中国学术舞台的中心,马克思主义开始跃居为中国文化的主流。

## 第三节　马克思主义中国化的提出与哲学社会科学"中国特色"的初步显现

1938年毛泽东在扩大的六届六中全会上的讲话中,提出了"马克思主义中国化"的科学命题,这一科学命题的形成,既凝聚了中国马克思主义学术多年的学理贡献,也是中共领导层对革命实践经验进行总结升华的结果。因此,它的提出不仅为中国革命的进一步发展指明了方向,也对中国马克思主义学术产生了深刻的影响。自"马克思主义中国化"科学命题提出后,学术界迅速兴起了一场"学术中国化"运动,哲学社会科学的"中国特色"在众多学者的广泛探讨中开始显现。

### 一、革命实践的理论升华
——马克思主义中国化的提出

毛泽东在1938年10月的中共六届六中全会的政治报告中指出:"离开中国特点来谈马克思主义,只是抽象的空洞的马克思主义。因此,使马克思主义在中国具体化,使之在其每一表现中带着必须有的中国的特性,即是说,按照中国的特点去应用它,成为全党亟待了解并亟须解决的问题。"①在这里毛泽东正式提出了马克思主义中国化的科学概念,而这一命题的形成,凝聚了以毛泽东同志为主要代表的中国共产党人在艰苦卓绝的革命实践探索过程中的经验总结。

中国共产党一经成立就迅速地投入到革命实践中去,因此他们对马克思主义理论的认识尚且有限,很难做到在实践中灵活自如地运用;另外,幼年的中国共产党缺乏丰富的实践经验,仅仅只是共产国际的一个分部,并没有太大的自主权和独立性,只能是亦步亦趋。因此在20世纪20年代,马克思主义理论并没有与中国的革命实际结合起来,而在很大程度上是照搬马克思主义条文和执行共产国际的命令。1923年党的领导人陈独秀发表了一系列关于中国革命的文章如《资产阶级的革命与革命的资产阶级》等。在这些文章中陈独秀几乎照搬了马克思、恩格斯对于欧洲无产阶级革命的

① 《毛泽东选集》第二卷,人民出版社1991年版,第534页。

结论和判断。根据这些结论,他认为中国革命应当是“二次革命”,认为在民主革命过程中,资产阶级是革命的主体,而无产阶级只是出于“帮助”资产阶级的附属地位,没有能够正确认识民主革命与无产阶级革命的关系,也没有能够重视无产阶级的领导权地位。实际上中国半殖民地半封建社会的无产阶级革命,与西方资本主义社会的情形是完全不同的。而这一完全脱离了中国实际的指导思想也成为导致后来大革命失败的重要主观原因。

1927 年之后,一方面毛泽东等中国共产党人在实践中尝试立足于中国国情来运用马克思主义理论;但另一方面脱离实际的情形在一些党的领导人身上依旧持续,并带来了严重的后果。毛泽东等人从革命的失败中认识到理论脱离实际,照搬别国经验的危害,从中国实际情况出发,将革命的主要力量转移到了敌人实力较弱的偏远农村。他们通过土地革命来发动占中国人口绝大多数的下层农民,在广大农村建立了稳固的革命根据地,逐渐走上农村包围城市,武装夺取政权的道路。但同时,在共产国际的直接干预下,从瞿秋白到李立三到王明等党的领导人都连续不断地犯了“左”倾教条主义的错误。他们依然坚持脱离中国实际的苏联经验和共产国际决议,对中国革命的性质、路线、任务等一系列问题作出了错误的解答。在革命形势依然严峻的形势下,错误地作出判断,他们主张在大城市发起武装革命。这些冒进的政策给革命带来巨大的损失,使党中央在白区无法立足,不得不迁入根据地。并且这种错误还蔓延到了根据地,不仅否定了毛泽东等人的中国化探索,还在土地革命中推行打击地主、富农和小生产者的政策,造成了很大程度的混乱。而在具体的战斗中,教条主义的恶果也显现出来,共产国际的军事顾问李德,完全不顾革命的形势,而只知道搬用国外的对敌经验,造成了第五次反“围剿”的失败。

在这种正反两方面经验的鲜明对比中,毛泽东逐渐认识到教条主义的错误,并同其进行了坚决的斗争。1930 年,他创作了《反对本本主义》对脱离实际的本本主义进行了尖锐的批判。在文中,毛泽东不仅明确指出本本主义的危险性,批评了“唯书”的错误,还划清了其与正确思想道路的界限。毛泽东认为马克思主义的本本是要学的,但是一定要与中国的实际情况结合起来,尤其是要通过中国的无产阶级者进行实际的调查研究来实现,他还具体指出了通过调查来解决问题的途径。这篇文章代表着中国共产党人对马克思主义中国化的最早自觉,为中国革命摆脱苏联和共产国际的束缚提供了精神支柱。1935 年遵义会议的召开事实上确立了毛泽东在党中央和红军的领导地位,也为革命沿着正确的中国化道路探索提供了条件。毛泽东等党的领导人运用马克思主义理论分析、研究中国的革命实际,创作了如《中国革命战争的战略问题》等文章,提出了大量有见解的理论。

1937 年在学习马克思主义哲学理论的基础上,毛泽东创作了《矛盾论》和《实践论》,这两篇名作的发表将对马克思主义中国化的探索大大向前推进了一步。在《实践论》中,毛泽东探讨了理论与实践的关系,指出实践才是判断真理的标准,主张实现理论与实践、知与行的辩证统一。而《矛盾论》则以辩证唯物主义理论分析了矛盾的普遍性与特殊性、共性与个性的关系。从这一视角出发毛泽东指出,教条主义者错误的原因就在于他们只认识事物的普遍性而不懂得研究特殊性,不懂得中国革命有具体的情况,因而也不去调查研究国情,只会以一成不变的公式到处去套,结果只能使革命受挫折。他强调共性与个性是相互统一的,共性蕴含于个性之中,只有懂得这些道理才能击破教条主义错误认识。这些宝贵认识为马克思主义中国化的提出提供了哲学理论基础。实际上,以往中国共产党人的认识大都强调国际性和普遍性,对特殊性以及中国国情谈得相对较少,因而,对普遍性、特殊性的理解和认识都是不完善、不科学的,毛泽东的《矛盾论》应该说是个可喜的转变,他对于个性、特殊性的强调纠正了以往的不足,丰富了对于中国化的学理性认识,为马克思主义中国化最终提出提供了坚实的哲学基础,表明中国共产党人对中国化的认识已经达到了高度自觉的状态。然而,1937 年 11 月,前一时期出国的王明再次带着共产国际的尚方宝剑回国,他没有从前一时期的失败中吸取教训,而是依然坚持其教条主义错误。他以共产国际的代表自居,不顾当时革命的实际,试图搬运共产国际的新政策,并且公开批评毛泽东、刘少奇从革命实际得出的政策和路线,提出一切服从统一战线的错误主张。这在延安引起了人们的思想混乱,继续这样脱离实际的错误认识必将会使中国革命再次遭受重大挫折。正在此时,王稼祥带着共产国际的正确指示回到了延安,这对于党坚持马克思主义中国化正确的方向起到了极大的鼓舞。毛泽东等人认识到,为了避免以往教条主义的悲剧继续发生,保持和坚定革命路线的正确性和稳定性,就必须将马克思主义中国化这一正确的思路旗帜鲜明地阐发出来。因此在 1938 年党的六届六中全会上,毛泽东在《论新阶段》报告中提出“马克思主义中国化”这一伟大理论,从此中国革命就沿着这一正确的道路顺利前进。

中国共产党人的马克思主义中国化探索是中国革命实践发展的必然。中国共产党人在反对依附和照搬外国经验,处理好理论与实践、普遍性与特殊性关系上,走出了一条中国特色的发展道路。当然,在“马克思主义中国化”提出之前,马克思主义学术中国化已经在学理积淀上,为这一理论的提出提供了深刻的思想氛围。而马克思主义中国化在政治层面的形成，也紧接着就以其强大的政治之力推动了马克思主义学术中国化的进一步发展。

## 二、哲学社会科学“中国特色”的初步显现

正如前文所述，经过长期的实践探索和学理积淀，“马克思主义中国化”作为中共领导团体和理论家群体的共识，于 1938 年 10 月，被毛泽东在中共六届六中全会上明确提出：“马克思主义的中国化，使之在其每一表现中带着中国的特性”①，这一表述鲜明地基于中国实践需要阐释了马克思主义在中国的实现方式及其相应的实践特性和理论特性：一方面，必须“把马克思主义应用到中国具体环境的具体斗争中”，“按照中国的特点去应用它”，才能真正发挥出马克思主义指导实践的力量；另一方面，“离开中国的特点来谈马克思主义，只是空的马克思主义”，只有“和我国的具体特点相结合”并“通过一定的民族形式”实现的马克思主义，才是“中国作风”和“中国气派”的马克思主义②。

从毛泽东的上述论断不难看出，“马克思主义中国化”这一科学命题内在地包含着政治实践与学术创新的双重意蕴，它不仅要求中国共产党人把马克思主义应用到中国具体实际中，展开经验性的探索，同时也要求理论家群体把马克思主义运用于学术文化领域的研究中，建立起以马克思主义为指导的具有“中国作风”和“中国气派”的中国学术。就此而言，这一科学命题不仅提出了一个革命的实践问题，同时也提出了一个学术的创新问题，它是社会实践发展规律和学术发展规律的内在逻辑一致性的彰显。从这个意义上说，“马克思主义中国化”的提出也就构成了进一步引导和制约该时期中国哲学社会科学发展的范式，它从实践的需要和理论的本质特征及其叙事的话语风格上规定了哲学社会科学在新民主主义革命阶段的任务、意义和方向，从而表明中国马克思主义的学术创造只有同本国国情和时代的革命特征紧密结合，在实践中不断开拓创新，才能更好地发挥理论指导实践的功能；中国马克思主义学术也只有深深地凝聚着时代赋予的内涵，折射着革命实践提出的重大问题时，才能真正体现和发挥其应有的学术价值。

正因为如此，“马克思主义中国化”一经提出，就迅速获得了中国思想文化界的积极响应。作为马克思主义中国化题中之义和必然要求的“学术

---

① 《建党以来重要文献选编（1921—1949）》第 15 册，中央文献出版社 2011 年版，第 651 页。

② 参见中央档案馆编：《中共中央文件选集》第 11 册，中共中央党校出版社 1991 年版，第 658 页。

中国化”,在进步社会科学工作者的推动下,迅速形成了一场覆盖国统区和根据地的大范围的运动,从而开启了马克思主义学术中国化繁荣发展的新局面。1939 年 4 月 1 日,《读书月报》第 1 卷第 3 期率先开辟了“学术中国化问题”专栏,刊发了潘菽的《学术中国化问题的发端》和柳湜的《论中国化》等探讨“学术中国化”问题的文章。仅半月之后,为响应“马克思主义中国化”的学术要求,4 月 15 日在重庆创刊的《理论与现实》,以“学术中国化”和“理论现实化”为宗旨,汇聚了艾思奇、李达、沈志远、侯外庐等著名学者,发起并组织了声势浩大的“学术中国化”讨论,在《理论与现实》的发刊号上刊载了潘梓年的《新阶段学术运动的任务》和侯外庐的《中国学术的传统与现阶段的学术运动》等多篇讨论“学术中国化”问题的重要文章。中国马克思主义理论工作者以进步刊物为阵地,对“学术中国化”的科学内涵、意义和任务、实现的具体方式等内容进行了系统、深入的讨论,初步勾勒出民主革命时期,马克思主义指导下中国哲学社会科学的“中国特色”。

第一,肯定了马克思主义在中国哲学社会科学中的指导地位,明确指出“学术中国化”就是要用马克思主义的唯物辩证法来研究中国问题、整理中国学术,进而建立起“马克思主义化”的中国社会科学。潘梓年在《新阶段学术运动的任务》中指出,学术中国化开展的首要前提是“精通现在已经有了的最进步的科学方法——唯物辩证法”,然后再利用这一科学方法“去研究中国历史,中国的社会形态,中国社会在抗战中所起的各种变化,怎样使这些变化向进步的方向走去,更快的发展前去,这样来建立中国的社会科学”①。嵇文甫在《漫谈学术中国化》一文中指出,“学术中国化”同“国粹论”“中体西用论”和“本位文化论”的本质区别就在于,它是“将世界学术理论底最新成果,应用于中国各种现实问题之解决”②,这里的“最新成果”就是指马克思主义。可见,所谓“学术中国化”,亦就是中国学术的马克思主义化,也就是要在学术思想领域确立起马克思主义的指导地位,这是学术中国化的本质和核心。

第二,明确了中国马克思主义学术扎根中国实际,服务中国革命实践的价值导向。较早发起“学术中国化”运动的《理论与现实》杂志,在创刊献辞中明确指出:“‘学术中国化’之正确的了解是将世界学术理论底最新成果,应用于中国各种现实问题之解决:要使理论的研究与发展,适应于现在和将来的中国民族和社会的需要”③;潘菽在《学术中国化问题的发端》也指出:

① 潘梓年:《新阶段学术运动的任务》,《理论与现实》1939 年第 4 期。
② 彭明:《中国现代史资料选辑》第五册补编,中国人民大学出版社 1989 年版,第 556 页。
③ 《创刊献辞》,《理论与现实》第 1 卷第 1 期,1939 年 4 月。

“我们要建设新的前进的中国就必须有我们自己的学术以解决建设上的种种特殊的问题”，因此，为了“使学术适合于中国的需要”，一方面，要“使学术容易了解”，“根据中国所有而为一般人所熟悉的实例，来叙述或说明各种学术”；另一方面，要“使学术不变成超然的东西”，“把各种学术知识和中国自己的实际社会生活的种种方面关联起来”①。就此而言，学术中国化运动不仅是一种理论活动，它也有着强烈的现实指向性，就当时的时代趋势和革命形势而言，开展“学术中国化”运动就是为抗战建国服务、为建设新民主主义国家服务。

第三，强调指出中国马克思主义学术是对古今中西的优秀文化成果进行兼收并蓄、综合创造而产生的新的学术文化形态。嵇文甫在《漫谈学术中国化问题》中指出，“所谓‘中国化’，就是要把现代世界性的文化，和自己民族的文化传统，有机地联系起来”，是一个“融合”和“化合”的过程②。因此，一方面，应该根据自己的需要，“把世界上进步的学术文化尽量吸收”，经过“咀嚼消化，融合到我们的血肉机体中”，而不是“只把外来文化机械地、生吞活剥地，往里面搬运”③；另一方面，“离开民族传统，就无从讲‘中国化’”，所以要以批判的眼光和历史的眼光对民族传统进行批判继承，特别是对于那些在“乌烟瘴气”的封建外壳下，却包含着思想精华的民族传统，更应该“从神秘的外衣中，剥取其合理的核心”④。只有这样，“中国化”了的学术文化才“彻首彻尾，的的确确是世界的”，同时“又彻首彻尾，道道地地是中国的”⑤。

从上述学者的论述中，显而易见，哲学社会科学在新民主主义革命时期的“中国特色”已经初步被阐扬出来了。首先，它以马克思主义为领航和指导，是中国学术马克思主义化和马克思主义学术中国化的辩证统一，这是哲学社会科学中国形态的根本标识；其次，它以中国的革命实践需要为来源和归宿，既是革命实践进程在思想逻辑上的理论性凝结，同时也是推动革命进一步发展的思想先导，彰显了革命性与学术性的统一，这是时代主题和现实要求赋予哲学社会科学的价值内涵；最后，它坚持博采众长，融会贯通了古今中外的优秀文化成果，是在近代中国中西论争的反思与破题中诞生的新

---

① 潘菽：《学术中国化问题的发端》，《读书月报》1939 年第 3 期。

② 彭明：《中国现代史资料选辑》第五册补编，中国人民大学出版社 1989 年版，第 551 页。

③ 彭明：《中国现代史资料选辑》第五册补编，中国人民大学出版社 1989 年版，第 551 页。

④ 彭明：《中国现代史资料选辑》第五册补编，中国人民大学出版社 1989 年版，第 559—560 页。

⑤ 彭明：《中国现代史资料选辑》第五册补编，中国人民大学出版社 1989 年版，第 552 页。

的文化形态,也即新民主主义文化的重要组成部分。就此而言,新民主主义革命时期哲学社会科学的“中国特色”,按柳湜在《论中国化》中总结的几个词来说,它是“丰富的、历史的、民族的、同时是国际的”,“它是学术的,同时是战斗的”①。

① 柳湜:《论中国化》,《读书月报》1939 年第 3 期。

# 第四章　新民主主义革命时期马克思主义学术中国化的逻辑内涵

内涵是一个核心概念所反映的事物的本质属性的总和,也就是该核心概念所包含的主要内容的具体展开。马克思主义学术中国化既是一个历史运动过程,具有深厚的历史底蕴,同时也是一个内涵丰富的思想运动过程,具有自身的逻辑特征,呈现出各个相对独立的思想逻辑环节。对马克思主义学术中国化逻辑内涵的分析,是为了揭示出马克思主义学术中国化在思想逻辑的具体展开过程中,所包含各个不同层次的逻辑环节,这些逻辑环节既彼此相互独立,又在具体的历史发展过程中相互交叉、互相支撑,共同构成马克思主义学术中国化的本质内涵。具体说来:马克思主义话语权的构建是马克思主义学术中国化的根本宗旨,服务新民主主义革命是马克思主义学术中国化鲜明的价值导向,创造新民主主义文化则是马克思主义学术中国化的核心内容。

## 第一节　马克思主义话语权建构是马克思主义学术中国化的根本宗旨

毛泽东指出,中国革命的胜利仅仅依靠军事力量是远远不够的,"还要有文化的军队,这是团结自己、战胜敌人必不可少的一支军队"①。民主革命时期,在社会文化多元嬗变、思想流派百舸争流的时代境遇中,中国马克思主义学术是中国共产党在思想文化领域开疆拓土、创造共识、凝聚公信,进而创造反帝反封建文化统一战线的一支生力军。就此而言,如何确立和巩固马克思主义在思想文化领域的话语权,以实现马克思主义对中国革命方向和学术文化发展方向的统领,是马克思主义学术中国化面临的中心任务。为确立马克思主义话语权,中国马克思主义学者始终以马克思主义科学的治学态度和治学方法为指导,并系统构建了以唯物辩证法为核心的马克思主义社会科学方法论,阐明了马克思主义的科学性与真理性,促使马克思主义在形形色色的社会思潮中脱颖而出,日益占据了中国思想

① 《毛泽东选集》第三卷,人民出版社1991年版,第847页。

文化领域的中心。

## 一、坚持马克思主义的指导地位是中国马克思主义学术的本质特征

马克思主义学术中国化，是中国马克思主义者自觉将马克思主义的立场、观点和方法融入中国哲学社会科学各学科研究，以马克思主义改造近代中国学术的过程。它以实现中国学术的"马克思主义化"，即坚持马克思主义对中国学术的指导地位为核心或本质。然而，在当前学术界对中国马克思主义学术史的研究中，却存在某些学者随意扩大中国马克思主义学术的外延和内涵，企图将一些非马克思主义者对唯物史观和唯物辩证法的阐释和运用也纳入中国马克思主义学术的组成部分。例如，有学者提出要将马克思主义分梳为"'学术'的马克思主义"和"'行动'的马克思主义"。据此，他认为胡适、冯友兰、陶希圣等一些在学术上运用过唯物史观的反马克思主义者和非马克思主义者也当作为"唯物史观派学术史上的重要一页"①。应该说，这种观点是值得商榷的。

就该学者所列举的胡适、冯友兰和陶希圣等人，指认他们"信奉"马克思主义，不免有夸大事实的嫌疑。这些理论家不仅在政治上与马克思主义背道而驰，在学术上也仅仅是对马克思主义断章取义，得出与马克思主义相反的学术结论，谈不上对马克思主义的学术创造。譬如，胡适虽然高度评价唯物史观在史学、社会学和政治学等学科研究中具有"不可埋没"的价值，但他对马克思主义所指引的革命道路，却是持坚决的反对态度，尤其拒斥马克思主义的阶级斗争思想，甚至扬言被"马克思列宁牵着鼻子走算不得好汉"。再如，冯友兰虽然也曾认为"唯物史观的看法……实在是一点不错"②，并在建构其"新理学"时吸收了唯物史观中关于生产力决定生产关系的观点。然而，他并未充分理解生产力与生产关系辩证运动的实质，也没有运用它对中国具体实际作出正确的分析，而是就此得出中国只要发展生产力就能够摆脱近代社会危机的论断，并反对马克思主义同中国革命道路结合，认为"中国现代最大需要，还不是在政治上行什么主义，而是在经济上赶紧使生产社会化"③。正如马克思主义理论家胡绳对冯友兰的批评中指出的，他其实是把唯物史观歪曲成"机械的经济决定论的图式"，从而导

① 王学典：《现代学术史上的唯物史观——论作为"学术"的马克思主义》，《山东社会科学》2004 年第 11 期。

② 冯友兰：《三松堂学术文集》，北京大学出版社 1994 年版，第 246—247 页。

③ 冯友兰：《三松堂全集》第 4 卷，河南人民出版社 1996 年版，第 335 页。

致唯物史观沦为论证资本主义宜优先在中国确立的工具。应该说,这种歪曲马克思主义的学术观点,既谈不上继承了马克思主义学术,更谈不上发展了马克思主义学术,实现了马克思主义学术中国化。

上述可见,胡适、冯友兰等人虽然认肯马克思主义的学术价值,并尝试运用马克思主义于学术研究中,但他们仅仅把马克思主义视为一种可行的治学工具,并没有确立起马克思主义信仰,把马克思主义视作自身思想改造和从事理论与实践的根本指导思想,从而他们的学术观点并不能视为马克思主义学术中国化的成果。必须指出,中国马克思主义学术的本质特征按马克思主义学者杨松所说,就是"中国学术的马克思主义化,也就是要在学术思想领域确立起马克思主义的指导地位"①。这种对马克思主义指导地位的坚持必须包含以下几方面的内涵:

第一,中国马克思主义学术的发展主体首先必须实现自身的"马克思主义化",也就是说,理论家主体通过系统学习马克思主义,准确把握马克思主义的思想精髓,并自觉将其科学真理内化为指导自身行动的世界观和方法论,从而确立起以马克思主义为核心要素和主导方向的思想结构,实现马克思主义对自身主观世界的改造和统领,引发自身知识结构、价值判断、情感认同和实践行动等诸方面要素的彻底"马克思主义化",如此才能真正成为中国马克思主义学术的创新主体。民主革命时期,中国马克思主义理论家,如李大钊、陈独秀、毛泽东、郭沫若等人,都经历过一个"马克思主义化"的思想转变过程。譬如,早年的郭沫若是一个充满着浪漫主义和泛神主义色彩的作家。在接触到马克思主义后,他不仅被马克思主义真理深深吸引,更自觉主动地通过翻译、阅读马克思主义经典著作,来改造自己的主观世界。1924 年,他在给成仿吾的信中提到自己的思想剧变时,明确宣布"我现在成了个彻底的马克思主义的信徒了! 马克思主义在我们所处的这个时代是唯一的宝筏!"②自此,郭沫若成为了一个坚定的马克思主义者,义无反顾地走上马克思主义学术中国化的道路。

第二,要真正把握马克思主义的理论精髓,而不是教条地对待马克思主义。正如经典作家指出,马克思主义的世界观是方法,而非一成不变的教义,它为世人提供的不是现成的教条,而是研究的方向以及从事研究的方法③。在学术研究中坚持马克思主义指导,决非泛泛地记诵马克思主义的词句所能实现的,必须从本质上抓住马克思主义的精髓,特别是将马克思主

① 杨松:《关于马列主义中国化的问题》,《中国文化》1940 年第 5 期。

② 《郭沫若全集》第 16 卷,人民文学出版社 1989 年版,第 8 页。

③ 参见《马克思恩格斯文集》第 10 卷,人民出版社 2009 年版,第 691 页。

义的世界观和方法论作为学术研究的根本指针和导向。这就要求理论家对待马克思主义理论，特别是其基本原理，要力求做到全面地而非片面地、深刻地而非肤浅地、联系地而非割裂地、具体地而非抽象地掌握和理解。相反，如果只是把马克思主义奉为教条式的宝典，在经典著作中寻章摘句、断章取义，即便是能够对经典著作倒背如流，也绝对无法把马克思主义正确运用于学术研究中，实现马克思主义学术中国化。

第三，坚持学术性与革命性相统一，在阐释和解决革命实践重大问题中发展中国马克思主义学术。马克思主义既是人类文明发展史上伟大的学术成果，更是指导无产阶级争取解放的革命学说，其学术性与革命性深刻地统一于马克思主义的理论构架中。马克思之所以能够在各个学术领域都有“独到的发现”，并不是出于他纯粹的求知兴趣，而是出于他谋求人类解放的使命与担当，也就是说，马克思之所以在学术领域进行了“不是浅尝辄止”的研究，都是为了发现人类历史的发展规律，特别是资产阶级社会的特殊运动规律，从而为指导无产阶级从事实际的革命运动提供理论武器。就此而言，在学术领域坚持以马克思主义为指导，决不仅仅是把马克思主义视作一种学术观点或治学工具，而是要把它作为改造中国的指导理论和行动指南，在回答和解决重大现实问题中，推动中国马克思主义学术与革命实践熔铸一体。不难发现，民主革命时期，真正的中国马克思主义理论家都不是“为理论而理论”的纯学者，他们始终坚持以学术研究服务革命实践的导向，力图在阐释和解决革命问题中，实现马克思主义学术中国化。这一点，学者潘梓年说得很清楚，他指出，学术中国化的根本任务，就是用马克思主义“去研究中国历史，中国的社会形态，中国社会在抗战中所起的各种变化，怎样使这些变化向进步的方向走去，更快的发展前去，这样来建立其中国的社会科学”①。

第四，大力宣传和捍卫马克思主义。坚持马克思主义的指导地位，还有一个重要的标志就是要为了捍卫这个主义而不懈奋斗，既要积极宣传马克思主义，扩大马克思主义在中国的影响力，也要自觉同各种歪曲、污蔑马克思主义的观点作斗争，捍卫马克思主义真理。20 世纪 30 年代，中国社会科学家联盟自成立之日起，就确立了“扩大正确的马克思主义的宣传”的根本宗旨。大批马克思主义社会科学工作者通过创办进步理论刊物，翻译和编撰马克思主义社会科学丛书，组织进步社团，举办各类学术讲坛和讲习班等不同方式，大力宣传马克思主义的社会科学知识，反复向中国学术界申明马

① 潘梓年：《新阶段学术运动的任务》，《理论与现实》1939 年第 4 期。

克思主义是社会科学研究“至高无上的法则”。与此同时，他们还同各种反马克思主义思想积极斗争，经由唯物辩证法论战、中国社会性质论战、中国社会史论战后，马克思主义不仅在历史学、经济学、社会学等社会科学领域获得了广泛传播与运用，就连一些非马克思主义者也开始在学术研究中转向马克思主义。

总而言之，坚持马克思主义对哲学社会科学的指导地位，是中国马克思主义学术本质特征，而胡适、冯友兰等一些非马克思主义论者之所以不得不承认马克思主义的治学价值，不得不在学术研究中采纳马克思主义的科学方法，恰恰是因为中国马克思主义者始终以马克思主义为指导，坚持马克思主义正确的治学导向和治学态度，自觉运用马克思主义分析和解决中国的现实问题，不断提升马克思主义对“中国向何处去”的诠释水平，与此同时，积极宣传和捍卫马克思主义，不断扩大马克思主义在中国学术界的影响力和辐射力，从而促使马克思主义在中国学术界逐渐具有最大的真理权威。

## 二、以唯物辩证法为核心的社会科学方法论构建

新民主主义革命时期，为构建马克思主义话语权，中国马克思主义理论家自觉坚持马克思主义对学术研究的指导地位，将其融入哲学社会科学各学科领域研究，形成了具有中国特色的马克思主义学术体系；切实运用马克思主义剖析中国的政治经济情形，在阐释和解决现实问题中，扩大马克思主义的影响力；积极同各种反马克思主义的学术观点展开论战，捍卫马克思主义在学术界的话语权威。而上述几方面工作的有效开展，首先离不开对马克思主义社会科学方法论的构建。只有系统建构起马克思主义的社会科学方法论，理论家才能切实、娴熟地运用马克思主义的社会科学方法在学术领域开疆拓土、披荆斩棘。诚如第二章所言，20 世纪 30 年代的“新社会科学运动”是中国哲学社会科学界“新输液的黄金时代”。在这场运动中，中国马克思主义论者在积极宣传唯物辩证法的同时，也在其论著中反复强调唯物辩证法是“新社会科学”的根本指导原则和方法论基础，从而系统构建起以唯物辩证法为核心的社会科学方法论。

当时，中国马克思主义理论家为强调唯物辩证法对社会科学研究的方法论意义，总体上遵循着这样的论证思路：他们首先阐扬了哲学的科学性，认为哲学在总体上是“一切科学的法则和理论的综合”，因此，哲学对社会科学的各学科具有直接的指导意义，是一切科学研究的总方法论。在此基础上，他们又进一步指认唯物辩证法是唯一科学的哲学，认为“辩证法的唯

物论是数千年人类思维发展最高的成果"[①]，因而是"最高级"的科学方法论。由上述论证逻辑，"新社会科学运动"的理论家们纷纷表示，唯物辩证法是唯一科学的社会科学研究方法。学者李平心在其《社会科学研究法》中，称唯物辩证法为"辩证法或动的逻辑"，认为此种方法是研究社会科学的真正科学方法[②]；陈瑞志则把唯物辩证法的方法论价值抬得更高，认为"它不仅奠定了社会发展学说的基础，并且是研究社会科学的至高无上的法则"[③]。可见，在马克思主义论者看来，唯物辩证法是新社会科学研究最有价值和最根本的方法论。这也构成他们在相关论著中系统阐释马克思主义社会科学理论体系的基础，并大力向学术界推广与普及。

不过，光是由唯物辩证法是最科学的哲学，就把它指认为社会科学研究中唯一科学的方法论，这样单向的论证逻辑难免有牵强附会之嫌。因此，如何具体地说明唯物辩证法在指导社会科学研究中的科学性，则是中国马克思主义论者在其论著中要着力阐明的问题。

首先，社会科学研究中存在的"唯心"与"唯物"的分野，是马克思主义论者着力向读者阐明的核心议题。在马克思主义论者看来，社会科学主要可以分为两大阵营，一派主张以物质决定精神，即所谓唯物论派，另一派则认为精神决定物质，即所谓唯心派，并且"这两个对立的阵容，斗争得非常激烈，那些名目上彼此不相同的学派，实际上够划分到两个阵营里"[④]。因此，正确区分唯心论与唯物论是社会科学研究中"最根本的先解问题"，对这一问题的区分，决定着社会科学的性质，是划分社会科学属于何种阵营的"分水岭"。在与唯心论者划清界限之后，马克思主义诸论者一致强调社会科学研究必须建立在唯物论的基础上，这是社会科学之所以作为一门"科学"的客观性基础。祝伯英指出："大致说来，唯物论是进步的，因为它承认客观的存在，而去逐步认识它。观念论是退化的，因为它违反事实，结果是阻碍进步"[⑤]。沈志远亦指出："对于两大哲学阵营的考察底结果，我们认为，正确的是唯物论而不是唯心论"，而社会科学和哲学"所以能成为一种真正的科学，它也必须是唯物论的"。[⑥]

其次，马克思主义论者认为，以唯物论指导社会科学研究的科学性就在

① 《新兴社会科学研究大纲》，科学研究会 1932 年版，第 67 页。

② 参见平心：《社会科学研究法》，生活书店 1946 年版，第 44—45 页。

③ 陈瑞志：《现代社会科学讲话》，生活书店 1935 年版，第 41 页。

④ 陈瑞志：《现代社会科学讲话》，生活书店 1935 年版，第 39 页。

⑤ 祝伯英：《社会科学讲话》，开明书店 1948 年版，第 8 页。

⑥ 沈志远：《妇女社会科学常识读本》，生活书店 1936 年版，第 15 页。

于，立足社会物质生产本位来解释社会现象、剖析社会问题和阐释社会构造。对此，他们均强调，对“社会”的分析与阐释必须从物质生产实践出发，以此为基点，他们系统构建了一套以经济基础为中心，进一步论及政治、社会意识等上层建筑的关于阐释社会整体构造的话语体系，并向中国的社会科学界大力推介。早在20世纪20年代，瞿秋白根据唯物辩证法对“物质”与“精神”关系的阐释，就已经对这套以物质生产为基础，以经济基础和上层建筑为构架的社会阐释体系作了初步说明。在瞿秋白看来，物质生产力之状态是社会构造的真正基础，而社会变迁也必然导源于生产力的发展与变动，这是历史唯物论的基础。从这一基础出发，社会中的各种精神关系，都“因物质的经济关系之需要”而发生，并“受那物质关系的支配”①。因此，“物质的生产及其资料（物质的生产力）是人类社会生存的根据。没有这些物质关系，无论什么‘社会意识’，‘精神文明’都不能有”②。到了30年代的“新社会科学运动”，这套由经济基础和上层建筑构成的马克思主义社会结构论，得到了中国马克思主义者更加系统的介绍与传播。李平心指出，社会构造主要由经济基础和上层建筑构成。在这其中，由生产关系总和构成的社会经济结构，才是社会的“真实基础”，而政治、法律、社会心理、道德、宗教等社会现象都是与经济基础相适应的上层建筑③。祝伯英亦认为，对社会构造的整体性阐释，应当遵循经济基础决定上层建筑原则，因为一切政治、宗教、习俗等都是社会经济关系的表层建筑，既构筑于经济基础之上，也都是依据经济基础而演进④。

最后，马克思主义论者基于辩证法对社会现象普遍发展和普遍联系的科学阐释，认为辩证法是社会科学研究必须采用的根本思维方法，如此才能在交错复杂的社会现象中，获得规律性的认知。1929年6月，杨剑秀在其《社会科学概论》中将辩证法总结为“物质永动及现象互系的公律”，认为辩证法科学揭示了自然界和人类社会的客观发展规律，因此，社会科学工作者只有掌握了辩证法的“公律”，才能对一切社会现象有一个正确的观察方法⑤。1934年3月，陈瑞志在其《现代社会科学讲话》中援引杨剑秀的上述说法，并补充说，无论是自然科学还是人类社会皆是依辩证法的公律而演

---

① 《瞿秋白文集（政治理论编）》第2卷，人民出版社2013年版，第536页。
② 《瞿秋白文集（政治理论编）》第2卷，人民出版社2013年版，第438页。
③ 参见平心：《社会科学研究法》，生活书店1946年版，第150—152页。
④ 参见祝伯英：《社会科学讲话》，开明书店1948年版，第18页。
⑤ 参见杨剑秀：《社会科学概论》，现代书局1932年版，第31页。

进，只有掌握了辩证法，才能确切地揭示社会关系的运动法则①。此外，马克思主义论者还就该思维方法在社会科学研究中的具体运用做了详细的说明。对此，瞿秋白提出了三点要求：第一，必须研究每一种社会形式所特有的"自性"，不可对一切时代和一切社会做笼统的、一概而论的推想；第二，应当对社会内部的变迁发展历程展开研究，并发现其中规律；第三，应就某种社会形态必然的发生与消灭展开研究，着重阐明各社会形态在历史变迁过程中的联系。②

综上所述，在 20 世纪 30 年代的"新社会科学运动"中，唯物辩证法以完整的理论形态，经由中国马克思主义理论家的学理研究和大力宣传之后，作为社会科学方法论的核心，被中国马克思主义学术界大力继承和广泛传扬。也正是自 30 年代起，中国马克思主义理论家充分运用这一科学的方法论，在哲学社会科学各领域展开了对中国国情、中国革命问题的深入研究，并与各派论敌积极论战，阐扬马克思主义指导学术研究的科学性，从而促使马克思主义日益占据近代中国学术舞台的中心，即便是一些非马克思主义者也不得不承认"今日只有这种方法能解决问题"③，就连一些反共的学者也不得不感叹"马克思主义已为一般知识界之主潮"④。

## 第二节 服务革命斗争实践是马克思主义学术中国化的价值导向

马克思指出："一切划时代的体系的真正的内容都是由于产生这些体系的那个时期的需要而形成起来的。"⑤这就是说，任何科学理论体系都是应时代需要而产生，并被时代要求所规定。新民主主义革命时期，马克思主义学术中国化诞生于近代中华民族危机的时代环境中，政治救亡的时代导向和革命斗争的残酷现实，共同决定了它决不可能在书斋中从事脱离实际的经院式研究，而只能自觉以服务反帝反封建的革命斗争为价值导向，发挥理论指导实践的政治功能，从学术文化上论证中国共产党领导新民主主义革命的历史必然性。就此而言，"革命性"是该时期马克思主义学术中国化的鲜明特征，由革命实践提出的问题是马克思主义学术中国化的理论焦点。

① 参见陈瑞志：《现代社会科学讲话》，生活书店 1935 年版，第 75 页。
② 参见《瞿秋白文集（政治理论编）》第 2 卷，人民出版社 2013 年版，第 444—446 页。
③ 郭湛波：《近五十年中国思想史》，岳麓书社 2013 年版，第 9 页。
④ 胡秋原：《一百三十年来中国思想史纲》，学术出版社 1983 年版，第 127 页。
⑤ 《马克思恩格斯全集》第 3 卷，人民出版社 1960 年版，第 544 页。

中国马克思主义理论家正是在破解一系列革命难题中不断推动马克思主义学术中国化创新发展的。

## 一、“革命性”是新民主主义革命时期中国马克思主义学术的鲜明特征

所有重大理论问题的提出与破解,都是来源于理论家在回应现实挑战和理论挑战中所表现出来的创新性反应。因此,科学理论的思想深度和学术价值往往不是取决于理论家个人的思维能力,只有在理论与实践的辩证统一中,对某一时代的现实问题作出科学回答,并被赋予时代内涵的理论创造才具有流芳百世的思想价值。新民主主义革命时期,革命救亡是该时代最突显的主题,诞生于这一时期的中国马克思主义学术正是始终以解决革命问题为学术研究的出发点,在以理论研究服务革命实践的过程中,也被深深地烙印上了鲜明的“革命性”特征。

首先,中国哲学社会科学的“革命性”鲜明地体现在当时的理论家主体身上。中国马克思主义理论家都身兼“学者”与“革命者”的双重身份,在他们身上既散发着严谨求实的治学精神,也闪耀着勇于斗争的革命锋芒。正是始终将学术与革命统一起来,中国马克思主义知识分子十分反对“为学术而学术”的学院派研究,他们更注重的是在马克思主义学术中国化的进程中,以深切和热情的现实关怀,根据中国革命形势和社会矛盾的转移变化,在科学性与创新性相结合、学术研究与革命实践相统一中,对中国问题给予贴近中国实际的合理解答,从而为革命实践指明方向。例如,在马克思主义哲学中国化中,艾思奇认为,马克思主义是“指导我们改变世界、指导我们争取中国民族彻底解放的最有力的科学世界观”①,因此,“要应用马克思主义的基本原理,来研究中国社会中国革命的一切发展规律”②;在马克思主义史学中国化中,史学家也十分强调史学研究与革命进程的统一。翦伯赞于抗战爆发后撰著的《历史哲学教程》中,明确指出:“必须要以正确的活的历史原理”,作为抗日战争“这一伟大斗争的指导,使主观的努力与客观情势的发展,相互适应”③。可见,中国马克思主义理论家始终将服务革命实践需要作为研究的根本出发点,这也使得他们的理论创造具有鲜明的“革命”特征。

其次,在治学的内容和视角上,该时期马克思主义指导下的中国哲学社

---

① 《艾思奇全书》第3卷,人民出版社2006年版,第248页。

② 《艾思奇全书》第3卷,人民出版社2006年版,第288页。

③ 翦伯赞:《历史哲学教程》,河北教育出版社2000年版,第3页。

会科学具有浓厚的阶级斗争的色彩。十月革命的一声炮响为中国进步知识分子送来了马克思主义，如果说共产主义作为马克思主义的未来图景，提供的只是革命的信念和理想的话，那么，阶级斗争作为马克思主义对历史的现实描述，才是革命的依据、手段和途径。于是，对于迫切希望以彻底的革命手段来根本地改造中国的马克思主义知识分子而言，阶级斗争也就成为了马克思主义在他们心中最主要的代名词之一。最先接受唯物史观的李大钊在阐述马克思主义的唯物史观、科学社会主义和政治经济学时，就指出这三个部分“都有不可分的关系，而阶级竞争说恰如一条金线，把这三大原理从根本上联络起来”，因此，他认为，如果“丝毫不去用这个学理作工具，为工人联合的实际运动，那经济的革命，恐怕永远不能实现”①。后来，毛泽东也再次强调阶级斗争的重要性，指出：“阶级斗争，一些阶级胜利了，一些阶级消灭了。这就是历史，这就是几千年的文明史。拿这个观点解释历史的就叫做历史的唯物主义，站在这个观点的反面的是历史的唯心主义。”②

正是把阶级斗争当作改造中国的唯一手段，从而承认或否认、积极参加或消极反对阶级斗争，便几乎成了当时区分马克思主义论者和非马克思主义论者的标准尺度。因此，以阶级斗争为主要视角，从阶级斗争的要求和矛盾变化来认识和研究中国的历史和实际便构成了当时中国马克思主义理论家进行理论创作的鲜明特色。无论是陈独秀1923年的《中国国民革命与社会各阶级》，或是毛泽东1925年的《中国社会各阶级的分析》，还是30年代后，其他马克思主义理论家对中国历史和中国社会性质的分析研究，都可以看到其中贯穿的阶级斗争视角。从这一视角出发，他们对中国具体实际的关注焦点常常不在于对中国社会的阶级、阶层做严格的结构性分析；不在于对社会各阶级、阶层在社会生产关系中的历史地位、财产分布等状况做严密的数量统计和具体的考察区分，而主要是侧重于从他们的经济地位来描述他们的政治处境，辨别他们的革命态度和可能性，从而回答革命中“谁是我们的敌人？谁是我们的朋友”的问题。对于这种学术讨论中鲜明的阶级斗争取向，马克思主义理论家潘东周有过一段贴切的论述，他指出：“美国顾问当研究中国铁路经济的时候，他注意的是：中国铁路有多少，怎样不敷应用，从哪一城市到哪一省必须铁路，这许多铁路需要若干时间与若干金钱，订什么合同便可以得着这些金钱等等。而我们研究中国铁路经济的时候便是要注意：中国这些铁路是谁人的，负责多少，怎样收回铁路的主

① 《李大钊全集》第3卷，人民出版社2013年版，第5、55页。

② 《毛泽东选集》第四卷，人民出版社1991年版，第1487页。

权,什么是帝国主义及中国军阀对铁路发展的障碍,怎样才能取消这些障碍,等等”①。

最后,在理论的形式上,出于对中国革命以广大农民群众为主体的认识,中国马克思主义学术尤其注重理论的大众化和通俗化阐释。近代中国是一个半殖民地半封建的农业大国,这一特殊国情决定了中国革命以农民为主体,以农村为革命根据地的武装斗争形式展开。然而,由于农民群众自身文化水平较低,并且在思想上存在着小农阶级固有的缺陷和不足,因此,如何让博大精深的马克思主义理论以通俗易懂的方式被农民群众所理解和接受,并在思想上把他们改造成为革命的中坚力量,便是马克思主义思想文化战线肩负的理论大众化、通俗化的使命。历史地看,早在五四时期,李大钊即曾表示:“要想把现代的新文明,从根底输入到社会里面,非把知识阶级与劳工阶级打成一气不可”②,为此,他号召知识青年深入工厂农村,向广大群众传授文化知识和社会主义的道理。时至20世纪20年代中后期,大众化被大部分理论家所重视,他们纷纷提出:“我们要以工农大众为我们的对象”③,还极力发出知识分子“到兵间去,民间去,工厂间”④的号召。

不过,从总体上看,30年代前的大众化倡导大多还是零星片段的口号,理论家群体尚未对大众化的具体内容展开充分的论述。30年代后,随着民族救亡形势日益严峻,发动群众以造就革命的大势大潮成为了中国革命迫切的要求,于是,历经左翼作家联盟的“文艺大众化”运动,到新启蒙运动的“马克思主义通俗化”运动,再到40年代关于文艺民族形式的大讨论,中国马克思主义学术文化的大众化、通俗化工作日益成熟,并提出了一些重要的基本原则。第一,学术文化的大众化和通俗化决不等同于庸俗化,因此,大众化、通俗化运动“必须在无产阶级领导之下”,才能始终使“革命新文化”代表先进生产力的发展要求;第二,学术文化的大众化要以农民群众喜闻乐见、常见常闻的形式和语言表现出来,因此,应该在利用和改造民间文化形式的过程中,创造群众喜闻乐见的新形式;第三,学术文化的大众化并非只是对群众的说教和灌输,而是必须紧密结合群众的生产生活实践,“给群众服务”“向群众学习”,这样才能真正获得群众的认同与支持。

---

① 高军编:《中国社会性质问题论战资料选辑》(上),人民出版社1984年版,第308页。

② 《李大钊全集》第2卷,人民出版社2013年版,第422页。

③ 成仿吾:《从文学革命到革命文学》,《创造月刊》1928年第9期。

④ 郭沫若:《革命与文学》,《创造月刊》1926年第3期。

## 二、中国马克思主义学术对“中国社会性质问题”的科学回答

近代中国社会性质的问题，是关乎中国革命方向与前途的一个重大问题。正如毛泽东指出：“只有认清中国社会的性质，才能认清中国革命的对象、中国革命的任务、中国革命的动力、中国革命的性质、中国革命的前途和转变。所以，认清中国社会的性质，就是说，认清中国的国情，乃是认清一切革命问题的基本的根据”①。这不仅是中共领袖迫切需要认识的问题，也是新民主主义革命时期中国马克思主义学术面临的重大理论问题。中国马克思主义学术作为中共在革命斗争中重要的“智库”，其突出贡献，就在于科学回答了中国“半殖民地半封建”的社会性质，进而为论证中共进行反帝反封建革命斗争的必要性，提供了重要的理论支撑。

自中共于1921年成立并投入革命斗争开始，为明确资产阶级民主革命和社会主义革命在中国革命进程中的辩证关系，中国马克思主义理论家就已经展开了对中国社会性质问题的探索。据学者研究指出，蔡和森是最早将“半殖民地”和“半封建”两个概念联合起来，阐释中国社会性质的马克思主义者②。1926年，蔡和森在其《中国共产党史的发展》一文中，明确说道：“中国共产党的政治环境是资产阶级德莫克拉西尚未成功，而是半殖民地和半封建的中国，共产党不仅负有解放无产阶级的责任，并且负有民族革命的责任。”③此外，他还对“半殖民和半封建的中国”的基本特征进行了一些阐述，如指出，中国“受帝国主义的侵略，旧的生产已经崩坏，政治独立日渐丧失，而完全附属帝国主义”；同时它“仍停留在农业经济里面”，但由于帝国主义的入侵，中国的资产阶级经历了从“买办阶级”向“商业资产阶级”和“工业资产阶级”的发展，而由于“帝国主义在华开设工厂”，“中国无产阶级亦产生了”。因此，他得出结论说，中国共产党的历史使命就是“团结组织各种各派反帝国主义、反军阀的群众，以使中国革命运动进行到底，并领导无产阶级得到解放”④。可见，无论是从概念的使用上，还是对概念的内涵与外延的阐释上来看，蔡和森在1926年已经对中国“半殖民地半封建”的社会性质作出了较为系统的解答。不过，由于当时国内正处于大革命的浪

① 《毛泽东选集》第二卷，人民出版社1991年版，第633页。

② 陶季邑：《关于“半殖民地半封建”概念的首次使用问题——与陈金龙先生商榷》，《近代史研究》1998年第6期。

③ 《蔡和森文集》下，人民出版社2013年版，第795页。

④ 《蔡和森文集》下，人民出版社2013年版，第803页。

潮中,中国社会性质的问题尚未引起理论界的足够重视。

中国马克思主义理论家对中国社会性质问题的系统解答是在20年代末30年代初的中国社会性质论战中。此次论战源起于共产国际在中国大革命失败后关于中国社会性质认识的分歧。当时以斯大林、布哈林为首的"多数派"认为,中国实际上是一个"受国际帝国主义牵制的半殖民地",同时还有许多半封建制度残留着。而以托洛斯基、拉狄克为代表的"少数派"则认为,"中国已进入资本主义稳定发展时期",中国并无革命的形势与要求①。受共产国际意见分歧的影响,中共党内对中国社会性质的判断也产生了激烈的思想斗争。虽然,1928年在苏联莫斯科召开的中共六大,通过"决议"明确了中国社会"半殖民地半封建"的定性,并把反帝反封建作为"现时革命的根本任务"。但是,六大的决议并没有统一全党的思想,受托洛斯基"少数派"的影响,以陈独秀、严灵峰、任曙、刘镜园为代表的党内人士,组成"托陈取消派",不仅公然质疑"六大"的决议,抨击其有关"封建关系在中国国内经济中和其上层建筑中都占统治地位"的论断是"混乱错杂的思想",是"不懂辩证法"的"机械唯物论"②,还创办《动力》杂志,在理论界大肆宣扬中国已经是资本主义社会的观点,鼓吹中国革命当以反帝国主义和整个资本主义为根本任务。在中共党内论争正酣之际,国民政府为达到"反马""反共"的目的,也借机发难,组织起一大批理论家,形成"新生命派""改组派""国家主义派"等不同理论派别,加入论战当中。他们竭力否认中国"半殖民地半封建"的社会性质,反对中共的革命理论与主张,形成了大范围的反共大合唱。

面对来自党内外人士不同程度的反对与指责,以潘东周、王学文、李平心等中国马克思主义理论家为代表的"新思潮派",在中共的领导下,以《新思潮》杂志为阵地,把马克思主义理论运用于中国的具体实际,对中国社会性质的问题作出了科学的解答。早在论争开始之初,他们就明确了论战的中心问题是厘清"封建关系和资本主义制度在中国的经济中,究竟谁占优势,它们的发展程度究竟怎样",并鲜明地提出了科学的观点:"中国是半殖民地国家,帝国主义在中国经济中握有最高的统治权","在全国经济生活的比重中,半封建关系仍占着较大优势","中国经济,实是帝国主义侵略下的一个半殖民的封建经济"。③ 循着这一核心,他们分别对中国"半殖民地半封建"的基本特征作了科学阐释。

---

① 中共中央书记处编:《六大以前》,人民出版社1980年版,第624页。
② 高军编:《中国社会性质问题论战资料选辑》(上),人民出版社1984年版,第482页。
③ 高军编:《中国社会性质问题论战资料选辑》(上),人民出版社1984年版,第283页。

第一,帝国主义的入侵,虽然在一定程度上推动了中国资本主义的产生,但是又严重束缚了中国民族资本主义的发展,迫使中国陷入半殖民地的处境。"新思潮派"的理论家们指出,由于帝国主义是带着新的技术和新的生产方式入侵,"在相对意义上来说,它确实破坏了中国经济的停滞状态",并促使中国经济处在"走向资本主义的过程"①中。但是,帝国主义并不希望中国的民族资本主义发展起来,它"与中国封建关系勾结着",并"用尽一切力量阻碍着中国民族资本主义的发展"②,"它不但不消灭乡村中间的封建式剥削,而且加紧了这种剥削",就其目的而言,并不是"使中国变成一个资本主义的国家,而是为了要使中国变成它的殖民地,变成它的附庸"③。并且,事实也是如此,"资本主义经济、资本家的生产方式,除去沿海大都市或少数地方之外,我们在广大的中国土地上,很难看见"④。

第二,封建势力在中国社会生活中仍然占据主要的支配力量。对于这一点,"新思潮派"的理论家们首先以马克思主义理论对"封建制度"作了重新界定。他们指出,封建社会是一种特殊的经济关系和生产方式,是"根据手工的农民生产方法,而农民把一大部分劳动成果,白白地交给封建剥削阶级"⑤,土地所有者从独立小生产者身上"用超经济的压迫,以榨取剩余劳动;凡维护这种剥削方法的制度,便是封建制度"⑥。此外,他们还指出,虽然中国的封建基础在帝国主义的冲击下有所动摇,但是,由于中国幅员辽阔,资本主义经济很难在短时间内渗透到全中国社会经济的各个方面,从而取代封建经济;而且,资本主义出于自身利益的需要,又常常与封建势力相互勾结,竭力维护中国的封建生产关系。据此而言,中国的封建制度虽然已经没落,但封建势力并没有成为"残余之残余",无论在城市还是农村,都存在着大量的封建剥削关系,特别是农村,封建势力更强大,"所以土地革命是数万万农民群众的切身的急迫的要求,是中国革命目前阶段的中心问题,是中国资产阶级民主革命的关键"⑦。

在这场论战中,中共领导的"新思潮"派的观点很显然是最符合当时中国的具体实际的。中国社会基本上是建立在农村经济的基地上,而农村基本上仍处于地主对农民的"超经济压迫"的封建关系中;帝国主义虽然一度

① 高军编:《中国社会性质问题论战资料选辑》(上),人民出版社 1984 年版,第 283 页。
② 高军编:《中国社会性质问题论战资料选辑》(上),人民出版社 1984 年版,第 209—210 页。
③ 高军编:《中国社会性质问题论战资料选辑》(上),人民出版社 1984 年版,第 529、531 页。
④ 高军编:《中国社会性质问题论战资料选辑》(上),人民出版社 1984 年版,第 188 页。
⑤ 高军编:《中国社会性质问题论战资料选辑》(上),人民出版社 1984 年版,第 239—240 页。
⑥ 高军编:《中国社会性质问题论战资料选辑》(上),人民出版社 1984 年版,第 554 页。
⑦ 高军编:《中国社会性质问题论战资料选辑》(上),人民出版社 1984 年版,第 188 页。

动摇了中国封建关系的基础，但是它远没有消灭广大农村的封建势力，而取得全部统治和主宰的地位。因此，“中国经济，实处于国内封建的（半封建）的势力和国外帝国主义二重势力压迫之下”①，也就是“半殖民地的半封建经济”②，从而中国反帝反封建的革命任务也就明确无疑了。这的确是马克思主义基本原理结合当时中国实际的创造性的理论产物，也充分彰显了中国哲学社会科学兼具的“学术”和“战斗”的双重属性。中国马克思主义理论家在这场论战中，以学术讨论服务于现实斗争的目的性十分明确，他们在对反对派的各种抨击与斥责中，也以严格的逻辑推理、以各种经验材料和统计数据的佐证，使“半殖民地半封建”这一理论成果保持了高度的学术性和科学性。因此，这一有着厚重学理基础的理论创造，不仅为当年中共在苏区的土地革命和工农红军的存在发展提供了科学依据，也对日后中国的革命奠定了科学的理论基础和信念依据。而中国革命也在日后的高歌猛进中验证了它的真理性质。

## 第三节　创造新民主主义文化是新民主主义革命时期马克思主义学术中国化的核心内容

在近代中国中西文化交错碰撞的时代环境中，中西文化关系始终是中国学术界探索中国化思想过程中贯穿的一条主线，对于这一问题的回答也制约和影响着其他学理问题的思考。在马克思主义进入中国文化场域之前，尽管中国学术界对中西文化关系进行了可贵的探索，并提出了以西化中、以中化西或中西互化等文化发展方案，但却始终无法对中西文化的比较与取舍给出一个合理的标准，更无法为近代中国新文化的发展方向指明一条可行的路径。直到马克思主义进入中国，中国马克思主义者通过对文化本质的科学界说，突破了中国学术界“中西论争”的两难困境，鲜明地为中国文化指出了一条新民主主义文化发展路径。

### 一、马克思主义引领中国学术实现文化范式变革

“范式”是托马斯·库恩在谈及科学革命的结构时提出来的概念。他认为，科学革命的实质是范式革命，是一种全新范式取代旧有范式的过程，即以一种全新的世界观和方法论，取代旧有的世界观和方法论的过程。将

① 高军编：《中国社会性质问题论战资料选辑》（上），人民出版社1984年版，第193页。
② 高军编：《中国社会性质问题论战资料选辑》（上），人民出版社1984年版，第722页。

"范式革命"引入学术文化的研究领域,强调的则是在学术文化的革故鼎新中,其最深层的内涵——哲学思想的根本转变,从而带来的是学术文化的指导思想和核心价值观的根本变革。

近代以来,中国传统学术在西学的猛烈冲击下,开始了举步维艰的现代化转型过程,由于一开始就缺乏先进理论的指导,它一度在中西资源的选择上,陷入"两难抉择"的困境中。从总体的趋势上看,由于中国传统的大经大法无法解决近代中国所面临的危机,而西方学术文化又以其强大的物质文明为载体,向身处困顿中的中国知识分子显示了其无可比拟的优越性,自鸦片战争到五四时期,中国知识界普遍呈现出向西方求索的发展理路。不过,这一发展脉络并不是一帆风顺式的直线上升过程,而是始终处于亦中亦西、中西对抗的矛盾中。对于近代中国知识分子而言,他们所面对的,一方是历经数千年传承,根植于中国人血脉之中、难以割舍的传统学术文化;另一方又是具有势不可当的冲击力,但又是作为侵略者面貌出现的西方文化。因此,这种"可爱"与"可信"的选择,在纵向上表现为"西化"与"回归"的阶段式反复,如从 19 世纪的普遍"欧化"到 20 世纪初的弘扬"国粹",到了五四时期又演变为"全盘西化";在横向上则表现为"西化派"与"保守派"喋喋不休的论争。这种论争的愈演愈烈也肇始了五四时期东西方文化论战的展开。

当时,以胡适等为代表的西化派认为,应当"不要怕丧失我们自己的民族文化",死心塌地去向西方学习①,因为,中西文化的差别是古今文化差异,是落后文化和先进文化的区别,传统文化"不但物质机械上不如人,不但政治制度不如人,并且道德不如人,知识不如人,文学不如人,音乐不如人,艺术不如人,身体不如人"②。因此,学习西方文化,纯粹意味着用现代文化取代古代文化,用进步的文化取代落后的文化而已。而以梁漱溟、梁启超等为代表的"东方文化派"则明确反对以古今之争来取代中西之争的观点。在他们看来,中西文化的差异不仅仅是"时间上、空间上的一种程度的差异",而是具有质的差异,是"根本精神上"的差异,是"文化路向"的不同,"中国人不是同西方人走一条路线",而是"另有他的路向、态度,与西方人不同"③。因此,他们认为,对待中西文化,决不是以放弃民族文化的特质和自主性为前提的,而是必须以中国文化所体现的民族精神为主导来"把握、吸收、融会、转化西洋文化"。虽然,随着论争的进一步深入,两派的观点都

① 《胡适论学近著》,商务印书馆 1937 年版,第 640 页。

② 《胡适论学近著》,商务印书馆 1937 年版,第 639—640 页。

③ 梁漱溟:《东西文化及其哲学》,商务印书馆 2010 年版,第 65 页。

趋向于采取中西调和的方式来创造一种新的文化，但是究竟是以西方文化为主导来改造传统文化，还是以传统文化为主导来容受西方文化，两派依然存在明显的分歧。

围绕着中西文化关系，中国知识分子虽然进行了可贵的探索，但却始终拘泥于亦中亦西的"两难抉择"中，难以对中国文化发展的出路提供一个令人满意的答案。究其原因，莫不过于，他们在探讨中西文化关系时，几乎都是建立在对文化主观、片面的认识基础上，而没有结合中国社会发展的现实情况，依据文化发展的规律来思考中国文化发展的问题。事实上，无论是"西化派"还是"东方文化派"，他们对中西文化差异的认识虽然存在着"古今之别"和"中西之异"的分歧，但在探讨差异的根源上，又都是从单纯的思想观念出发，或将其归结为种族的因素和自然环境的影响，而没有对文化的本质予以科学的诠释。因此，只能以先进的和落后的，重精神文明和重物质文明这样的选择标准，在新文化的创造上，陷入了"以西代中"，还是"以中驭西"的困境中。而中国马克思主义者恰恰是在这一根本的问题上，以马克思主义为武器，对文化本质作出科学的界定，从而打破了近代以来中西论争的桎梏，在理论与实践的统一中，为中国文化发展指明了一条崭新的道路。

事实上，一个民族的文化走向，既不是某位思想家的天才构想，也不是照搬某种文化模式的结果。在唯物史观的视域下，"物质生活的生产方式制约着整个社会生活、政治生活和精神生活的过程。不是人们的意识决定人们的存在，相反，是人们的社会存在决定人们的意识"①。作为社会意识的文化，是在一定历史时期的物质生产资料方式的基础上产生的，是经济基础的产物和社会存在的反映。正是以马克思主义为指导，中国马克思主义者在对文化本质的认识上，揭示了与东西方文化派截然不同的文化观。瞿秋白充分运用唯物史观的基本原理，指出"并不是'精神文化'（社会意识）产生那'社会的物质'（物质的生产），而是社会物质的发展造成'精神文化'的发展"，而"智识及思想对于经济的关系"，"一方面是经济的产物，别方面又做经济发展的助缘"②；李大钊也认为，"凡是精神上的构造，都是随着经济的构造变化而变化"，因此，中国的新文化"是应经济的新状态、社会的新要求发生的，不是几个青年凭空造出来的"③。毛泽东继承了李大钊的致思路径，进一步阐释了文化与经济、政治的辩证关系。他指出："一定的

---

① 《马克思恩格斯选集》第2卷，人民出版社2012年版，第2页。

② 《瞿秋白文集（政治理论编）》第2卷，人民出版社2013年版，第439、574页。

③ 《李大钊全集》第3卷，人民出版社2013年版，第14、192页。

文化（当作观念形态的文化）是一定社会的政治和经济的反映，又给予伟大影响和作用于一定社会的政治和经济；而经济是基础，政治则是经济的集中的表现。这是我们对于文化和政治、经济的关系及政治和经济的关系的基本观点。”①

通过上述马克思主义者的论说，不难看出，中国先进文化的发展方向，当是由当时中国的社会经济现状所规定的，即：彻底的不妥协的反对帝国主义和封建主义的现实斗争在观念上的反映；另一方面，中国先进文化的基本内容，则是作为政治上和经济上变革的舆论准备和思想先导而存在，即：建立什么样的中国新文化，实质上就是提出社会、民族、国家改革性质和方向的实践问题。就此而言，在近代民族危亡的时代环境中，对于中西文化的选择，决不是仅仅在书斋中，搞一个以西学改造中学，或是以中学调和西学的理论问题，更重要的是一个实践问题，即：必须以反帝反封建的民族民主革命的社会实践作为近代中国文化创造的最深广源泉，并以此为立脚点和检验标准，对中西资源进行检验、批判、创造性地转化和发展。正如瞿秋白所言：“二十世纪以来，物质文明发展到百病丛生。‘文明问题’就已经不单在书本子上讨论，而且有无产阶级的社会主义运动实际上来求解决了”②，只有如此，才能真正有文化的发展。

可见，正是由于马克思主义这一先进的世界观和方法论的引入，中国进步知识界才自觉将发展中华民族新文化问题与谋求近代社会变革相结合，从而指明了一条复兴中国文化的正确道路。对此，毛泽东的评价可以说是恰如其分：“自从中国人学会了马克思列宁主义以后，中国人在精神上就由被动转入主动。从这时起，近代世界历史上那种看不起中国人，看不起中国文化的时代应当完结了。伟大的胜利的中国人民解放战争和人民大革命，已经复兴了并正在复兴着伟大的中国人民的文化”③。

## 二、马克思主义学术对创造“新文化”的探索

如前所述，早期马克思主义者在接受了马克思主义之后，就已经突破“中西之争”的藩篱，开始积极思考如何建设新文化的问题。如果说，早期马克思主义者在接受马克思主义前，主要是从“破”的角度集中力量攻击封建文化，并力倡“全力以研究西洋之文明，以迎受西洋之学说”④的话，那么

---

① 《毛泽东选集》第二卷，人民出版社 1991 年版，第 663—664 页。
② 《瞿秋白文集（政治理论编）》第 2 卷，人民出版社 2013 年版，第 270 页。
③ 《毛泽东选集》第四卷，人民出版社 1991 年版，第 1516 页。
④ 《李大钊全集》第 2 卷，人民出版社 2013 年版，第 317 页。

在接受了唯物史观之后，他们对于中西文化则注入了更多的理性分析，并将更多的注意力集中在了“立”上，即探索如何建设新文化。

在这一时期，早期马克思主义者主要针对建设什么样的新文化和建设新文化的途径这两个基本问题，进行了积极的探索和阐发。

在建设什么样的新文化问题上，陈独秀提出：“新文化运动要注重创造的精神”①，并具备“不满足”的精神，既要“对于旧文化不满足”，“对于西洋文化也要不满足才好”，“不满足才有创造的余地”②。正是秉持这种“不满足”的精神，早期马克思主义认为，创造新文化既不能“向后转”回到中国传统文化，“也决不歌颂西方文化”，而是应该走一条“融合”的“第三文明”道路。对此，李大钊认为，20 世纪以来，东方文明既衰颓于静止之中，而西洋文明也疲命于物质之下，在东西方文明两败俱伤的现实面前，“为救世界之危机，非有第三新文明之崛起，不足以渡此危崖。俄罗斯之文明，诚足以当媒介东西之任”③。

在如何建设新文化的问题上，瞿秋白的观点最具代表性，他将世界文明的发展方向和中国民族解放运动结合起来考察，认为，在帝国主义时代，世界已经达成一片，东西文化也自然“熔铸为一”，因而，文化的变革其实也是全人类共同的事业，即：“全世界无产阶级得联合殖民地之受压迫的各民族，以同进于世界革命”。但是，处于殖民地位之上的半封建中国，面临着帝国主义和封建主义双重压迫的情况则更为复杂，因此，“封建思想不破”，就无法抗拒“帝国主义侵略”，而帝国主义不倒，“东方民族之文化的发展则永无伸张之日”。这就决定了中国文化建设必须与“民族解放运动”和“普遍的民主运动”同时进行，由此，瞿秋白得出结论说：“颠覆宗法社会、封建制度、世界的资本主义，以完成世界革命的伟业；如此，方是行向新文化的道路。”④

上述可见，在初步掌握马克思主义理论武器后，早期马克思主义者已经超越了东西方文化派“崇洋”或是“崇古”的局限，高瞻远瞩地为中国文化发展指明了一条新的道路。不过，由于早期马克思主义者对马克思主义的掌握还处于初步，并且对中国国情的了解也尚处幼稚。因此，从其论述中不难发现，多少有效仿和追随俄国文明的倾向，并以中国社会革命论来简单代替文化建设的思考。而随着理论掌握的逐步深入和对中国国情了解的进一步

---

① 《陈独秀文集》第 2 卷，人民出版社 2013 年版，第 6 页。

② 《陈独秀文集》第 2 卷，人民出版社 2013 年版，第 6 页。

③ 《李大钊全集》第 2 卷，人民出版社 2006 年版，第 214 页。

④ 《瞿秋白文集（政治理论编）》第 2 卷，人民出版社 2013 年版，第 24 页。

加深，到了新启蒙运动时期，中国马克思主义知识分子已经提出了建设新民主主义文化的大致框架和基本雏形。

在20世纪30年代的新启蒙运动中，马克思主义者非常重视新文化的建设问题，把创建“中国现代的新文化”作为启蒙运动的中心任务，并形成了独具特色的文化建设理论。首先，新启蒙运动者突出强调了新文化的民族性。新启蒙者认为，新文化的建设决不是“不管自己的历史，不管自己的传统”①，而跟在西方文化后面亦步亦趋，今日所要建立的新文化，乃是体现民族自主性的文化，既必须“顾及自己民族的需要，适应自己民族的传统”②，更要注意“民族意识的唤起”，培养“民族的自觉与自信”③。其次，新启蒙运动者认为新文化建设必须彰显科学性。新启蒙者大力倡导科学精神，极力反对迷信、独断和盲从，特别是对当时国民政府推行的尊孔读经的复古逆流嗤之以鼻。在他们看来，“唯物、客观、辨证、解析，便是现代科学法的观点和内容”，新文化建设既必须培养科学精神和“科学脾气”，“认真地宣传科学法，实践科学法”④，更要以科学为武器，“继续对中国旧传统思想、旧宗教，作全面的有系统的批判”⑤。再次，新启蒙运动者提出新文化的发展主体必须面向大众。新启蒙者认真总结和反思了五四新文化运动的局限，认为五四新文化运动固然也是一种“反贵族的民众文化”，但它“没有能够达到普遍化大众化的地步”，“没有努力在广泛的民众中去建立新文化”⑥。鉴于此，新启蒙者提出，新文化建设必须面向广大公共群众，通过通俗教育运动、废除文盲运动、破除迷信运动，使“新文化的普遍性达到最大限度”⑦，“这是我们这落后的怯弱的民族转化为文明的强盛的民族之契机”⑧。最后，新启蒙运动者还着重探讨了如何建设新文化的途径。新启蒙倡导者认为，新文化的创建既必须以“本国化”“本土化”为前提，来吸收外来思想的精华，使之“染上中国的特色”⑨，又必须立足民族实际，尊重民族历史，以辩证批判的态度“继承我们最好的传统文化，发扬民族的固有的文化，保卫我们的民族文化”⑩。

---

① 张申府：《什么是新启蒙运动》，生活书店1939年版，第23页。
② 张申府：《什么是新启蒙运动》，生活书店1939年版，第73页。
③ 张申府：《什么是新启蒙运动》，生活书店1939年版，第28、8页。
④ 张申府：《五四纪念与新启蒙运动》，《北平新报》1937年5月2日。
⑤ 陈伯达：《哲学的国防总动员》，《读书生活》1936年第9期。
⑥ 《何干之文集》第2卷，北京出版社1994年版，第135页。
⑦ 艾思奇：《什么是新启蒙运动》，《国民周刊》1937年第8期。
⑧ 陈伯达：《真理的追求》，新知书店1937年版，第21—22页。
⑨ 张申府：《论中国化》，《战时文化》1939年第2期。
⑩ 柳湜：《抗战以来文化运动的发展》，《战时文化》（创刊号），1938年。

上述可见，新启蒙运动期间，中国马克思主义者对中西文化关系的探讨，尤其是他们对新文化建设的民族性、科学性和大众化的强调，事实上已经初步孕育出新民主主义文化的雏形。这些重要思想经过毛泽东等中共领导人的进一步总结和发挥，最终形成了“民族的、科学的、大众的”新民主主义文化理论。正如吕振羽总结新民主主义文化理论形成过程时所说，毛泽东“民族的科学的大众的文化”，这一“伟大方针”的提出，是“总结了新启蒙运动和以往新文化运动的全部经验，适应斗争形势发展的趋势和要求”①的结果。

① 吕振羽:《中国社会史诸问题》，生活·读书·新知三联书店 1961 年版，第 123 页。

# 第五章　新民主主义革命时期马克思主义学术中国化的路向矫正

## ——以国统区为例

思想理论的完善程度,总是取决于理论满足这个国家需要的程度。马克思主义学术中国化的建构也不例外。新民主主义革命时期,中国民族矛盾与阶级斗争相互交织,正面临"千年未有之大变局",政治形势异常复杂。在此情况下,"中国"到底是什么?"中国化"要导向何方?这些直接影响马克思主义学术中国化发展前景的核心问题,还远没有在思想理论界达成一致的认识。人们从不同的立场和视角出发,产生了一系列貌合神离的"中国化"解读,导致纷争不断、莫衷一是。该现象在国统区尤为突出。

## 第一节　国统区思想界关于"中国化"内容与形式的分歧

国统区思想理论界关于马克思主义学术中国化的认识分歧,主要反映在"学术化"的内容和形式两个方面,由此激发了关于"民族形式""与抗战无关"的两场论争。

### 一、"民族形式"的论争

国统区关于"民族形式"的论争主要是受到"毛泽东先生在《论新阶段》中有关'中国化'的启示"①而引发,1939年初就有人发表零星意见,到1940年论争达到高潮。

这次论争的焦点主要是民族形式的"中心源泉"以及旧形式与新形式的问题。当时,很多人倾向于从新、旧形式的对立思维中寻找民族形式的所谓"中心源泉"。其中,重庆进步作家向林冰的"旧瓶装新酒"观点最具代表性。他认为,中国思想界存在着两种民族形式,一是五四以来的新兴形式,二是大众所习见常闻的民间形式。"那末,民族形式的创造,究应以何者为

① 宗珏:《文艺之民族形式问题的展开》,《大公报》1939年12月13日。

中心源泉呢?”答案是,应“肯定民间形式为民族形式的中心源泉”。① 因为“五四”以来的新兴形式“移植性没有克服,在作风与气派上,不能使中国老百姓喜闻乐见”②,它“是缺乏口头告白性质的畸形发展的都市的产物,是大学教授,银行经理,舞女,政客以及其他小‘布尔’的适切的形式,所以在创造民族形式的起点上,只应置于副次的地位;即以大众现阶段的欣赏力为标准,而分别地采入于民间形式中,以丰富民间形式自身”,只有“以自己作风与自己气派的民间形式为中国作风与中国气派的民族形式的中心源泉的场合”,才能克服创作脱离大众的偏向。③

向林冰的这一观点得到了部分人士的支持。黄芝冈认为:“抗日的内容是火,旧形式是薪炭,民族形式是烈火锻炼成的。”④方白也提出:“民族形式的首要来源=中心源泉,是民间形式,而应包涵在民族形式中的发生领导作用的要素=主导契机,也是这个民间形式。”⑤

同时,这一观点也引起了众多人的反对,并呈现出三种不同意见:

1. 一种意见认为:“五四”以来的新形式才是民族形式的“中心源泉”。葛一虹把民间旧形式称为“实在已濒于没落文化的垂亡之时的回光返照”,认为民间形式不配作为民族形式的“中心源泉”:“这类东西在表现思想与感情上有着多少力量呢?我们的‘不轻视形式的理论家’也不能不承认其‘不及近代形式的进步与完整’,给与所谓‘民间形式’以‘不及近代形式的进步与完整’的估价……民间形式既‘不及近代形式的进步与完整’,在民族形式建立上,为什么偏偏要拿‘不及近代形式的进步与完整’的民间形式作为‘中心源泉和主导契机’呢?”进而提出:要发扬新形式作为民族形式的根基,“目前我们迫切的课题是怎样提高大众的文化水准,而不是怎样放弃了已经获得的比旧形式‘进步与完整’的新形式,降低水准地从‘大众欣赏形态’的地方利用旧形式开始来做什么,而是继续了‘五四’以来新文化艰苦斗争的道路,更坚决地站在已经获得的劳绩上,来完成表现我们新思想新感情的新形式——民族形式,而这样的形式才是真正的新鲜活泼,为老百姓所喜见乐闻的中国作风和中国气派”。⑥ 郭沫若也指出:如果如向林冰所说民族形式完全以“老百姓喜闻乐见”为标准,势必走向复古主义,“一切形式

① 向林冰:《论“民族形式”的中心源泉》,重庆《大公报》副刊《战线》,1940 年 3 月 24 日。

② 《文学月报》社:《文艺的民族形式座谈会》,《文学月报》第 1 卷第 5 期,1940 年 5 月 15 日。

③ 向林冰:《论“民族形式”的中心源泉》,重庆《大公报》副刊《战线》,1940 年 3 月 24 日。

④ 黄芝冈:《论民族形式》,《抗战文艺》第 6 卷第 1 期,1940 年 3 月 30 日。

⑤ 方白:《怎样创造文艺上的民族形式》,《新蜀报》1940 年 4 月 18 日。

⑥ 葛一虹:《民族形式的中心源泉是在所谓“民间形式”吗?》,重庆《新蜀报》副刊《蜀道》,1940 年 4 月 10 日。

都应该回复到鸦片战争以前，小脚应该恢复，豚尾也应该恢复，就连鸦片烟和吸烟的各种形式都早已成为‘中国老百姓所习闻常见’，而且是不折不扣的中国所独有的‘民族形式’，也有其合理的存在。那中国岂不糟糕！”认为：“‘民族形式’的这个要求，并不是要求本民族在过去时代所已经造出的任何既成形式的复活，它是要求适合民族今日的新形式的创造。”①胡风则直接把向林冰等人斥为“新国粹主义”：“说五四底新文学是‘大学教授、银行经理、舞女、政客以及其他小布尔’的，那仅仅只能是新的国粹主义者底污蔑。”②梅林更明确地提出：“只有以科学的世界观与现实主义的创作方法为基准的新文化才是完成民族形式的中心源泉。”③

2. 另一意见认为：民族形式的“中心源泉”应该是新、旧形式甚至中、外形式的综合。光未然指出：“我们的民族形式的‘中心泉源’，是经过清算经过批判以后的民族文艺优良传统的全部，包括各式各样的旧形式，和旧形式的各式各样的独特的要素，和‘五四’以来的新形式的健康的要素，加上此刻还未被民间旧形式所包纳的，然而已经在大众中间创造着运用着的，表现新事物新感情的生动活泼的语法和样式。”④梅林赞同这一观点，认为：“所谓民族形式说是民间形式也好，说是新兴形式也好，两者都是民族形式”，二者各有利弊，“我们要批判一下，把一切活的，有生命的形式都拿来，培养我们新文艺的民族形式”。⑤ 潘梓年进一步直接否定“中心源泉”的提法，他以文艺创作为例，指出，能作为民族形式源泉的，“不只有民间文艺，同样也有过去新文艺运动中积集起来‘不为不多’的成果，以及国际上的佳作巨著，尤其是和工农大众解放斗争有关的佳作巨著。在这里，用不着怀着‘中学为体，西学为用’的狭隘观点，在民间文艺这一源泉上特别加以‘中心’的规定”⑥。

3. 还有一种意见认为：民族形式的“中心源泉”不应仅仅是形式，还包括生活的内容。田仲济、陈鹏啸等人提出：民族形式的“中心源泉不是民间形式，而是民间的生活和语言”⑦，“中心源泉就是大众的生活与大众的语言”⑧。这一思想倾向在 1940 年 6 月 9 日《新华日报》召集的“民族形式座

① 郭沫若：《“民族形式”商兑》，《大公报》1940 年 6 月 10 日。

② 胡风：《文学上的五四》，载《胡风评论集》，人民文学出版社 1984 年版，第 124 页。

③ 梅林：《民族形式“中心源泉”的商榷》，《新蜀报》副刊《蜀道》，1940 年 4 月 12 日。

④ 光未然：《文艺的民族形式问题》，《文学月报》第 1 卷第 5 期，1940 年 5 月。

⑤ 曾克、秀沅记录：《民族形式座谈笔记》，《新华日报》1940 年 7 月 4 日。

⑥ 潘梓年：《新文艺民族形式问题座谈会上的发言》，《新华日报》1940 年 7 月 4 日。

⑦ 田仲济：《中心源泉在哪里?》，《新蜀报》副刊《蜀道》，1940 年 4 月 15 日。

⑧ 陈鹏啸：《论形式与内容》，《新蜀报》副刊《蜀道》，1940 年 4 月 22 日。

谈会"上得到更大发挥,并在内容决定形式、民族形式必须反映抗战内容等方面逐渐达成共识。例如:葛一虹认为:"如果谈到抗战中的民族形式,这就并不仅仅是形式问题,而是把抗战的生活很现实很具体地描写出来的问题,不论是用戏剧的形式或小说的形式。有人提出语言的问题等等,我觉得这固然也是值得研究的问题,然而,可并不是中心问题,中心问题却是生活的内容。"沙汀也提出:"我们理想的民族形式的目标,总要做到为一般大众所接受享受,这理想是与民主政治有整个关系。"胡绳也认为:"单纯从思想,从世界观是不能解决问题的,而要从创作实践,与文艺中的发展,更深研究一下民族形式。"以群也提出只要"表现当前的内容而能真实生动的表现出来的,就是民族形式。"①潘梓年还创造性地提出了"外形式"与"内形式"的划分:"有一种形式,虽然是某一内容所不可缺,但它和内容却并没有多大的关系,这叫外形式。如酒必须有瓶装,但玻璃瓶可以装,瓦瓶也一样可以装",但创作上的体裁则不同,"它和内容的关系是密切了许多了,有合适或不合适的问题了,这可以说是内形式"。认为"民族形式,主要是指这种内形式而言"。所以,"要新鲜活泼,为老百姓所喜闻乐见,只有取材于老百姓解放自己的战斗生活,生动地把中国老百姓的这种战斗生活描写出来,自然就可以产生出中国作风与中国气派来"。②

这样,"民族形式"的论争就被赋予了现实主义的深刻内涵,有了更加科学的思想导向,为正在勃兴的马克思主义学术中国化建构提供了理论借鉴。1943 年 7 月,中共中央机关刊物《群众周刊》出版两期《民族形式讨论特辑》进行了理论总结,论争也逐渐落下了帷幕。

这场论争发生在毛泽东《论新阶段》发表和延安整风运动即将开展的特殊时期,本身就是一次很好的马克思主义学术中国化的探索实践。虽然争论中部分人士还存在着某些极端化的思想倾向,并且意见分歧也很难在短时间内消解,但毕竟民族化的问题已经引起了思想理论界的广泛关注,相关探讨也开始涉及对待古今中外思想成果的态度问题,提出了不少可贵的见解,一定程度上改变了国统区理论界的创作风气,有力地配合了延安整风运动的开展,也为新民主主义理论体系的确立和传播,提供了良好铺垫。

## 二、"与抗战无关"的论争

"与抗战无关"论最初是自由主义者梁实秋提出的一种创作主张。

① 曾克、秀沅记录:《民族形式座谈笔记》,《新华日报》1940 年 7 月 4 日。

② 潘梓年:《新文艺民族形式问题座谈会上的发言》,《新华日报》1940 年 7 月 4 日。

1938年底,他在主编《中央日报》副刊《平明》时发表了《编者的话》一文,提出:"现在抗战高于一切,所以有人一下笔就忘不了抗战。我的意见稍为不同。与抗战有关的材料,我们最为欢迎,但是与抗战无关的材料,只要真实流畅,也是好的,不必勉强把抗战截搭上去。至于空洞的'抗战八股',那是对谁都没有益处的。"①不久又在《"与抗战无关"》一文中进一步提出:"我相信人生中有许多材料可写,而那些材料不必限于'与抗战有关'的。"②在此思想指导下,梁实秋主编《平明》副刊期间刊载了许多与抗战无关的文章。如1938年12月2日刊登了吴祖光的《睡与梦》,旨在抒发"人生本来就是一个梦"的消极思想,认为"人生下地来就是一个大梦的开始,死去就是梦的终结"。流露出作者既不满黑暗现实又找不到正确出路的颓伤情感。之后,《平明》副刊又接连发表了《说酒》《吃醋》等多篇表达类似思想的文章。梁实秋的这一主张,得到沈从文的支持。他在《一般与特殊》一文中,把抗战作品称为"抗战八股""宣传文章",主张创作远离宣传空气、战争情绪的作品,认为虽然它们"与战事好像并无关系,与政治好像并无关系,与宣传好像更无关系,可是这作品若写好,它倒与这个民族此后如何挣扎图存,打胜仗后建国,打败仗后翻身,大有关系!"③

梁实秋等人的上述言论,引起了思想界的激烈反对,《新蜀报》《大公报》《国民公报》《抗战文艺》等媒体都加入论战行列。反对意见主要集中于以下几点:

1. 当前一切事物都与抗战有关。罗荪在《"与抗战无关"》和《再论"与抗战无关"》中批驳指出:"某先生希望写文章的人,不必一定'下笔就忘不了抗战',尽可以找'与抗战无关的材料',但又要求'要真实'。是的,一个忠实于现实的写作者,他是不应该也不能忘掉'真实'的,但在今日的中国,要使一个作者既忠于真实,又要找寻'与抗战无关的材料',依我拙笨的想法也实在还不容易。除非他把'真实'丢开,硬关在自己的客厅里去幻想吧,然而假使此公原来是住在德国式的建筑里面的,而现在硬是关在重庆的中国古老的建筑物里面,我想他也不能不想到,即使是住房子,也还是与抗战有关的。闭了眼睛装瞎子,其实也非易事……在今日的中国,想找'与抗战无关'的材料,纵然不是奇迹,也真是超天才了"。④ 认为:"成为新都的

① 梁实秋:《编者的话》,《中央日报》副刊《平明》,1938年12月1日。
② 梁实秋:《"与抗战无关"》,《中央日报》副刊《平明》,1938年12月6日。
③ 沈从文:《一般或特殊》,《今日评论》第1卷第4期,1939年1月22日。
④ 罗荪:《"与抗战无关"》,《大公报》1938年12月5日。

重庆是绝对不会有‘与抗战无关’的文章”①,因为“这次的战争已然成为中华民族生死存亡的主要枢纽,他波及到的地方,已不仅限于通都大邑,他已扩大到达于中国底每一个纤微,影响之广,可以说是历史所无,在这种情况之下,想令人紧闭了眼睛,装做看不见,几乎是不可能的事情”。② 罗荪还举例阐明就连房子也与抗战有关:“一年前重庆空房子很多而且便宜,然而现在,不说价钱吧,要找间房子住住就是个大问题,假如没有抗战,重庆就不会有突增的二三十万人口。再比如吧,有些人原来住在青岛、北平、天津的,有些人原来是住在上海、南京、武汉……的,但是现在都集中在重庆来了,又多半现在住的远不如原来住的。想一想吧,为了什么才跑到重庆来住的呢?”③宋之的也明确阐明立场:“在我们看起来,没有一个人,没有一件事,在现在是‘与抗战无关’的,不管是在前线流血,还是在后方‘乱爱’,都不能说与抗战无关。所以我们中国人,现在所写的文学,都与抗战有关,是当然的事。”④

2.“与抗战无关”论是在败坏文风、消磨斗志。老舍在代表文协起草的给《中央日报》的公开信中,批评梁实秋“态度轻佻,出语儇薄”,这一风气“行将盈篇累牍争为交相谇诟之文字,破坏抗战以来一致对外之文风”。他认为,在民族生死关头,作者的天职“在为真理而争辩,在为激发士气民气而写作,以共同争取最后胜利”,“目前一切,必须与抗战有关”,作品“为军民精神食粮,断难舍抗战而从事琐细之争辩”。⑤ 黄芝冈则进一步揭露《平明》副刊的“与抗战无关”观点是与《中央日报》一贯消极抗战的立场一脉相承的,认为《中央日报》自抗战相持阶段以后,已经不如之前那样起劲地宣传抗战了,报载的文章已逐渐偏离了抗战主题,这会直接影响其副刊《平明》的编辑,因为“报的主持人是不看轻他的副刊的……副刊的主编人对主持人的苦心孤诣,是不会有什么不明了的”⑥。魏猛克也认为“与抗战无关”论只能“助长一种倾向,葬送一部分抗战的力量”,“我们是必须将这一种倾向扫荡”。⑦

在众人的批判声中,梁实秋于1939年4月1日宣布辞去《平明》主编的

---

① 罗荪:《再论“与抗战无关”》,《国民公报》1938年12月11日。

② 罗荪:《“与抗战无关”》,《大公报》1938年12月5日。

③ 罗荪:《再论“与抗战无关”》,《国民公报》1938年12月11日。

④ 宋之的:《谈“抗战八股”》,《抗战文艺》第3卷第2期,1938年12月10日。

⑤ 南方局党史资料征集小组编:《南方局党史资料:文化工作》,重庆出版社1990年版,第83页。

⑥ 黄芝冈:《我只想和你谈谈》,《新民报》1938年12月16日。

⑦ 魏猛克:《什么是“与抗战无关”》,《抗战文艺》第3卷第2期,1938年12月10日。

职务，但仍坚持自己的观点立场，在《梁实秋告辞》一文中再次强调指出："我以为我没有说错话"，"四个月的《平明》摆在这里"，其中刊载的文章"十之一二是我认为'也是好'的'真实流畅'的'与抗战无关的材料'"。[①]梁实秋的这一态度更加激起了思想界的怒斥，使得这场论争没有因为梁实秋的辞职并退出论争而结束，相反更加激烈地持续下去。张天翼在《论"无关"抗战的题材》一文中尖锐地指出，梁实秋之流"并不是忽然大发慈悲，要替我们解决什么写作上的问题……他们老早老早就升到彼岸去了，爬进了象牙之塔。偶然也瞅一眼我们这尘世，他们就想超渡超渡青年们：叫大家莫惦记着什么时代，什么现实，叫大家尽去玩玩游离现实的'美'，以挽救人心，使天下太平"，"即使我们诚心要信从他们的'指导'，要在抗战中选取一些人物及其生活来写出无关抗战的作品，这也绝不可能的，除非我们故意遮掩真实，故意要写出虚伪的没有生气的东西来"，"在现在，不但与抗战无关的中国人不存在，就是他要对抗战守中立——也都是不可能的：事实上他总会影响到抗战，会起一定的作用"，即使"那些躲在象牙之塔里的无关抗战论者"也"对抗战当然有某种影响，起了某种作用的"。[②] 胡风也指出"与抗战无关"论的结果是要"把战斗生活里的作家拉回到寺院或者沙笼里去"，这是绝对行不通的，因为"我们的战争是求生存解放的战争，战争的命运要规定每一个人的命运"，所以创作必须"打退一切反战争的甚至和战争游离的主题"。[③] 被派往南洋的郁达夫也认为：不能把一切抗战作品斥为"抗战八股"，"有了充实的内容，准确的意识，熟悉的技巧的人，决不会写出千篇一律的八股文来"。[④] 值得注意的是，在批判"与抗战无关"论的过程中，思想界也出现了一些过激的言辞：有的斥骂梁实秋的言论"简直是反对者的口吻"[⑤]；有的认为梁实秋的"用意是非常明显的，他要我们的作者从战壕，从前线，从农村，从游击区，拖回到研究室去"，他"要消灭的不是'抗战八股'而是'抗战'"，其用意是"打在政治的阴谋这算盘上的"。[⑥]

事实上早在近代初期，国内就有过"为学术而学术""为艺术而艺术"之类的论断，当时尚未引起思想界的足够重视，因此也没有激起强烈反对。但

① 梁实秋：《梁实秋告辞》，《中央日报》副刊《平明》，1939 年 4 月 1 日。

② 张天翼：《论"无关"抗战的题材》，重庆《文学月报》第 1 卷第 6 期，1940 年 6 月 15 日。

③ 胡风：《关于时代现象》，《中央日报》1939 年 9 月 24 日。

④ 郁达夫：《关于抗战八股的问题》，新加坡《星洲日报半月刊》第 22 期，1939 年 5 月 15 日。

⑤ 陆丹林：《抗战八股》，香港《大公报》1939 年 5 月 29 日。

⑥ 巴人：《展开文艺领域中反个人主义斗争》，《文艺阵地》第 3 卷第 1 期，1939 年 4 月 16 日。

抗战爆发后，严峻的客观现实已使民族觉悟激发到前所未有的程度，已不允许包括思想理论界在内的各行各业脱离抗战的主题而从事其他的活动。在这一特定情况下，如果再提倡创作“与抗战无关”的作品，显然不合时宜，很容易被加以逃避现实的罪名，遭到批判也是难免的。但也应该看到，双方虽然争辩不休，但都对抗战抱有很大的热情，即使是提倡“与抗战无关”的梁实秋也并没有完全抛弃和否定抗战文化的意义，相反他主编的《平明》副刊相当一部分也是发表“与抗战有关的材料”，并加上“最为欢迎”的字眼，还是把“与抗战有关”放在第一位的。① 只不过因为放于第二位的“与抗战无关”的材料极易触动当时抗战思想界的神经，所以才在特定环境下引起了一场特殊的论争。无论如何，这次论争充分证明了思想理论界民族意识的高涨，一定程度上切中了中国的现实主题，为马克思主义学术中国化的发展，营造了良好氛围。

## 第二节　新启蒙思潮的儒化蜕变与马克思主义学术中国化的建构困境

新启蒙思潮是20世纪30年代由陈伯达等共产党人联合国统区进步文化人士发起的，以“继承五四、超越五四”为使命的一场爱国思想运动。新启蒙倡导者从团结救亡的愿望出发，对儒家传统进行过高阐发，提出了“打倒孔家店——救出孔夫子”的口号，力图恢复儒学的国族价值，使“中国古代的‘圣经贤传’不为敌人利用为愚弄同胞的工具”②，最终导致中国化向儒学化的蜕变，对当时正趋于高涨的马克思主义学术中国化进程构成了一定程度的困扰。

### 一、外敌压力下“中国化”启蒙的儒化蜕变

由近代半殖民地半封建的特殊国情所决定，中国的启蒙运动史可以说就是一部爱国主义文化史。从其实质上看，不管历次启蒙运动的思想家如何呼喊反传统的口号，但最终解决的还是民族问题，是救国以图存。近代以来，大多数启蒙运动的倡导者同时都是救亡运动的领导者，这一客观事实也说明了这一点。如果说欧洲启蒙运动是由社会内部矛盾导致，主要是解决阶级矛盾的话，那么，中国的启蒙运动则主要是由外部因素引发，主要解决

---

① 梁实秋：《编者的话》，《中央日报》副刊《平明》，1938年12月1日。

② 陈伯达：《在文化阵线上》，生活书店1939年版，第51页。

的是民族危机,民族矛盾的激化程度直接决定着启蒙运动的发展状况。

20世纪30年代,中日民族矛盾急剧恶化。日本法西斯被迅速崛起的国际地位冲昏了头脑,膨胀了野心,加紧灭亡中国的步伐。对中国武力征服的同时,更实施一系列文化奴化与同化行径。他们一方面培植奴化团体,创办殖民报刊,利用所控制的各种舆论工具鼓吹"新民主义""人种神圣"之类欺骗言论,将中国的"孔孟之道"与日本军国主义的"皇道"融合起来,宣称建立"东亚新秩序"就是"恢复孔孟之道",企图通过提倡复古、尊孔、迷信、盲从,来麻痹中国人民的心灵,还以大官僚、大地主、大买办的子弟为重点,培养了大批汉奸文人,他们把日本占领区美化成"王道的乐土",把抗日救亡斥为"背经离道",把侵略者奉作"儒家正统",千方百计地为日本法西斯主义辩护,充当日寇奴役中国的走卒;另一方面又大肆鼓吹日本是"东洋文化的中心",日本民族是"朝鲜、支那、南洋以及土著居民的化学结晶",由这种"结晶"产生的混血民族自然是亚洲"最优秀"的民族,也自然有权"领有"其"父体"和"母体"的居住领地,并和这些"亲戚们"一道生存下去。① 在此影响下,沦陷区的文化教育,已几乎看不到中国的印记,时任旅顺师范学堂堂长的津田元德,曾在《关东州内师范教育的回顾》一文中坦言:"称日语为国语,按日本读法念汉文,还上军体与柔、剑道课,特别是不学历史,修身课以报恩、遵纪、守法三项内容为重点,这些都是同化主义教育的明显特色"②。之后,日寇还炮制了"二十年百万移民计划",大量向蒙满地区迁移日人。

诚如英国人类学家科恩所说,"一个社会群体只有在被逼到自身文化的边缘时,才又重新发现本身的文化,并对此文化重加评估"③。日本法西斯的文化入侵行径,极大地激发了中国文化人士的民族认同。新启蒙运动的发起人陈伯达明确指出:"我们文化界的战士,必要明确不易地宣布,我们是真正的中国文化和东方文化的传统的继承者,我们不但要开来而且是要继往的","凡是不甘中国文化被敌人所消灭的,凡是不愿中国过去的任何圣经贤传被敌人利用为愚弄同胞的工具的,都应该在这个大目标上团结起来……凡是孔孟最好的子孙,都是爱中华民族的,是和日寇不两立的"。④ 在这里,陈伯达已经明确指明了新启蒙运动的动因——异族文化摧残;目

---

① [日]北一辉:《日本改造法案大纲》,载《北一辉著作集》第2卷,美铃书房1972年版,第260页。

② [日]津田元德:《关东州内师范教育的回顾》,旅顺《南满教育》特别号,1926年11月。

③ Anthony Cohen, *The Symbolic Construction of Community*, London: Routledge, 1992.p.69.

④ 陈伯达:《在文化阵线上》,生活书店1939年版,第90、50页。

标——保卫中国文化。该倡导,得到了张申府、艾思奇等人的响应。他们也意识到,中国的文化传统“现在正被敌人汉奸利用着,作为残杀蹂躏奴役全民族的法宝”①,新启蒙运动的发生,“是由于民族敌人的猛烈的新的进攻的刺激,是由于亡国的危机的迫切,是因为民族敌人不但要灭我们的国家,而且正在用种种方法想毁灭我们的文化,使我们在文化上也要成为他们的奴隶”②。

正是在亡国亡文化的忧患意识作用下,新启蒙者对中国文化传统进行了重新定位。陈伯达认为,以往的文化运动,最大的缺点就是“文化工作者对于文化的民族传统还注意得不够,还发挥得不够”③,“旧封建时代专制的魔王曾把‘忠孝’等道德作成为服务于支配者个人的奴隶道德,日本强盗和汉奸就是打算利用这点来愚弄我们的同胞的”,现在我们必须把它“由服务支配者个人的奴隶道德,转变为及改造为服务民族,服务社会,服务大众,为民族社会大众而牺牲的道德……这样,我们才能鲜明我们真正的民族文化道德,才能不为人所曲解,才能给日寇汉奸在文化上的欺骗企图以致命打击”。④ 何干之也对旧启蒙运动进行了反思,认为:以往“我们只看见他们痛骂儒学是虚伪是残忍,痛骂史籍是‘大民贼的家谱’,是小民贼杀人放火的账簿,殊不知儒学的产生,固有社会的根据,数千年儒学能够定于一尊,也有社会的根据,民国革命以后,儒学的复活,也有社会的根据”⑤。就连曾经的“五四”斗士张申府,此时也积极为孔学传统正名:“孔家店里的陈烂货色也并非孔子所本有,孔子儒学是中国民族精神之所寄,历史上儒教所产生的弊端不在孔子”⑥,而是因为封建统治者的愚弄,孔子“被历代帝王利用,也利用得够多了,够久的了”,今天应该为中华民族的整体利益服务,以往的统治者如嬴政、刘彻、李世民、武则天、朱元璋都代表不了中国,相对而言,李白、杜甫、施耐庵、曹雪芹也代表不了中国思想的最高成就,所以“中国立国,所以立,可以立,或值得立的,应就是仁,就是中,就是生(天地之大德曰生),而这些,以及易与实,断然应以孔子为代表”⑦。

这样,在新启蒙者的话语中,以儒学为代表的文化传统已不是统治阶级愚弄下层民众的工具,也不再是“国家”这一统治机器的标识,而是在剥离

① 张申府、齐柏岩:《五四运动与新启蒙运动》,《读书月报》第2期,1937年6月。
② 艾思奇:《论文化和艺术》,宁夏人民出版社1982年版,第22页。
③ 陈伯达:《在文化阵线上》,生活书店1939年版,第67页。
④ 陈伯达:《在文化阵线上》,生活书店1939年版,第92页。
⑤ 《何干之文集》,中国人民大学出版社1989年版,第423页。
⑥ 《张申府文集》第1卷,河北人民出版社2005年版,第145页。
⑦ 《张申府文集》第1卷,河北人民出版社2005年版,第239页。

了封建统治的政治外衣后，被赋予了“中华民族”的整体形象。[①] 既然儒学拥有了“中国”的标识，那么，启蒙运动原有的针对旧传统的批判理性，也就难以推行。在西方，批判理性曾经在破旧立新的启蒙斗争中展现了极大的冲击力，恩格斯曾称赞启蒙时期的法国是“理性的王国”，“一切都必须在理性的法庭面前为自己的存在作辩护或者放弃存在的权利。思维着的知性成了衡量一切的唯一尺度”。[②] 西方的这一理性，也曾受到“五四”启蒙者的青睐，他们以西方的“科学”“民主”为号召，对中国的旧传统展开无情的批判，一度享有过“中国的文艺复兴”的美誉。但到了新启蒙运动时期，在强烈的“中国”意识驱动下，启蒙人士逐渐对传统批判的合理性和必要性产生了怀疑。

在新启蒙者看来，在日本法西斯灭亡中国的野心日益暴露的严峻形势下，如果再继续从事自我意义上的批判与否定，已明显不合时宜、不够“中国人”的样子。他们意识到：“过去一切文化运动的直接目的，是对内而不是对外，由对内的改革以达对外的独立，如今事情却是两样”[③]，“现在的运动，是在敌人的直接猛烈侵略的处境之下发动，自己改造的余裕已经没有了，敌人要并吞的是整个中国，即使是封建残余，倘若是想走活路的话，也只有走上爱国主义的一途，所以，现在是要集中一切有爱国意义的文化成果，不管是旧的也好，新的也好，一直去发挥对付外敌的作用，而不单是在自己内部做反封建的工作了”[④]。并且，“旧时代的中国最优秀的文化上的圣贤，也都是最热爱自己的祖国而亲于救国事业身经无数忧患或百死而无悔的，孔子曾经嗟叹地说过，‘微管仲，吾其被发左衽矣！’墨子曾经冒过万险，为救自己的宋国，我们有陆秀夫、文天祥、左光第、史可法——这样的文人，为祖国而身沉大海，或身陷大戮，中国民族有这样伟大的文化上的圣贤，不但为我祖国河山生色，而且也正是我民族长存至今之重大的因素”[⑤]。

在上述话语的影响下，新启蒙者的启蒙理性发生了明显变化。在新启蒙运动的倡导期，陈伯达还能以“继承五四，超越五四”为己任，提出了“反复古，反武断，反偏见，反盲从，反迷信，反因袭”的战斗口号，并将“摆脱一切传统思想的镣铐，大无畏地从事批判一切”作为任务之一[⑥]；到了运动的

① 在新启蒙者的言论著述中，“中国”“中华民族”的表述极其普遍，已几乎看不到“国家”概念的使用。

② 《马克思恩格斯选集》第 3 卷，人民出版社 2012 年版，第 775 页。

③ 《何干之文集》，中国人民大学出版社 1989 年版，第 414 页。

④ 艾思奇：《论文化与艺术》，宁夏人民出版社 1982 年版，第 23 页。

⑤ 陈伯达：《在文化阵线上》，生活书店 1939 年版，第 84 页。

⑥ 陈伯达：《真理的追求》，新知书店 1937 年版，第 14 页。

发展期,艾思奇就提出了"只要是对民族的生存有利益的话,就是对一部分封建势力携手,也是在所不惜"①等主张,陈伯达的启蒙口号也被江凌以"范围过小,面目过左"为由,修改为"反武断,反盲从,反迷信,反因袭,反公式,反包办"②,"复古"不再是新启蒙运动的批判对象;到运动的高潮期,面对杨立奎等顽固势力"灭伦丧德"之类的污蔑,新启蒙学会声明"启蒙二字本意在求开明,就是理性运动,反对盲从,反对武断,反对迷信,与礼教毫无关系"③。兆欧则进一步提倡:今后新启蒙运动仅反对封建思想中"被敌人以及汉奸利用的那一方面",其余方面不必提及④;等到运动的收尾期,张申府将启蒙运动的理性与儒学传统中的"礼"相提并论,认为"礼者理也,礼必本乎人情,人情即是理性,'礼'不过是把情理加以条理,或说加以调理",所以儒家的"礼"与新启蒙运动的理性是完全相通的。⑤ 并且,在新启蒙者看来,这并不是复古倒退,因为"目前那些积极向我们提倡复古、守礼教、尊孔、礼佛的主要人物,一方面,是那血洗我们东北,进行吞并我们全国,而要把我们四万万同胞及其子孙陷为万劫不复的奴隶的异族劫掠者;另一方面,则正是那最无气节,无廉耻,对异族忠顺,而对同胞极残忍,极贪婪的汉奸"⑥,除此之外,"自然都是我们同生死共患难的弟兄朋友"⑦。这样一来,启蒙运动曾以反传统为动因,最后却走向了自己的反面,原有的批判理性变成了对旧传统的认同与依附,外敌及其汉奸走狗取代旧传统旧势力成了新启蒙运动批判理性的矛头指向。

伴随着批判理性的这一蜕变,旧思想、旧传统就"完美无缺"地充当起外来主义扎根中国的客观载体,使得国内已经兴起的"中国化"⑧思潮,到新启蒙运动这里,不可避免地发生了实质内涵的变异,呈现出鲜明的"儒化"倾向。

张申府在新启蒙者中较明确并且较完整地提出了以中国的既有传统为根基、促进中西文化的综合交融的"中国化"建构设想。据此,有学者就将

---

① 艾思奇:《新启蒙运动与中国的自觉运动》,《文化食粮》创刊号,1937 年 3 月。

② 江凌:《开展中国的文化运动》,《现阶段的中国思想运动》,一般书店 1937 年版,第 64 页。

③ 何干之:《新启蒙运动的争战》,载《中国现代哲学史资料汇编(第二集第六册)中国文化问题论战》,辽宁大学哲学系中国哲学史研究室编印,1982 年,第 25 页。

④ 兆欧:《五四和新启蒙运动》,《北平晨报》1937 年 5 月 4 日。

⑤ 张申府:《什么是新启蒙运动》,生活书店 1939 年版,第 40 页。

⑥ 陈伯达:《真理的追求》,新知书店 1937 年版,第 11 页。

⑦ 《吴承仕文录》,北京师范大学出版社 1984 年版,第 179 页。

⑧ 据张静如先生考证,中国化思潮发端于近代之初,形成于"五四"前后,一般是指"无论引进外国的何种学说,都要力求与中国的实际情况结合"。参见张静如:《关于"中国化"》,《党史研究与教学》2006 年第 5 期。

张申府视为马克思主义学术中国化的典型代表。但事实上，张申府的思想并没有触及中国化的实质精髓。张申府在《五四纪念与新启蒙运动》一文中指出，新启蒙运动“所要造的文化不应该只是毁弃中国传统文化，而接受外来西洋文化；也不应该只是固守本国文化，而拒斥西洋文化，乃应该是各种现有文化的一种辩证的或有机的综合。一种真正新的文化的产生，照理是由两种不同文化的接合，一种异文化（或说文明）的移植，不合本地的土壤，是不会生长的”①。显然，这里所说的“土壤”，并不是中国的国土疆域，也不是国民活生生的现实实践，而是特指以固有传统为基础的中国文化。随后，在《抗战建国文化的建立发端》一文中，张申府又再次强调：“今日建立新的文化问题，就是如何可以使得中西两方可以合拍：中国最好的东西可以保持而且光大下去，西洋最好的东西也可以真正地移植过来，融合起来”②。这里所说的“西洋最好的东西”就是形式逻辑（张申府也称之为“解析学”“分析学”）与辩证唯物论的结合体——解析唯物论。在他看来，形式逻辑和辩证唯物是现代世界的两大主潮，但二者都有弊端，“解析末流之弊是割裂破碎，辩证唯物之弊则是笼统漠忽，因此解析与唯物，实正相辅：解析而辩证唯物，可以不至于茫无归宿；辩证唯物而兼解析，也庶几免掉粗略或神秘”，二者的合流将成为未来科学法的极致。③ 但事实上，形式逻辑与辩证唯物分属唯心、唯物两大对立阵营，不可能真正合流，张申府所崇拜的西方逻辑学专家罗素早年就已做过尝试，但最终还是没有成功。但在张申府看来，罗素的失败并不证明“合流”本身的无望，而是没有重视中国传统的价值，“他看不到儒家思想有什么优点”，但在儒家思想那里确实有着解决的办法，“唯物论和唯心论是一物的两面，唯物论看不到心，而唯心论又看不到外间的实在，我的哲学对经验采取较为周延的观点，这是比较彻底的实在论，我称之为‘大客观’，因此我返回中国哲学的某些意念，特别是儒家的‘仁’和‘中’”④。在张申府这里，“仁”是人类的最高规范，“没有孔子所代表的仁，不但文化将不成其为文化，人也将不成人”，而“‘中’正是恰好切中的意思，在大客观主义下，‘中’正是价值的标准，满足这种标准，必是主客的会合”。⑤ 这样一来，以“仁”“中”为核心的儒家传统，就成了张申府解决唯物与唯心两大阵营的根本冲突，使之并行不悖地在中国传播交融的合理

① 张申府：《什么是新启蒙运动》，生活书店1939年版，第20页。

② 张申府：《什么是新启蒙运动》，生活书店1939年版，第77页。

③ 《张申府学术论文集》，齐鲁书社1985年版，第67页。

④ ［美］舒衡哲：《张申府访谈录》，李绍明译，北京图书馆出版社2001年版，第164页。

⑤ 《张申府文集》第2卷，河北人民出版社2005年版，第632、337页。

介质。该思想，与其说是马克思主义学术中国化，不如说是外来思想的儒家化、调和化，在“博大精深”的儒家传统熔炉中，即使彼此对立的理论形态也将最终“会合”。

与张申府基于内容层面的思想融合观不同，陈伯达等人更着重于外来主义与中国旧传统在形式层面上的结合。在他看来，性质不同的文化内容的融合，只会造成文化性质的扭曲，他认为，张申府已脱离了“新哲学”（也称为“新唯物论”“辩证唯物论”）的阵营，而只能算是“旧哲学界中有些倾向新哲学，而事实上不完全站在新哲学的立场的哲学家”①。陈伯达以“新哲学者”自居，力图以“新酒装旧瓶”的方式，实现新哲学的“中国化”建构。他认为：以往也有人“在文化上介绍过一些世界上划时代的著作，但还缺少自己划时代的著作”，“文化的新内容和旧的民族形式结合起来，这是目前文化运动所最需要强调提出的问题，也就是新启蒙运动与过去启蒙运动不同的主要特点之一”。② 其实，早在 1935 年，艾思奇已尝试过通俗化的创作，他曾借用“抬杠的意义”“猫是为吃老鼠而生的”等等读者耳熟能详的事例，来解读唯物辩证法问题，并结集出版成《哲学讲话》一书，后因躲避官方的查封，改名为《大众哲学》。但在陈伯达看来，艾思奇的《大众哲学》只是针对读者群体的通俗化“试作”，还没有对广大民众所熟知的旧文化形式给以重视，“关于通俗化运动，我以为利用旧形式来装进新内容，将具有特殊的效力”，因为“最广大最下层的人民群众最习惯于旧的文化形式，经过那旧形式而传播给他们以新的文化内容，新的东西，他们是最容易接受的。不怕苛刻地，同时也是实情地说，自有新文学运动以来，我们还没有一部新文学作品，可以比得上如水浒、三国志、儒林外史、红楼梦、西厢记……这类旧文学作品所在民间流行的万分之一；还没有一部新戏剧，可以比得上如目莲戏之类在民间中那样的普遍和深入动人，可以比得上旧戏那样使民间广大地感到兴趣而亲切……‘通俗化’运动如果不知道在这方面发展，那么，真正的通俗化运动，就是不会有的”。③ 陈伯达的这一思想，还在另一位新启蒙者柳湜那里，得到了进一步发挥。柳湜认为，思想界疏于旧形式的利用是一个“不可原恕的罪过”，知识精英们必须关注民众的“趣味”，研究“旧的形式中抓住观众的所在”，甚至可以“研究一切低级趣味的艺术，分析他们构成的要素，批判的去吸取可以利用的部分，去诱导群众”，“凡是街头的人要看，想要，看后还要传看，认为真是他们的东西以外，尽管世人如何大骂，那

① 陈伯达：《真理的追求》，新知书店 1937 年版，第 4 页。
② 陈伯达：《在文化阵线上》，生活书店 1939 年版，第 8、92 页。
③ 陈伯达：《在文化阵线上》，生活书店 1939 年版，第 34、69 页。

都与我毫无关系”。① 这样一来，旧形式已没有了“高级”与“低级”之分，只要能迎合民众，一切都可以采用，这就极大地提升并泛化了旧形式的现实价值，也给中国民众打上了“旧”字号标签。

可见，无论是在形式层面，还是内容角度，新启蒙者关于“中国化”建构的探索，其本质都是外来主义的儒家化、传统化，目的都是防止外敌及汉奸对中国传统的歪曲和利用。这一想法未免过于单纯，明显错估了政治形势。当时，日趋复杂的“中国”现实，已不能用一个纯而又纯的“儒家化”所能解决，日渐分化的“国民”心理，更不可能用一个被无限理想化了的“孔夫子”所能整合。到运动末期，新启蒙者曾力图与同样宣扬儒学传统的新生活运动相撮合，认为二者“都应了时代的需要”，可以“互为表里”“相辅相补”，②却被蒋介石斥责为“违反本党政策之荒谬宣传”，最终给予了“应即停止”的回应。③

## 二、“儒化”语境下马克思主义学术中国化的建构困境及反思

新启蒙思潮的儒化蜕变，用儒家传统的“国”字号标识掩盖了中国客观现实环境的本位价值，对中国固有传统的简单依附取代了对中国复杂局势的深入考察，这样一来，“中国化”所蕴含的“与中国实际相结合”被压缩成“与中国旧传统相结合”，打上了救亡场域下启蒙运动先天发育不足的历史烙印，为马克思主义学术中国化的推进，增添了诸多困境。

### （一）批判意识与保守情结的纠葛

严重的民族危机促使新启蒙者觉悟到“重新估定一切价值”的必要，“不但要批判圣经贤传，而且也要批判戊戌以来一切的启蒙思想”。④ 通过反思，他们认为：过去的启蒙运动虽然轰轰烈烈，但并未改变封建落后的现状，“德先生一直没有正式出现，是谁也看得明白的事；而那位赛先生，又因为没有发达的产业，民族资本主义就没有力量栽植它，自然科学水准因此低得可怜”⑤。以往启蒙运动所提出的任务“都是在极不彻底的状态之下停滞着了，新的文化完全说不上建立，所有的只是片段零碎的成绩”⑥。即便是

① 《柳湜文集》，生活·读书·新知三联书店 1987 年版，第 476、265 页。

② 张申府：《什么是新启蒙运动》，生活书店 1939 年版，第 26、40 页。

③ 《共党问题处置办法》，载孟广涵编：《抗战时期国共合作纪实》上卷，重庆出版社 1992 年版，第 650 页。

④ 陈伯达：《在文化阵线上》，生活书店 1939 年版，第 29 页。

⑤ 艾思奇：《论思想文化问题》，《认识月刊》创刊号，1937 年 6 月。

⑥ 艾思奇：《什么是新启蒙运动》，《国民周刊》第 8 期，1937 年 6 月。

这点艰难的成果，后来也遭到了极大破坏，一切新的东西被视作洪水猛兽加以排斥，早已打倒的“孔家店”又重新开张；某些思想著作，充满了神秘主义，贯穿了神学，白话文也一再被人视为“离经叛道”；文化黑潮极其泛滥，袁世凯当年所提倡的复古、尊孔、祭天等勾当，随着几年来国土的沦丧，又死灰复燃起来。对此，新启蒙者意识道：“中国的旧传统思想，一般地缺乏了有系统的深刻批评，而这种数千年来的统治传统思想，目前，却正成为帝国主义者和汉奸用来奴役中国人意识的有力工具。”①所以，思想文化上的批判工作并未结束，“同样的文化上的任务仍然遗留到现在，同样需要现在的文化运动来完成它，这就是为什么在旧启蒙运动之外还要再来一个新启蒙运动”②。

但是，随着运动的推进，新启蒙者又很快察觉到，在外敌入侵的强大压力下开展内部思想批判的异常艰巨性：“过去一切文化运动的直接目的，是对内而不是对外，由对内的改革以达对外的独立；如今事情却是两样，在敌人的直接猛烈侵略的处境下，已没有自己改造的余地了。”③随之，新启蒙者的思想立场也产生了动摇，批判的声音越来越弱，妥协的成分逐渐增加。在运动的倡导期，他们还号召人们“要摆脱一切传统思想的镣铐，大无畏地从事批判一切”④。到运动的发展期就改为“只要是对民族的生存有利益的话，就是对一部分封建势力携手，也是在所不惜的”，甚至可以“回复辛亥革命的救国某些特征”。⑤ 运动的高潮期，已仅仅提倡打倒封建思想中“被敌人以及汉奸利用的那一方面”⑥，其余的方面不再提及。等到运动的收尾期，则直接把新启蒙运动与提倡“四维八德”的蒋介石新生活运动捏在一块，认为新生活运动强调的“礼”与新启蒙运动倡导的“理”是完全一致的，“‘礼者理也，’‘礼必本乎人情；人情即是理性’，‘礼’不过是把情理加以条理，或说加以调理”，所以“新生活运动与新启蒙运动在根本上不但是相通的而且是相同的”。⑦ 这一蜕变，虽然在一定程度上纠正了五四时期的激进态度，但又随即陷入了保守主义的深渊。这样一来，新启蒙运动曾以反对封建复古为动因，但最后却走向了自己的反面，五四时期备受批判的封建礼教

① 陈伯达：《新哲学者的自己批判和关于新启蒙运动的建议》，《读书生活》第9期，1936年9月。

② 艾思奇：《什么是新启蒙运动》，《国民周刊》第8期，1937年6月。

③ 何干之：《近代中国启蒙运动史》，生活书店1938年版，第230页。

④ 陈伯达：《真理的追求》，新知书店1937年版，第14页。

⑤ 艾思奇：《新启蒙运动和中国的自觉运动》，《文化食粮》创刊号，1937年3月。

⑥ 兆欧：《五四和新启蒙运动》，《北平晨报》1937年5月4日。

⑦ 张申府：《什么是新启蒙运动》，生活书店1939年版，第40页。

又在新的形势下重新找到了合理化空间。

本来,批判是思想启蒙的应有之义,也是马克思主义学术中国化的必要动力。但在当时特殊的历史背景下,新启蒙者迫于形势压力,既顺应潮流又迷恋过去,既想标新立异又缺乏信心勇气。这种带有明显调和意味的理论品质,既不为革命志士所欣赏,也不会被封建势力所看重,只能在激进和保守的夹缝中艰难生存,使思想的变革缺失了应有的锐气。

(二)"济天下"与"善其身"的脱节

近代以来,知识精英们竭力发扬古代士大夫阶层的优良传统,继续遵循"内圣外王"的先师之道,力图沿着"诚意、正心、修身、齐家、治国、平天下"的传统轨迹,达成"文化"与"政治"两大价值的交融:一方面,作为知识精英,要想安身立命,就必须潜心于思想修养和文化研究,做到"独善其身";另一方面,作为民族成员,"国家兴亡、匹夫有责",又不得不忖度"兼济天下"的现实意义。面对空前严重的民族危机,精英们大力宣扬文化启蒙的济世意义和文化人士的社会责任,认为:"文化在社会一切活动中居于领导的地位",文化人士应在民族救亡中"肩负起应该肩负的领导责任",通过新启蒙的发动,就"可以不但解放了中华民族,并且可以解放了全人类"。①"新启蒙运动的成功,也就是社会运动的完成。"②进而得出:现代中国的新人生观"应该是以'治国''平天下'为'修身''齐家'的出发点"③。在抗战的严峻形势下,知识精英们仍能以"敢为天下师"的豪迈胸怀,扮演着社会启蒙者、人类"救世主"的特殊角色,并以此彰显自我的社会意义和生命价值。就其精神而言,应当承认真诚的救世者和自救者都是难能可贵的。

但是近代以来,想当精英的人太多,而真正的智者太少了。一向以"先知先觉者"自居的知识精英,在大张旗鼓地针砭时弊、济世救国的同时,却严重忽视甚至刻意掩盖了自身的缺陷,淡化了自我的反思。即使到了新启蒙运动时期,思想精英仍旧以"圣贤"自喻,认为"文化上的圣贤不但为我祖国河山生色,而且也正是我民族长存至今之重大的因素",因为他们"都表现了最崇高的德行"。④ 但实际上,当时知识精英的修养水平与"治国平天下"的雄心壮志之间还有着相当的差距。他们不能对各类文化进行细致的鉴别整理,更不能实现"创造中国的百科全书"的远大抱负;他们没有团结各界人士将新启蒙运动贯彻到底的能力和勇气,而只能坦言"只希望表现

① 张申府:《抗战一年的文化工作》,《救亡日报》1938年7月9日。

② 齐柏岩:《五四运动与新启蒙运动》,《读书月报》第2期,1937年6月。

③ 陈伯达:《新人生观的创造》,辰光书店1940年版,第52页。

④ 陈伯达:《在文化战线上》,生活书店1939年版,第84、23页。

一个潮流，造成一种风气……志同道合者的集体，固所需要，但勉强凑合，劳民伤财，诚可不必”①。他们对突如其来的历史剧变缺乏足够的准备，对中国复杂的国情尚未深刻地研究，对广大民众的世俗愿望没有切实的关注，甚至还认为“最大的文化毁灭者，正是要从那衣食太丰足的人们中间去找，而衣食感到恐慌的人群，却往往是前进的生活和文化诞生的基础”②；并且在普及与提高的关系问题上，新启蒙者为更广泛地动员民众，着重致力于通俗化、大众化的倡导，而相对降低了对情操水准的要求，认为“高尚的情操不一定是生艺术的胎”③。这样一来，精英们的修养并没有达到时代所要求的高度，也就无法以超凡的文化魅力和高尚的人格形象去引导整个社会完成由传统到现代的思想转型。

可见，知识精英们虽然具有自身的优势，但其弊端也不容忽视。精英自身的启蒙同样是非常迫切而且也是极其关键的。后来，张申府也曾意识到这一点，指出，精英们“实在应该自省、自我检讨，自我清算”④，但当时严峻的革命形势，已不可能给精英们的自我启蒙留下过多的空间和余暇。在自救与拯救的不和谐变奏中，精英们缺失了应有的感召力，包括学术中国化在内的一切呐喊就显得底气不足。正如德国哲人费希特所说，“你们都是最优秀的分子，如果最优秀的分子丧失了自己的力量，又用什么去感召呢？”⑤

### （三）精英主导与民众强势的博弈

民众的启蒙离不开精英人士的引导。事实上，近代以来，中国的历次启蒙运动正是在知识精英们的主导下发起和推动的，他们在开民智、启民风、兴民德、倡民权等方面一直扮演着不可替代的关键角色。抗战前后，面对中华民族的空前危机，新启蒙者进一步审视了国民性格的弊端，即：“无理想，无根基，无主宰，无操守，无骨气”，“动摇徘徊，模棱依违，因循泄沓，散漫弛怠，畏首畏尾，东倒西歪”⑥，当前的国难“也仅使直接被侵略地的同胞脑子起了很大的变化，其他各省的同胞的印象远不够深刻”⑦。由此得出，新启蒙者必须继续发挥自身优势，彰显“民族英雄”的权威，“站在历史前头，作为人民的向导”，中华民族的觉醒必须“由可以居于先觉地位的文化工作者

① 张申府：《什么是新启蒙运动》，生活书店1939年版，第41页。

② 艾思奇：《目前中国文化界的动向》，《现世界》创刊号，1936年8月。

③ 艾思奇：《新哲学论集》，读者书房1936年版，第102页。

④ 张申府：《知识分子与新的文明》，载蔡尚思主编：《中国现代思想史资料简编》，浙江人民出版社1982年版，第720页。

⑤ ［德］费希特：《论学者的使命　人的使命》，梁志学译，商务印书馆1984年版，第45页。

⑥ 张申府：《什么是新启蒙运动》，生活书店1939年版，第189页。

⑦ 柳湜：《国难与文化》，黑白丛书社1937年版，第66页。

为之表率,为之先驱"①,"中华民族之所以存在,所以衰而复振,亡而复存,正是受他们(注:英雄)之赐的"②。这样一来,新启蒙思想就带有了明显的英雄主义倾向。

然而,另一方面,精英又不可能脱离民众,精英的主导地位也只能在启蒙民众、教化民众的过程中才能得以最终体现。为此,启蒙精英们开始积极主张放下身架,走出亭台楼阁,走向街头巷尾,在普通民众中寻找自己思想的拥护者,借以实现"化大众"的使命。这一转变无疑为阶层的互动沟通、新思想的普及推广带来了新的契机。但是,后来形势的发展却把这一转机推向了极端:"化大众"变成了"大众化"。随着日寇侵华野心的膨胀,中华民族被逼到了生死存亡的紧要关头。这种情况下,为保证抗战的胜利,就必须充分激发民众身上蕴藏的全部活力,人们逐渐意识到全民抗战的至关重要性,民众才是抗日救亡的力量之源、胜利之本。随之,广大民众特别是农民阶级的地位被提升到前所未有的历史高度:"拿未曾改造的知识分子和工人农民比较,就觉得知识分子不干净了,最干净的还是工人农民,尽管他们手是黑的,脚上有牛屎,还是比资产阶级和小资产阶级知识分子都干净……知识分子出身的文艺工作者,要使自己的作品为群众所欢迎,就得把自己的思想感情来一个变化,来一番改造。"③并且把是否"大众化"作为评判文化阶层革命与反革命的唯一标准。于是,新启蒙者提出,要动员民众首先必须自身切实成为民众,由专家的生活改变成群众的生活,由城市的工作转入了乡村的工作,"与其集中在一个高峰上,让四面八方当做特殊人物来仰望,倒不如变成一个平凡的人,变成农民、难民、商人……"④

毋庸置疑,民众是一切思想变革的主体,大众化也是马克思主义学术中国化的必要途径。但值得注意的是,在新启蒙者那里,"大众化"已不再是思想理论层面的普及问题,而是已经远远超出了文化层面,上升到了阶级属性的高度。这种情况下,知识精英们为了避免被打上资产阶级或小资产阶级的烙印,不得不融入工农之中寻求自己的立命之地。之后,在"彻底大众化""永远成为农民"的一片喧嚣声中,精英们逐渐丧失了自信和独立精神。于是,"化大众"演变成了"大众化",文化的"大众化"又转化为人的"大众化",知识精英既然失去了合法性基础,就很难实现与民众的良性互动,马克思主义学术中国化也就难以获得广泛的社会认同。

---

① 张申府:《什么是新启蒙运动》,生活书店1939年版,第114页。

② 陈伯达:《新人生观的创造》,辰光书店1940年版,第46页。

③ 《毛泽东选集》第三卷,人民出版社1991年版,第851页。

④ 艾思奇:《文化在抗战中》,《抗战三日刊》第6期,1937年9月6日。

### （四）个性解放与民族觉醒的失衡

新启蒙运动发动伊始，倡导者就极力反对一切束缚、宣扬个性的完全解放。新启蒙者认为："每个社会层或每个人的思想，都和他们的经济背景有关"，各自的背景是不同的，由此产生的思想也必定是各式各样的，所以，思想启蒙的"有效的途径"就是"要求每个人的思想不受束缚，能自由的思想"，"要他们爱想什么就想什么，爱怎样想就怎样想"。① 为此，必须反对一切形式的外在束缚，右的束缚就是复古、尊孔、迷信、读经，它们正在侵蚀着人们的思想，而且在被敌人、汉奸利用作为民族奴役的工具，"我们要和过去启蒙思想家一样，反对吃人的旧伦理和旧教条"②；左的束缚就是"公式主义"、思想上的性急病，公式主义的存在，把实践的文化运动的多面性弄成死板的公式、无实践内容的东西，它们"装着最前进的面貌，动辄以出卖、投降来中伤统一救亡的工作者，在思想沉闷的苦痛时代，性急的青年朋友是容易不知不觉地中了他们的圈套的"③。因此，当务之急就是要解除一切思想的桎梏，"回到自己的天真，认识自己的愿望，树立起自己的意见"④，就是实现文化领域的"绝对"自由。要发动全民族共同抗战，"我们首先要把全民族从新旧麻醉的桎梏中解放出来，这便是我们新启蒙运动的主要任务"⑤。

如果说，个体价值的张扬是当年"五四"启蒙的典型特征的话，那么，在新启蒙运动那里就未免显得过于理想化，毕竟抗战时期的民族危机与五四时期相比已不能同日而语。在民族大义面前，新启蒙者转而意识到：个性的宣扬已不合时宜，只有尊重民族的大局才能赢得启蒙的空间。随之，"民族至上"的呼声逐渐超越了"个性解放"而成为新启蒙时期最响亮的口号。新启蒙者纷纷表示："全民族今日所普遍受到的是生与死的威胁，在生与死的最后交界线中，我们要考虑民族的自觉……我们只有走上爱国主义的一途，此外，再没有第二条路可走了"⑥，"我们自己要不乱用一分力量除开为了我们的民族，我们耻于滥费一分力量为自己个人"⑦。"启蒙思想不是别的，乃是救中国的思想。"⑧如何才能爱国救亡呢？新启蒙者认为必须以统一抗战

① 夏征农：《现阶段的中国思想运动》，一般书店 1937 年版，第 43 页。
② 陈伯达：《思想无罪》，《读书月报》第 3 期，1937 年 7 月。
③ 艾思奇：《论思想文化问题》，《认识月刊》创刊号，1937 年 6 月。
④ 蒋弗华：《青年思想独立宣言》，《学生与国家》第 1 卷第 3 期，1936 年 10 月。
⑤ 齐柏岩：《五四运动与新启蒙运动》，《读书月报》第 2 期，1937 年 6 月。
⑥ 何干之：《近代中国启蒙运动史》，生活书店 1938 年版，第 230 页。
⑦ 柳湜：《国难与文化》，黑白丛书社 1937 年版，第 74 页。
⑧ 陈伯达：《思想无罪》，《读书月报》第 3 期，1937 年 7 月。

为中心,实现思想文化的军事化:当前,“不但生活行动应该军事化,实在,思想精神也应该军事化起来”①。新启蒙者还大力倡导“文化人士从军”,鼓励知识精英走上前线,直接融入战争,发扬民族气节,勇于自我牺牲,评价国人是否具有民族气节,就是“看其能否牺牲私意,牺牲小我”②。

应该说,在当时,新启蒙运动把民族解放作为首要任务,是对中国国情的必然反应,顺应了客观形势的要求,无疑有它的历史合理性。但如果据此将民族利益与个体价值对立起来,忽略个性解放的合理根基,那就违背了启蒙运动的初衷,重新陷入了新的思想桎梏。因为降低了自由民主的现实意义、缺失了“小我”利益的动力支撑,马克思主义学术中国化所必需的生动活泼的良好氛围也就大打折扣。

(五) 爱国联合与权威缺失的偏颇

为配合民族统一战线的发展,新启蒙者大力倡导民族救亡前提下思想领域的广泛联合,联合的原则就是“宽容,宽容,第三个还是宽容”③。在这一原则的指导下,一切具有爱国意义的思想成果,“不论是资本主义的文化要素也好,封建的文化要素也好,不论是实验主义也好,社会主义也好,只要你所发挥的是有用美点,都竭诚欢迎你到这运动中来”④。一切思想流派,只要他们拥护抗日,参加民族救亡,新启蒙运动都不排斥他们,“我们要和一切忠心祖国的分子,一切爱国主义者,一切自由主义民主主义者,一切理性主义者,一切自然科学家……结成最广泛的联合战线。”⑤例如:有些人不愿意反对孔子,不反对宗教,却愿意传播爱国的思想,新启蒙运动就视他们为联合的对象;有的人在某些问题上表现为非理性主义者,但在另一些问题上又表现为理性主义者,新启蒙运动仍会欢迎他;有的人对于爱国运动的直接参与不很积极,但却仇视愚民的传统思想,反对神道邪教,反对复古,反对独断和盲从,这就是间接地帮助了救亡运动,新启蒙运动同样团结他们;即使有的人主张中国需要“本位救国”,只要他们真正力图保卫祖国、挽救国难,新启蒙运动仍把他们看做是爱国行列中的一员。各文化人士“不拘成见,不分畛域,不论新旧,摒绝破坏分子的挑拨离间”⑥,在民族抗战的大旗下,实现思想界的空前团结。这无疑有利于抗战力量的广泛动员。

---

① 张申府:《什么是新启蒙运动》,生活书店 1939 年版,第 52 页。
② 陈伯达:《新人生观的创造》,辰光书店 1940 年版,第 15 页。
③ 柳湜:《国难与文化》,黑白丛书社 1937 年版,第 74 页。
④ 艾思奇:《中国目前的文化运动》,《生活》星期刊第 19 期,1936 年 10 月。
⑤ 陈伯达:《论新启蒙运动》,《新世纪》第 1 卷第 2 期,1936 年 10 月。
⑥ 陈伯达:《在文化战线上》,生活书店 1939 年版,第 95 页。

但是,新启蒙运动在倡导广泛联合的同时,却忽视了思想领域必需的核心统帅和必要斗争。新启蒙者反对拿某种主义来统一思想界的立场,“对参加这个思想运动的各思想不同的个人和派别,并不要求其放弃各自的基本思想或立场,马克思主义者也好,自由主义者也好,尽管保持各自的立场,从这些立场上说话”①。新启蒙者认为,“启蒙运动的意义其实并不在谁主导的问题,而在于运动本身的性质和任务的问题”②。“大家不必强求领导权,更不必作无谓的争夺”③。启蒙运动“不应提出什么思想的标准”,“我们要使一个人对腐烂的思想的动摇、舍弃,但我们并不希望他盲目的来相信什么”。④

实际上,当时新启蒙者已经开始了对唯物主义、辩证法的研究,并且提出了“解析唯物论”“动的逻辑”等独到见解。但是,新启蒙者的这些理论,还仅仅是作为发动新启蒙运动的理论工具,并没有借助大众启蒙的时机,进行广泛的马克思主义宣传,更没有升华为整个抗战文化界的思想核心。相反,新启蒙者把任何理论权威都看做是外来束缚,“应该废止思想上外来的权威,思想应该从外来的权威独立起来,一切关于思想的外来镣铐都不应存在”⑤。甚至还认为,现阶段,唯物论的提倡只能破坏文化界的团结,“我们在这运动中固然要批判,但批判在此时此地是不必抬出唯物论的”⑥。这就使思想理论界失去了一次接受马克思主义洗礼的良机。

新启蒙者曾坚信,有了中国传统的复归和儒化的建构,就能够唤醒国人的历史记忆、实现中华民族的团结凝聚。但这一设想明显不合时宜。早在1932年,瞿秋白就在《五四和新的文化革命》一文中指出:“五四”启蒙时代已经结束,“新的文化革命已经在无产阶级领导之下发动起来,这是几万万劳动民众自己的文化革命,它的前途是转变到社会主义革命的前途”⑦。1937年,毛泽东也在《论鲁迅》一文中指出,“我们现在需要造就一大批为民族解放而斗争到底的先锋队,要他们去领导群众,组织群众,来完成这历史的任务”,这些先锋队必须“站在无产阶级与民族解放的立场,为真理与自由而斗争”,必须“用望远镜和显微镜观察社会”,才能“看得远,看得真”。⑧

---

① 夏征农:《现阶段的中国思想运动》,一般书店1937年版,第8页。

② 艾思奇:《论思想文化问题》,《认识月刊》创刊号,1937年6月。

③ 何干之:《近代中国启蒙运动史》,生活书店1938年版,第241页。

④ 柳湜:《国难与文化》,黑白丛书社1937年版,第68页。

⑤ 陈伯达:《思想的自由与自由的思想》,《认识月刊》创刊号,1937年6月。

⑥ 江凌:《开展中国新文化运动》,《国际知识》创刊号,1937年5月。

⑦ 《瞿秋白文集(政治理论编)》第7卷,人民出版社2013年版,第519页。

⑧ 《毛泽东文集》第二卷,人民出版社1993年版,第42—43页。

瞿秋白、毛泽东等中共领导人的上述论断，已反映出一个不可忽视的事实：在半殖民地半封建的中国，思想运动的阶级性是客观存在的，一切试图超越阶级、无限包容的完全普世意义上的理论建构努力，都是不可能成功的。新启蒙运动无论怎样冠以“新五四运动”的名号，但事实上仍未超出旧思想运动的范畴，限于主客观因素的制约，还没有、也不可能充分认识到日益勃兴的中国新趋向、新形势。

全面抗战爆发后，随着北平、上海等文化中心的沦陷，新启蒙运动也渐入尾声，虽然仍有人不忘新启蒙口号的倡导，但已是声音寥寥，难以激起太大的波澜。之后，新启蒙者陆续迁往延安、汉口、重庆等地，在各自崭新的现实环境中，开始了关于中国问题的重新思考。

陈伯达、艾思奇等人到达延安后，有感于革命圣地的切实体验，逐渐融入“延安人”的范畴之中。陈伯达体会到：在延安，“生活如此丰富，马克思列宁主义的方法又如此锐利，任何人只要稍为努力，都可以得到一定的成就”，以往的文化人士简直都是“思想浅薄的人”，今后的注意力应“从古代转向现实生活”。① 艾思奇则更深刻地意识到边区文化的“全国”意义：“现在边区的文化，不仅它本身各方面的大大提高足以为全区模范，就是对全国来说，边区的文化发展的成筑不论在军事、政治上或文化本身上都表现了很大的推动作用”，边区先进文化的发展，“使边区政权当局有可能把握到正确的社会科学的方法原则来看一切政治和文化的问题，有可能对于抗战建国斗争的发展规律和文化运动的发展方向获得正确的认识，有可能正确而彻底的决定并实施三民主义的政治纲领和新民主主义的文化政策，有可能在政治和文化的理论指导上成为全国的推动核心”。② 这些话语，已清楚地表达出陈伯达等人对延安解放区这一未来“中国”的极大认同，并随之激发了他们对旧中国旧传统的反思以及“中国化”问题的审视。

艾思奇在《论中国的特殊性》一文中提出，在以往的思想运动中，“所谓中国的国情、中国的特殊性，不外就是落后的、垂死的、旧的、封建或半封建的中国，而不知道（或故意抹煞）除此之外还有一个正在诞生中的新中国”，今后的思想运动“不能在落后的半封建的状态下保持自己民族的独立自主”，而应该发展为“新的革命运动”即“推翻死的旧中国，建立近代的新中国”。③ 陈伯达则主张，对传统的重估，必须坚持马克思主义阶级观，因为“代表人类全部的永远的历史利益的，却公开承认自己的阶级性和党性，好

① 叶永烈：《陈伯达传》，作家出版社1993年版，第191、188页。

② 艾思奇：《论文化和艺术》，宁夏人民出版社1982年版，第84、86页。

③ 艾思奇：《论中国的特殊性》，《中国文化》创刊号，1940年2月15日。

像小而实在大；而代表人类部分的旧时的历史利益，却拒绝承认自己的阶级性和党性，好像大而实在小”①。1943年，蒋介石的《中国之命运》出炉后，艾、陈二人更加意识到新旧斗争的严峻性，他们在随即撰写的《评〈中国之命运〉》一书中，对蒋氏的欺骗言辞进行了反诘。他们指出：“中国从来显然有两种文化传统的思想：一种是民众的、革命的、光明的；一种是反民众的、反革命的、黑暗的……反动派想取消前一种传统，保留后一种传统，而我们则正相反”，“只有中国共产党才能掌握真正适合中国国情的理论知识，才能自诞生以来领导中国人民连续不断地进行了三次惊天动地的革命事业，才能坚持抗战到今天，并在各根据地建立了新的三民主义的中国……铁的事实已经证明，只有毛泽东同志根据中国的实际情况发展了的和具体化了的辩证法唯物论，才是能够把‘中国之命运’引到光明前途去的科学的哲学，才是人民的革命的哲学”。② 后来，《评〈中国之命运〉》一书，还一度被中共中央总学委所推崇，指定为各单位必读的学习教材。这意味着，经过延安新环境新实践的熏陶与磨炼，陈伯达等人已在新与旧的鉴别之间充分体察到中共在未来新中国建构中的主导地位，开始了由启蒙构思向现实路径选择的重要转变，这一转变也已得到中共高层的充分认可。

与延安陈伯达等人鲜明的思想态度相比，奔赴重庆的张申府，则仍然保持了较为温和的启蒙立场。张申府否认新启蒙运动已经结束，他认为：“曾经盛极一时的新启蒙运动，现在是没什么人在谈了”，但“新启蒙运动本是一个客观潮流，现在事实上，这个潮流，不管有人谈没人谈，并没过去，现在事实上，新启蒙运动是仍在不声不响地稳健稳重地在进行着”③。此时，他虽然也对中国旧传统提出了“扬弃”的立场，认为：“所谓扬弃的意思，乃有的部分要抛弃，有的部分则要保存而发扬之，提高到一个更高的阶段”④。但他仍然热衷于“三流合一”的文化综合观的倡导，与抗战前夕的不同之处只是，此时已在三大流派之前明确冠以了代表人物的名号：“我始终相信，孔子、列宁、罗素是可合而一之的，我也始终希望，合孔子、列宁、罗素而一之，如此不但可得新中国哲学，如此而且可得新世界学统。孔子代表中国古来最好的传统，罗素代表西洋历来最好的传统，列宁代表世界新的方在开始的传统……三者之间，不但并无敌对冲突，三者之间而且正待相补相充……

① 陈伯达：《人性·党性·个性》，《解放日报》1943年3月27日。

② 陈伯达等：《评〈中国之命运〉》，华北新华书店印行，1949年，第24、61页。

③ 《张申府文集》第1卷，河北人民出版社2005年版，第402页。

④ 《张申府文集》第1卷，河北人民出版社2005年版，第304页。

合孔子、罗素、列宁而一之的新体系定是新世界中的新中国的新指标、新象征”①。他还连篇累牍地为《新华日报》撰稿，既在一定程度上附和了中共的文化方向，但又显现出模棱两可的政治立场，声称“我写的东西总是我所能写的东西，我所说的话总是我所愿说的话”，还希望《新华日报》“办得不仅仅是党报，而且是天下人的报”。② 他也曾主张，文化人士应具有“开朗的态度、明白的头脑、明亮的心胸”③，但又从不拟定具体的标准，相反认为“人要认真，也不太认真，太认真者不容一点恶一点毛病，这在今日，还是作不通的”④。

但是，不可忽视的是，新启蒙运动落幕之时，正值抗日战争的相持阶段。此时，国内民族危机虽未解决，但阶级矛盾已经明显激化，包括思想文化在内的各个领域都已展现出新旧两个“中国”的酝酿与较量，斗争复杂的程度，已远非新启蒙运动发动之时所能比拟。在该形势下，张申府仍淡化阶级立场，固执于“三流合一”的调和姿态，就难免显得不合潮流，也必然招来原启蒙阵营内部乃至中共高层方面的诸多指责，后来也不得不作出了“态度暧昧”“立场原则不坚定”“敌我分明不清”“与党的路线不能配合”以致“混乱了战线，漠忽了视听，使一些青年们迷失了方向”⑤之类的忏悔。毛泽东已明确指出：“中国是向前的，不是向后的，领导中国前进的是革命的根据地，不是任何落后倒退的地方。”⑥该形势下，启蒙人士更应审时度势，依托真正合乎时代潮流的阶级力量，投身于现实的斗争实践之中，才能真正认清中国国情的本质，促进马克思主义学术中国化的合理建构。

## 第三节　中共南方局的理论引领

中共南方局成立于1938年，作为中共中央派驻国统区的领导机关，统领中共在国统区的具体事务。针对国统区思想界的复杂状况，中共南方局在分析辨别各派观点的基础上，积极引介和宣传延安解放区的最新理论成果，并结合国统区的斗争实际，形成了比较完整的理论体系，一定程度上矫正了国统区思想界的发展路向，也进一步丰富了马克思主义学术中国化的

① 《张申府文集》第1卷，河北人民出版社2005年版，第434页。
② 《张申府文集》第1卷，河北人民出版社2005年版，第453、458页。
③ 《张申府文集》第1卷，河北人民出版社2005年版，第362页。
④ 《张申府文集》第1卷，河北人民出版社2005年版，第454页。
⑤ 《张申府文集》第1卷，河北人民出版社2005年版，第722页。
⑥ 《毛泽东选集》第三卷，人民出版社1991年版，第876—877页。

理论内涵。

## 一、关于民族主义立场的辨析

在民族危机空前严峻的形势下,任何思想理论的研究和建构都必须以民族主义为主题,以民族觉醒为使命。南方局指出:"中华民族是处在被压迫民族的地位,他要从国际帝国主义的压迫下自求解放,尤其在今天,他要从日本帝国主义的铁蹄下,自力更生,从抗战中达到解放之路。所以'民族至上'的口号就等于民族利益高于一切,他是被用来动员全中国被压迫民族向着主要的民族敌人——日寇,作生死存亡的决斗的。在这个意义上,一切个人利益,阶级利益,党派利益,都应该服从总的民族利益。为民族利益而奋斗而牺牲,是中华儿女今天最光荣最主要的任务。"①《新华日报》也发表社论指出:"中国目下在神圣的抗战之中,抗战的目标是根绝野蛮反动的法西斯侵略,和争取中华民族的自由解放,在这前提之下,我们要建设的文化必然的是为中华民族的自由解放而斗争的文化,也必然的是反法西斯的自由民主的文化。"②

在民族使命的推动下,周恩来等南方局领导人进行了重要的理论探索,在继承和发扬孙中山三民主义基本精神的基础上,提出了较为系统的民族主义理论。

### (一)坚持完整的民族主义

周恩来等南方局领导人从内、外两个方面科学完整地界定了民族主义的时代内涵:

中国的民族主义在对外方面可以归纳为三个方面:"第一、正因为我们要自求解放,所以对于日寇侵入中国,我们主张抗战到底,决不在敌人威力之下屈服,决不在敌人挑拨之下分裂,决不在敌人利诱之下妥协投降。只有这样,我们才算是不出卖民族利益……第二、正因为我们反对别人侵略,所以我们也反对侵略别人,这一方面说明中华民族在自求解放的抗战中,并无侵略别人(连日本在内)野心,另一方面又说明中国民族也反对别的帝国主义侵略其他国家,压迫其他民族之非正义的行动……第三、正因为我们要联合世界上以平等待我之民族,所以必须弄清什么民族能以平等待我,并须弄清我们怎样以平等待人。以平等待我的民族,必须他自己不是侵略别人依靠殖民地为生的国家,必须他自己有鲜明的反对

① 周恩来:《民族至上与国家至上》,《新华日报》1941年6月15日。

② 《文化建设的先决问题》,《新华日报》1943年11月11日。

侵略别人同情被压迫民族的国策，必须他与中国有着传统的平等友谊，而且证明给中国人民看，他曾经是现在也是将来必是赞助中国革命最力的友人。”总之，“不出卖民族利益，不让人家牺牲中国民族利益，不侵犯别的民族利益，也同情别的民族自求解放，更平等的尊重民族间的彼此利益，这便是国际间真正的民族平等，也就是孙先生民族主义在对外方面的精华”。①

中国的民族主义，在对内方面应体现为四个方面：“第一、正因为中国境内各民族应一律平等，所以我们主张尊重各民族间的风俗习惯，语言文字，历史宗教，并尊重他们自己的领袖干部和一切人材，尤其要反对我们汉族中的藩属观念和自大主义，然后才能更有力的动员他们联合一起，共同抗战；同时我们更主张承认各民族的自治权和自决权，而不是简单的称少数民族为边民，然后才能更有力的取得他们同意，共同努力于中国民族的解放事业……第二、正因为中国各阶级应合作对外，所以我们主张除汉奸外，全中国人民都应团结起来，共同抗日。就连汉奸除绝对坚决不愿悔悟者外，都应争取之，宽恕之……第三、正因为中华民族在历史上，是能自立能奋斗的民族，所以我们主张只要发动抗战，中国人民的民族意识必空前的增涨，中国人民的抗战意志，必前仆后继，至死不屈，中国人民的胜利信心，必愈因敌人的失道寡助而积久弥坚，中国人民的奋斗苦干，必愈因不断的困难需要克服而愈显其坚忍不拔……第四、正因为中国的民族道德民族气节应该发扬光大，所以我们主张民族传统的忠孝仁爱信义和平，便应该大大发扬，尤其是礼义廉耻，更是民族气节之所系，必须不折不扣的实行。忠孝施于国家民族，仁爱施于同胞，信义施于友邦，和平施于人类，这都是最高的道德标准，但我们并不能因此不分清敌我友恶。对敌人，要集中火力去攻击；对自己，要紧严抗战的阵线；对朋友，要明辨，要争取；对恬恶不悛的人，要戒备。”总之，“民族平等、阶级合作，自立奋斗、守道德、重气节，这便是孙先生民族主义在对内方面的精华”。②

（二）辨别各种认识误区

南方局认为，要正确把握民族主义的科学内涵，必须排斥各种错误思想的干扰，具体来说，就是要辨别和澄清以下三个方面的理论误区：

其一，民族主义不同于法西斯民族侵略主义和种族主义。法西斯蒂“主张用暴力来达到他们所诉求的目的，他们反对民主和自由。他们极力

① 周恩来：《民族至上与国家至上》，《新华日报》1941 年 6 月 15 日。

② 周恩来：《民族至上与国家至上》，《新华日报》1941 年 6 月 15 日。

作武断宣传，自称为国家社会主义，口头反对资本主义；虚构以罗马帝国和大日耳曼第三帝国以启发国人夸张领土奴役异族的野心；偏执狭隘的自高自大的种族成见，这一点纳粹走得更远，直截了当的首先反对犹太人、反对天主教、反对自由主义的文化与科学而要创造德国的科学……法西斯主义就是黑暗野蛮的统治阶级向民主自由和劳动群众施行的最残酷的进攻；法西斯主义就是疯狂猖獗的反动和反革命；法西斯主义就是横行无忌的民族侵略主义和强盗的战争；法西斯主义就是爱好民主自由的人们和劳动群众的死敌！”①由于我们进行的救亡是和全世界正义人民的根本利益结合在一起的，所以，“我们的民族文化决不能混同于自大排它，企图造成所谓‘民族的优越感’来奴役其他民族的‘种族本位’的文化，在全世界人民反法西斯的正义战争已经到了决胜关头的今天，自大排它的种族本位的‘民族文化’和自甘菲薄于殖民地人民地位的努力文化同样的应该加以清算”②。我们反对法西斯主义的民族观念，因为“他们认为只有他们自己的民族是统治世界的特殊民族，而其他民族都是被统治者”；我们也反对其他帝国主义的民族优越观念或人种优越观念，因为“他们认为被他们统治的殖民地半殖民地的民族或其国内的有色人种，都是劣等民族，或将被淘汰的人种”。③这两种观念，与我们倡导的民族主义，是格格不入的。《新华日报》还以苏联和德国出兵波兰为例，进一步阐明民族主义与种族主义的性质差异：“苏联出兵波兰，是在波兰国家崩溃，统治阶级把人民遗弃以后，苏联不得不出兵援助波兰境内的同胞。苏联出兵的目的是援助波兰民族，是民族主义；德国出兵目的是侵略波兰，是种族主义。”④

其二，民族主义不排斥民权的伸张和民生的改善。南方局领导人指出：“我们系进行正义的民族革命战争，这是实践和扩充中山先生在辛亥革命已获胜利的民族主义。为着争取这一民族革命战争的胜利，须动员全民和团结各种抗日力量，这就要实行民主，这也就是把中山先生在辛亥革命未能实现的民权主义付之实施”⑤；为保障民权的实现，“我们提议和要求在目前抗战期中政治的民主，至少限度应做到：承认各抗日党派的合法地位，容许各抗日团体的合法活动，保护各抗日书报书店的出版发行和营业的权利，扩

---

① 董必武：《联合起来扑灭法西斯蒂》，《新华日报》1941 年 8 月 1 日。

② 《文化建设的先决问题》，《新华日报》1943 年 11 月 11 日。

③ 周恩来：《民族至上与国家至上》，《新华日报》1941 年 6 月 15 日。

④ 《新华信箱：解答王大权〈苏联为什么同法西斯德国签订条约并出兵波兰〉》，《新华日报》1939 年 10 月 12 日。

⑤ 董必武：《辛亥革命三十周年》，《新华日报》1941 年 10 月 10 日。

大国民参政会及省县参议会的权限,筹备真正的普选的民意机关,并禁止特务机关的非法逮捕"①。民生问题也不容忽视,"中国广大的劳动群众处于恶劣的生活条件下,他们整天的痛苦于自身生活和家庭生活的牵累,这正妨碍他们大量的动员起来参加抗战,只要他们的生活得到相当的解决,这更能动员他们起来参加抗战",所以,必须"把动员参战与注意民生正确的配合起来"。②

其三,民族主义并不抛弃国际主义。南方局认为,民族主义与国际主义并不冲突,"国际主义者在中国必须坚决实行中国民族主义,才能使中华民族得到独立解放,走上国际舞台。同时,中国的民族主义者,必须同情和联合国际主义的运动,才能共同打倒国际帝国主义的统治,求得国际上真正的民族平等,中华民族的彻底解放"。认为,中国应积极支持世界各国的解放运动但不妨碍别国民族利益:"我们必须同情于其他民族国家的独立解放运动;这不仅朝鲜、台湾的反日运动,巴尔干非洲民族国家的反德意侵略,我们应该赞助,便连印度、南洋等地的民族解放运动,我们也应同情。固然我们应该集中和争取一切反日的力量,反对我们主要的敌人,同时我们也应警惕南洋印度等地被压迫民族不要中日寇之计,为他利用的工具,但我们决不能站在这些被压迫民族的宗主国方面,要他们牺牲民族解放的利益,一味的为帝国主义利益服务,这,不仅不近人情,而且置我们民族利益于何地?!"③我国的抗战,"一方面是为求我国的独立与自主,同时又一方面也是反抗世界法西斯侵略,保护民主,保护世界正义与和平"④。同时还主张中国应努力谋取外国支援但又要防止沦为别国附庸:"我们要自求解放,所以我们民族独立解放的命运,决不能依附于别的国家。我们在独立自主的民族解放立场上,并不拒绝外援,而且争取外援,但我们决不能因为需要外援,便放弃我们进行民族解放战争的立场,而介入或附属于世界帝国主义的争夺战争中去"。国际主义"不仅不能损害我们民族独立的利益,而且要在这个运用和配合上,取得和奠定中华民族从一切侵略和压迫下完全解放出来的始基。如果有些国家完全站在日寇方面帮凶,我们反对。如果有些国家更想引诱中国利益而与日寇妥协,我们也反对;如果有些国家更想引诱中国为他们火中取栗,如过去日寇及德意劝我们加入三国反共同盟一样,我们更反对。只

① 周恩来:《民族至上与国家至上》,《新华日报》1941年6月15日。
② 凯丰:《动员全体人民参加抗战》,《新华日报》1938年10月19日。
③ 周恩来:《民族至上与国家至上》,《新华日报》1941年6月15日。
④ 董必武:《"七七"抗战五周年》,《新华日报》1942年7月7日。

有这样,我们才能够不牺牲民族利益”①。

可见,南方局阐释下的民族主义理论已经突破了孙中山时期的思想局限,而发展到相当完备的程度,既为中国的民族解放事业指明了科学航向,也为蓬勃发展的马克思主义学术及其中国化运动奠定了坚实的理论基石。

## 二、关于现实主义作风的阐释

抗战爆发后,严峻残酷的现实逐渐改变了思想理论界的视野,以往超脱浪漫的创作风格已很难引起社会的共鸣。适应新形势的需要,中共南方局开始在理论界大力倡导现实主义作风,以此推动中国化理论建构的进程。

南方局组织了大批党内知识精英,利用《新华日报》《救亡日报》等媒体对现实主义进行了科学阐释与宣传,为理论界的创新探索指明了方向:

### (一) 坚定现实主义的可行性

中共南方局经常借纪念日或祝寿会之机,以文化巨匠为榜样典范,来阐明现实主义的可行性。在郭沫若50寿辰庆祝会上,周恩来阐述了郭沫若由革命浪漫主义向现实主义转变的伟大历程,指出:郭沫若本是一位浪漫主义者,“当‘五四’觉醒时期,当创造社草创时期,他的革命热情奔放,自然还带着很浓厚的浪漫谛克,这正是当时知识青年的典型代表……四年多抗战,不论在他的著作上,在他的行动上,都可看出郭沫若仍然是充满着革命热力,保有着当年热情的郭沫若。可是时代究竟不同了,客观的事实不断地教训着我们充满了革命热情的郭先生,于是郭先生有时竟沉默起来了。革命的现实主义久已代替了革命的浪漫谛克主义,郭先生已到炉火纯青的时候了”②。

在茅盾50寿辰纪念会上,王若飞赞扬了茅盾的现实主义作风,认为:“茅盾先生的创作事业,一直是联系着和反映着中国民族与中国人民大众的解放事业的”,茅盾的最伟大之处“正是他的创作反映了中国大时代的动态”,“为中国的新文艺探索出一条现实主义的道路……这道路是茅盾先生的创作道路,是他一直到今天还坚持着而且实践着的道路”。③ 同日,《新华日报》还发表社论《中国文艺工作者的路程》进一步称赞了茅盾爱憎分明的现实观:“他活生生地揭破了那些破落了的农村的可怕情景,他用怆然不能自持的心情,刻画了农村、小城市乃至都会穷人区域里的那些曾经为人的动

---

① 周恩来:《民族至上与国家至上》,《新华日报》1941年6月15日。

② 周恩来:《我要说的话》,《新华日报》1941年11月16日。

③ 王若飞:《中国文化界的光荣　中国知识分子的光荣——祝茅盾先生五十寿日》,《新华日报》1945年6月24日。

物，他也常常带着怜悯的温情，鞭挞和嘲笑了他所熟悉的那小圈子里的人物……可是看，当他的笔接触到大地主、大买办、大银行家的时候，他的态度是如何的酷烈，他的心又是如何地充满了憎恶与愤怒啊！这是清清楚楚的是非，这是明明白白的爱憎，这是一个有进步世界观的现实主义作家的严正态度。"呼吁：理论工作者继续沿着茅盾的足迹，发扬现实主义作风，"用更大的努力来走这段光荣而艰险的路程"。①

（二）把握现实和现实主义的全面性

在中共南方局引领下，国统区知识精英对客观现实的认识已经照顾到光明和黑暗两个方面。茅盾指出："必须表现生活的整体，而不是片面；人生现实是光明与黑暗交错的，生活的每一角莫不是革命与黑暗交错着的，单写了光明，不现实，单写了黑暗面，也不现实；光明多于黑暗的场合如果强调了黑暗，即为不现实，正和黑暗多于光明的场合如果强调了光明同样的不现实。"②"现在这世界，到处展开了善与恶的斗争，前进与倒退的矛盾，光明与黑暗的激荡，这就是现实。单单挑一面来写，就非现实"，所以，创作"要表现出善与恶如何斗争，前进与倒退如何矛盾，光明与黑暗如何在激荡，然后能发生教育作用。"③《新华日报》也发表了苏黎的文章《鸵鸟》，对思想理论界的"鸵鸟主义"进行了批判："当鸵鸟遭遇追捕，无法脱身的时候，便纳首于草丛石隙中，双目一闭，泰然自得，以为天下从此无事。这种逃避现实的盲目策略，扩大其运用到文化领域以内，就形成了近来喷得颇为热闹的'不描写黑暗'。"指出："把描写黑暗作为改造现实的起始，大概不会错到哪里去的。从社会上阴暗的角落或光华辉目的幕后，拖出罪恶、专横与残暴，用硃红的笔点在它们的名字上，使其无所逃于天地之间，终于绝灭于十目所视，十手所指之下；其功用，亦正不减于在人世间播散一些温暖与友爱，因而装点了光明。"因为二者都是现实中密切相连的组成部分，"要在黑暗与光明之间，划出一条绝对的界限，从形而上学的观点看虽尽有此可能，然而要做到这一点，事实上是颇为困难的。在黑暗中包含着光明，在光明中包含着黑暗。不从其内在的关联上去观察，而徒横加割裂，个别地、孤立地去索解，那是既不能看到真正的光明，也看不到黑暗。""鸵鸟主义"者"不敢正视现实的黑暗，于是索性任其扩展阴影，而自己则引领于未来的光明幻想为满足；自身固终不免仍为黑漆一团，却先置文艺于死境"。④ 该观点，既是对国

① 《中国文艺工作者的路程》，《新华日报》1945 年 6 月 24 日。

② 茅盾：《抗战以来文艺理论的发展》，重庆《抗战文艺》1943 年 3 月 27 日。

③ 茅盾：《从百分之四十五说起》，重庆《中原》第 1 卷第 4 期，1944 年 2 月。

④ 苏黎：《鸵鸟》，《新华日报》1942 年 9 月 27 日。

统区思想管制政策的抗争,也是对客观现实的全面理解。

另外,南方局领导人在对现实主义的把握上已经注意到客观现实性和主观能动性的统一。周恩来提出:"一种写实的作品,没有不受环境的影响和加以主观见解的。只有主观上抓住最现实的生动材料,起了极深刻的反映,能产生出成功的作品。现实离不开环境及物质的支配,而同时又须有主观的选择,包括了理想的见解,并暗示着光明——奋斗目标,这必然是个好作品。"①邵荃麟也认为:"病态现象的存在,自然有其客观原因,决不能完全去责备文化工作者。然而如果全部诿之于客观原因,而忘却检讨其主观的弱点,则也殊欠公允;而且客观的弱点与困难,正有待于主观力量去克服。"②冯雪峰也指出:"一个真正的现实主义者,不能不在现实里面找出理想来,但更不能不从现实中的黑暗的沉重和我们对黑暗的战斗的猛烈来加重理想的斤两,而这就是一个思想斗争问题,需要在个人的内心的斗争与成长中,以自己的灵魂与血肉,拿出理想力来。只有具有这种深厚的战斗的理想力的文艺,才能作为镜子是明澈的,作为武器是坚利的,而感动着广大的人民去与黑暗决斗,而向着光明前进。"③

### (三) 反对错误倾向的干扰

中共著名作家林林对"公式主义"倾向进行了揭批,认为,它"对现实的认识与题材的表现,都很肤浅,只是模仿与抄袭,并不创造,以他人的经验写自己的经验,以他人的方法为自己的方法,演成再版的公式"④。党内另一思想斗士以群也对思想界的庸俗化倾向进行了揭露:"部分落后的群众要求软性的趣味,作家即给他们软性的趣味;他们要求色情的刺激,作家即给他们色情的刺激;他们要求离奇的情节,作家即给他们离奇的情节……作家失去了自己应有的判别力,放弃了自己应有的坚持,而只追随着落后的群众(特别是小市民)的趣味,造成艺术的庸俗化。"⑤南方局文委成员邵荃麟也指出:"作家跟现实接触的机会少,和现实生活隔离,生活自然平凡,便难于写出有血有肉的作品。就是勉强写了,也未免失之于概念化。"⑥

---

① 《鲁迅逝世二周年纪念会上周恩来讲词》,《新华日报》1938 年 10 月 20 日。

② 邵荃麟:《对于当前文化界的若干感想》,桂林《文化杂志》周刊第 2 卷第 5 期,1942 年 7 月。

③ 冯雪峰:《对光明的拥抱力》,载《冯雪峰论文集》(上),人民文学出版社 1981 年版,第 306 页。

④ 林林:《诗歌的公式主义》,桂林《救亡日报》1939 年 4 月 18 日。

⑤ 以群:《论文艺工作中的迎合倾向》,载《以群文艺论文集》,上海文艺出版社 1983 年版,第 55 页。

⑥ 邵荃麟:《一九四一年文艺运动的检讨——在一个座谈会上的发言》,《文艺生活》第 1 卷第 5 期,1942 年 1 月 15 日。

在批判错误倾向的基础上,南方局还提出了现实主义的具体方法。林林提出"作家要深知祖国"的口号,认为:"作家的教师是生活,作家的工作对象是活生生的在他们周围动着的人,我们抗战文化的人物,应是活动于抗战环境中的新旧交替着的中国人","一个真正的现实主义的作者,可以说必定真实地描写生在自己国土上的人们,这人们,是作者所熟悉,也是读者所感到亲切的"。① 邵荃麟则提出要"向深处挖掘",认为:"今天我们创作上,应该着重提出一个口号:向深处挖掘,抛弃以浮浅的惊人题材去眩惑读者的庸俗倾向,从伟大的历史场面中去探求人生、社会和宇宙的基本问题",创作的任务,"就是从这些复杂地变化着的生活现象中挖掘进去,去捕捉这些因素,把这些现象和事实,结合于生活一般进程中,把这些因素创造为典型的形象和描写这时代的典型状势","对现实的深刻认识,对于生活的战斗的实践,对于真与爱的热烈追求,这三者是互相关联着的,而只有在这三者的结合下,我们才能达到艺术思维一致的境界,才能完成现象的本质的认识"。② 以群也发出了"深入生活"的呼吁,认为:"旁观的态度妨碍着他突进大众生活的内层,了解大众生活的基础。"③

## 三、关于大众化导向的解读

中华民族的空前危机催生了大众化的客观趋向,"由于敌人的冒险深入,战争已普遍于全个中国,再没有一个人不直接和间接的遭受着血火的洗礼,作家的生活,与大众的生活,因抗战而有打成一片之势。因此这个新的阶段,也正是大众化问题有可能尽量展开与彻底解决的阶段"④。为适应抗战动员的需要,南方局组织中共文化力量进行积极探索,建构了较为系统的大众化理论。

### (一) 尊重民众

《新华日报》社论指出,文化"应该是人民大众的日常生活的一部分,而不是几个专门家以及少数知识分子的私有品,恰如一切社会、自然的知识,是人人应该享有一样,文化的修养也应该成为每一个大众的所有",特别是抗战以来,"无数千万的武装民众,正在面对着焦毁的城市,血染的山河,进行最艰苦的斗争,更有无数千万的同胞,家园破碎,流离失所,经尝着人生最难堪的境遇;表扬他们,鼓励他们;充实他们的意志,激发他们的情感,更必

---

① 林林:《作家要深知祖国》,《救亡日报》1939年3月26日。

② 邵荃麟:《向深处挖掘》,桂林《文化杂志》第1卷第6号,1942年1月25日。

③ 以群:《深入生活》,载《以群文艺论文集》,上海文艺出版社1983年版,第256页。

④ 《全国文艺界抗敌协会成立大会》,《新华日报》1938年3月27日。

须和其他一切日常的知识食粮一起,有他们日常的文艺的食粮”。① 因此,必须充分尊重和满足普通民众的文化需求。

要确保民众对文化的切实接受,必须采取适当的文化形式。对此,中共文化理论家黄药眠主张:文化建设必须立足本土,反对全盘欧化,“我们如果不能深入到中国人民的生活中,不能纯熟的运用土生的中国语气,那么我们就难产生出什么伟大的作品”②。潘梓年更从文艺领域的创作出发,明确地提出:“要用工农大众自己的语言来描写工农大众自己为独立、自由、幸福而斗争的战斗生活,并为工农大众所享受……用中国人(占全人口百分之八十以上的工农大众)的语言描写中国人的生活的文艺,就是具有中国气派与中国作风的文艺,就是民族形式的文艺。”③茅盾则进一步补充提出,“民族形式的正解,显然是指植根于现代中国人民大众生活,而为中国人民大众所熟悉所亲切的艺术形式”④,而这种形式不一定就是传统的旧形式,因为,虽然“现阶段一般民众还是习于旧形式,但是我们不信一般民众这习惯是不可动摇的,而且事实上证明民众的守旧性决不像有些论者那样顽强的”⑤。所以,无论旧形式还是新形式,只要民众能接受的,都可以采用。

### (二) 服务民众

“为哪些人”的问题是大众化建设的先决问题。对此,南方局明确提出了“为民众服务”的思想:“我们要争取的是民族的自由解放,我们要进行的是人民的战争,而在我们民族中间,勤劳的人民大众和小有产者占了百分之九十以上的比例,所以我们今天要建设的,不该是专为不满百分之十的人们的文化,而应该是为百分之九十以上的人民大众的文化,这也应该是无可争辩的必然的逻辑”,但在目前,广大民众的文化水平还较低,“他们由于长期间的半封建半殖民地的统治,到今天还停留在文化落后的状态,今天,他们迫切要求的也还是他们所能迅速接受而有裨实际的文化,所以,向他们作普遍的启蒙运动以提高他们的斗争热情,增强他们的民族自信,使他们同德同心,更坚强的和敌人去战斗,依然是当前文化建设的头等重要的任务”。⑥

南方局还批判了脱离民众根基的空想文化,指出:过去思想界时常“忽略了‘为哪些人’而建设这个前提,也常常忘记了中国民族里面百分之九十

① 《全国文艺界抗敌协会成立大会》,《新华日报》1938 年 3 月 27 日。

② 黄药眠:《中国化和大众化》,香港《大公报》《文艺》副刊,1939 年 12 月 10 日。

③ 潘梓年:《民族形式与大众化》,《新华日报》1940 年 7 月 22 日。

④ 茅盾:《抗战期间中国文艺运动的发展》,《中苏文化》第 8 卷第 3、4 合期,1941 年 4 月。

⑤ 茅盾:《抗战以来文艺理论的发展》,《抗战文艺》1943 年 3 月 27 日。

⑥ 《文化建设的先决问题》,《新华日报》1943 年 11 月 11 日。

以上文化落后的劳苦的人民大众,所以他们心目中所计拟的文化就必然是'为少数人'点缀门面的文化,他们心目中要建设的也必然的是没有人民基础的,有类于沙上建塔式的空想",这种现象直到今天仍旧残存着,"今日论坛上有的人仰望着天空在要求纪念碑式的作品,有的人空啸着我们要有可以和欧美并驾齐驱乃至要有超过欧美的文化。那么我们要唤起这些人的注意,今天的问题还不是'锦上添花',而只是'雪中送炭',华美的西点可口而美观,但粗糙的面包却更有益而重要。"进一步强调:"我们的文化应该以人民大众的利害为利害,以人民大众的好恶为好恶,我们的文化工作者应该熟悉人民大众的生活,贴近人民大众的感情,勇敢地置身于人民大众之中,把自己的思想情绪和人民大众的思想情绪打成一片"。[①] 另外,服务民众又是一个复杂艰巨的任务,必须经过知识精英们的不断反省和提升才能完成:应"加强自我检讨:对于民众的认识是不是充分?有没有站在民众之上或站在民众之外的非民众立场的观点?如何更能接近民众?如何虚心学习,从民众的活的语言中汲取新的血液以补救苍白生硬的知识分子的'白话文'?如何批判地运用和改进民间形式?如何掌握民间形式而真正实现'文艺下乡'?如何挹取民间形式的精英作为创造民族形式的一个元素?"[②]只有这样,知识精英们才能时刻心系民众,为民众服务。

（三）教育民众

教育民众也是大众化的重要使命。对此,茅盾指出:"要能深刻透视人民大众的生活、意识情感,也不是仅仅和他们接近,或更进而生活在他们中间就行了,如果对于我们求生存求发展求独立自由之历史使命没有正确的认识,如果对于人类求进步到合理世界的奋斗的过程茫无所知,那么,即使和人民大众生活在一处,恐怕还是不能有所真知灼见。"[③]潘梓年也提出:"不管大众是怎样深厚的革命动力,但要使之成为可用的力量,使之达到可以行动起来的地步,必须首先经过宣传教育的艰苦步骤,这一步骤本身就是一种非常重要的革命工作。"[④]

另外,值得一提的是,当时文化工作者的自身教育问题也已引起关注。早在文协成立之时,《新华日报》就发表社论,呼吁文化界重视自我改造,虚心向民众学习,"作家将从大众得到最现实的,在一切文学院和大作品中所得不到的教育受过这种大众教育的作家,将写出真正大众的作品,同时大众

---

① 《文化建设的先决问题》,《新华日报》1943年11月11日。

② 茅盾:《五十年代是"人民的世纪"》,《新世纪》第1卷第1期,1946年1月25日。

③ 茅盾:《抗战以来文艺理论的发展》,《抗战文艺》1943年3月27日。

④ 潘梓年:《新文艺民族形式问题座谈会上的发言》,《新华日报》1940年7月4日。

生活的剧变，增高了文化艺术的要求，产生出大量大量的作家来”①。后来，马克思主义理论家周扬在总结抗战之前及抗战初期“大众化”经验教训时，也指出：“那时所理解的‘大众化’就是将这‘无产阶级意识’用大众容易接受的形式灌输给大众，为的是去改造大众的意识。我们常常讲改造大众的意识，甚至提出过和大众的无知斗争，和大众的封建的、资产阶级的、小资产阶级的意识斗争的口号；却没有或至少很少提过改造自己的意识。我们没有或至少很少想到过向大众学习。”②这样就在相互学习中实现了启蒙与自我启蒙的有机结合，保证了教育效果，拓展了大众化的内涵。

总之，中共南方局在国统区思想纷争异常复杂的情况下，及时地传播和贯彻了中共中央最新政策精神，并在民族主义立场、现实主义作风、大众化导向等方面形成了一系列颇具创新意义的理论见解。虽然这些理论见解还显得不够深刻，有些观点由于国统区特殊环境所限还没有直接涉及马克思主义学术研究的话题，但已彰显了理论探索的场域和时域特色，反映了新民主主义革命时期的中国国情实际，符合实事求是、具体问题具体分析的精神导向，很大程度上澄清和矫正了思想发展的路向，拓展了理论研究视野，直接或间接地配合了马克思主义学术中国化的发展进程。

① 《全国文艺界抗敌协会成立大会》，《新华日报》1938年3月27日。

② 周扬：《〈马克思主义与文艺〉序言》，载《周扬文集》第1卷，人民文学出版社1984年版，第460页。

# 第六章　新民主主义革命时期马克思主义学术中国化的作用机制

作用机制指的是，在马克思主义学术中国化有规律的发展过程中，其发展主体，立足于社会实践，遵循思想发展逻辑，在推进理论与实践创新，生成创新成果的进程中，对该发展过程产生影响的各积极要素的功能、作用及其相互关系。具体说来，新民主主义革命时期马克思主义学术中国化的作用机制主要包括了信仰引领机制、实践动力机制、思想交锋机制和集体智慧机制。

## 第一节　信仰引领机制

"信仰"发源于主体确信价值和指导实践的精神需要，更源于客体属性对主体需要的满足。马克思主义对"共产主义"和"人类解放"的理想追求，不是乌托邦式的空想，而是建立在对人类社会客观规律发展的学理研究和逻辑论证基础上的科学预见。马克思主义作为核心价值和科学理论水乳交融、相互支撑的科学信仰，对中国马克思主义知识分子而言，兼具价值感召力和理论说服力。中国马克思主义知识分子正是出于"价值"与"科学"的双重认同，建立起马克思主义信仰，而马克思主义信仰又为中国知识分子提供了源源不断的精神动力。

### 一、"科学"与"主义"对接：马克思主义科学信仰的形成

中国马克思主义学术诞生于近代中国"救亡图存"的时代环境中，这从一开始就决定了它不仅要在"求是"的维度上，以严密的思想逻辑担负起发展学术文化的理论任务，同时也要在"致用"的维度上，以学术文化为武器，肩负起服务于革命斗争，为革命实践提供理论指导，凝聚社会认同的政治任务。马克思主义是兼具价值性与科学性的理论体系，中国马克思主义知识分子正是因为看到了这一点，在理论认同和价值感召的基础上，树立了对马克思主义科学信仰，从而在治学的过程中牢牢树立马克思主义的指导地位，不断推进马克思主义学术中国化。

五四时期，进步知识分子对马克思主义信仰的初步形成就是一个"主

义”(价值)感召和“理性”(科学)认同汇流、交融下的结果。

从19世纪末的中日甲午海战到五四运动这一段大约25年的时间内，是中国思想文化界的激烈转型时期。一方面，中国的传统观念和旧有价值，在遭到进步知识分子的大张挞伐下，加速了崩坏的过程。从梁启超、谭嗣同对“纲常秩序”的攻击，发展到陈独秀、胡适等人对伦理道德信仰的全面颠覆。中国传统儒学数千年来以“修身治平”和“天地君亲”维系起来的传统信仰和标准规范全面崩塌，中国知识分子的精神世界和价值取向出现了严重的空白和失落。另一方面，帝国主义的入侵也在这25年间，空前的升级，由以往间歇性的单个列强入侵演变成了连续性的多国共同进犯，国将不国、民不聊生的存亡危机，迫在眉睫。在这内外交织的民族危机和文化危机的双重重压下，当时中国的知识阶层迫切需要一套新的思想和信仰来作为共识和共信的基础，以认识方向，团结意志。于是，形形色色、纷繁杂陈的西方哲学社会科学，如进化论、实证主义、实验主义、无政府主义、基尔特的社会主义等等，开始大量涌入中国的思想世界。这些引入的主义和学说虽然内容庞杂，但在其中却也反映出了中国知识分子在选择过程中的两个重要取向。

首先，这种因传统文化权威的失落而引起的对新文化权威的效忠，表现为对“科学”的崇拜。“科学”是近代中国知识分子始终缠绕于心、萦绕于耳的一个词汇，虽然晚清的进步知识阶层还仅仅是在实用技术的层面上接受它，但随着它的权威性和有效性一再被西方船坚炮利的强大物质力量所证明，到了五四新文化运动前，“中国之所以弱，强邻之所以欺我，完全是不讲求科学的缘故”①这样的认知，已经普遍存在于当时知识分子的思想中。特别是到了新文化运动期间，“科学”更是在广大知识分子的呼号与鼓吹下，达到了无上尊容的地位，既被作为批判一切现存制度和文化的武器，也被视作在一切领域开拓创新的万能准则。值得注意的是，由于中国知识分子对“科学”思想的接受直接架构于近代中国救亡图存的主题中，所以，对中国知识分子而言，其政治意义大于学术意义和文化意义，众多知识分子并不仅仅是把“科学”视作治学求真的工具，更希望的是通过科学的探索和论证，来寻找到一条有规律可行的“救亡”道路。这在五四期间，众多知识分子宣扬“科学”的言论中，均有明确的表示。无论是“本科学的研究以促进社会改革之动机”，还是“本科学的精神”，“起草一个具体的改造中国的方案”，都鲜明地显示了这一特征。正因为如此，“科学”在近代中国知识分子的心

① 转引自许纪霖:《二十世纪中国思想史论》上卷，东方出版中心2000年版，第183页。

中具有建立政治信仰的意义，诚如陈独秀所言，为了拥护“科学”，“一切政府的压迫，社会的攻击笑骂，就是断头流血，都不推辞”①。

其次，“五四”知识分子的另一个选择趋向表现为对“社会主义”美好理想的追求。近代中国知识分子对“社会主义”美好理想的向往，一方面源自对民族危机的深切痛楚，另一方面，中国传统文化中带有乌托邦色彩的“大同”社会也起到一定比附和嫁接的作用。特别是当欧洲暴露出资本主义民主流弊之后，大批热血的知识分子在接受马克思主义之前，都曾热切地追求过各式各样的空想社会主义和无政府主义。李维汉就曾回忆说：“我们读了那些无政府主义和宣传社会主义的书刊，对于书中描绘的社会主义和共产主义的美妙愿景，对于那种没有人剥削人、人压迫人，人人劳动，人人读书，平等自由的境界，觉得非常新鲜、美好，觉得这就应该是我们奋斗的目标”②。这里所说的“奋斗的目标”，充分地表达了当时进步知识分子对一种真正完美的理想社会的向往，即不但要超越当时黑暗落后的中国社会现实，而且要超过当时虽先进却弊病百端的西方资本主义社会。

应该说，五四期间，进步知识分子对“科学”和“社会主义”美好理想狂热的追求和信奉，为他们后来过渡到马克思主义信仰，奠定了重要的心理基础和精神基础。因为，他们逐渐发现，西方所谓的“科学”只是理论上说得好听，实际上无助于中国的“救亡”现实，并且，以这套“科学”建立起来的资本主义社会更是百病丛生；空想社会主义对“正义”的诉求固然美好，但却缺乏科学的论证，更难以有一套能够付诸实践，取得实效的方案。反观马克思主义，其共产主义理想不仅契合进步知识分子对美好社会蓝图的构想，而且这一理想不仅有着一套完备的科学理论体系作为学理支撑，同时还有着一套已见成效（十月革命）的具体行动方案和革命的战略策略。于是，当十月革命的胜利消息把这种理想和可能性变为现实的时候，众多进步分子便自然而然地由“科学”走向唯物史观，由空想的“社会主义”趋向有着科学论证，并已经被俄国革命给实现了的共产主义，从而在理性认同与主义感召的汇流下，形成对马克思主义的初步信仰。

## 二、坚定的信仰是马克思主义知识分子强大的精神动力

信仰是一个人，一个社会群体对某种偶像、理论、制度等的忠诚信赖，是激励和维系信仰主体坚定价值追求，坚持实践活动的力量源泉。对马克思

---

① 《陈独秀文集》第1卷，人民出版社2013年版，第362页。

② 中国社会科学院近代史研究所编：《五四运动回忆录》上册，中国社会科学出版社1979年版，第108—109页。

主义信仰的坚定性和一致性是中国马克思主义知识分子的鲜明特征。在马克思主义信仰的引领下,中国马克思主义知识分子紧紧团结在中国共产党周围,把对共产主义和社会主义的理想信念作为人生奋斗的旗帜和方向,把个人的生命同民族独立、国家富强的伟大事业联系起来,即使在艰困的环境中,即便在敌人的枪炮和屠刀下,也无所畏惧、毫不退缩,坚定不移地在马克思主义学术中国化的道路上,推动中国马克思主义学术的发展。

这一点,从国统区的马克思主义知识分子对国民政府文化专制主义的激烈反抗中就能够清楚地看到。

新民主主义革命时期,国民政府为满足其独裁、专制的野心,不仅在军事上与中共摩擦、冲突不断,在思想文化领域也推行了极其严厉的、充满暴虐和血腥的文化管控与查禁政策。在国民政府网罗密布的文化"围剿"下,中共领导的进步知识界遭到了残酷的打击。不仅大量有关宣传马克思主义、共产主义和宣传革命斗争的进步书籍,被恶意冠以所谓的"曲解本党主义及政策""以派系为立场,破坏团结""鼓吹阶级斗争,宣传共产主义"等罪名,遭到查禁和焚毁,一些进步人士也频频遭到反动派的残酷捕杀,例如:1939 年 3 月,成都《创新时刊》的记者李亚凡被国民党特务刺死;同年 12 月,中国青年新闻记者学会会员王良、金戈被杀害;1940 年 3 月《新华日报》成都分管经理洪宗希血洒街头;同年,《大声周刊》总编辑车耀先喋血报馆。诸如此类的血淋淋的例子,不胜枚举。为了压制马克思主义与革命文化的传播,国民党统治者可谓是无所不用其极。在他们的残酷打压下,国统区的思想文化界,万马齐喑,笼罩在一片白色恐怖之中。

然而,面对国民政府的残酷打击,国统区的马克思主义火种并没有就此熄灭,反而在中共领导下的进步知识分子群体的共同推动下,愈发地有燎原的势头。国民党反动派的暴行并没有使进步知识阶层屈服,反而让他们更加看清了反动派"独裁""专制"的真实面孔,更加意识到坚持马克思主义阶级斗争立场,以斗争推进人民民主运动的重要性。于是,国统区的马克思主义学者,凭着对主义、对信仰的忠诚,凭着对国家前途的关怀,对共产主义美好理想的期许,在反动派的频繁打压与死亡威胁面前,不但没有妥协和却步,反而展现出了愈挫愈勇,不屈不挠的反抗精神。

当时,由进步知识阶层发起的"反查禁""反专制"的文艺斗争运动,鲜明地彰显了中国马克思主义思想文化战线的"战斗"特质。他们在中共南方局的领导下,纷纷撰文,披露和谴责国民党对文化界的专制政策。进步作家欧阳凡海在《关于"文艺政策"与"文艺武器"》一文中,明确提出:"我们始终反对任何法西斯主义性对文艺的干涉",并抨击了国民党"降低文艺作为政治的传声筒”的实质①；苏黎在《新华日报》发表的《鸵鸟》一文，则谴责国民党只许歌功颂德，“不描写黑暗”的“文艺政策”就是“逃避现实”的“鸵鸟主义”，其目的是“置文艺于死境”。在他看来，进步的文艺运动就是“把描写黑暗作为改造现实的起始”，要努力“拖出罪恶，专横与残暴……使其无所逃避于天地之间”②，这里的“罪恶，专横与残暴”矛头直指反动派的专制行径。

这些论述有力地批判和揭露了国民党“文化专制主义”的荒谬性，肯定了文艺作品歌颂光明和暴露黑暗的必然性与合理性。可见，这一批兼具批判家和学者双重身份的进步知识分子，已经把马克思主义信仰和对抗战必胜的信念，深刻地融入他们的灵魂之中。因为，对他们而言，所谓“光明”就是在马克思主义指引下，中共领导下，服务于人民群众的革命斗争之路，而国民党反自由、反民主的行径无疑是需要冲破和打倒的“黑暗”。于是，无论反动派多么的强大，多么的咄咄逼人，他们也无所畏惧地“用笔去战斗”。在他们激烈的反抗斗争中，国民党中宣部不得不从1945年10月1日起，废止文化查禁政策。

## 第二节　实践动力机制

新民主主义革命时期，马克思主义学术中国化深深扎根于中国的革命实践斗争中，中国马克思主义理论家正是着眼于实践需要和客观形势的变化，通过深入调查研究，分析时代特征，判断发展趋势，不断从革命实践中捕获理论生长点，汲取理论素材，在破解和回答实践提出的一系列问题中，创造性地阐发出新的理论观点，推动马克思主义学术中国化。就此而言，发源于革命实践中的实践动力机制，是中国马克思主义学术发展的源泉和核心推动力。

### 一、革命实践需要为马克思主义学术中国化提供理论生长点

发现问题是学术研究展开的逻辑前提，它为学术研究指明方向和目的。由革命实践提出的一系列迫切需要回答的理论问题和实践问题，构成了中国马克思主义学术发展创新的理论生长点。20世纪20年代末至30年代

① 参见苏光文：《文学理论史料选》，四川教育出版社1988年版，第404页。
② 苏光文：《文学理论史料选》，四川教育出版社1988年版，第401页。

初,中国马克思主义学术正是在回答大革命失败后的一系列问题中,获得迅速发展的。

一方面,大革命的失败充分暴露出中共成立初期在理论上准备不足的问题。由于中共自成立起,就肩负了领导中国革命的重任,并迅速地投入到革命实践斗争中,这就使得革命者和理论家都缺乏对马克思主义理论的系统学习和学理研究,进而导致了中共在大革命实践中不仅始终饱受教条主义的困扰,还付出了革命失败的惨痛代价。在革命失败后,中共领导人痛定思痛,深刻地意识到"没有革命的理论,就没有革命的运动"。这种反思同样发生在中国马克思主义学术界,马克思主义学者谭辅之便指出:当时,由于"政治运动的路碰了壁",许多进步知识分子都意识到"政治运动离不开理论工作",于是纷纷"转到学术思想路上来",开始"群起介绍新兴的哲学和社会科学"①。后来,冯乃超也总结说,大革命的失败"暴露了中国共产党在幼年时期的弱点,主要是缺乏理论指导",因此,进步的理论工作者纷纷决定,"很有赶紧向中国的读者——知识阶级,介绍马列主义理论和展开宣传工作的必要"②。

于是,对马克思主义做更深的学理研究,使它真正成为中国特殊国情下指导革命斗争的武器便成为了中共和理论界迫切需要解决的问题。正是在这一迫切问题的促动下,马克思主义社会科学的研究和传播首次在中国思想文化界掀起了狂潮。先是中共先后于 1928 年 7 月和 1929 年 6 月,连续通过两份《宣传工作决议案》,强调指出:"党必须有计划地加强马克思列宁主义的理论教育,翻译介绍马克思列宁主义的论著"③。随后,于 1930 年 6 月在上海成立的中国社会科学家联盟,以"有系统地领导中国的新兴社会科学运动的发展,扩大正确的马克思主义的宣传"④为宗旨,组织了大批进步知识分子积极投入到马克思主义理论宣传中来。如朱镜我、彭康、李初梨、冯乃超等"新锐的斗士",便陆续从日本回国,以创造社为基地,先后创办《文化批判》《流沙》《思想》等刊物,展开马克思主义的学术研究与介绍传播。正是在中共和马克思主义理论家的共同推动下,当时的马克思主义社会科学书籍"遂如雨后春笋,普遍于全国"⑤,从而,为理论界系统研究和掌握马克思主义,进而展开马克思学术中国化奠定了重要的理论基础。

---

① 谭辅之:《最近的中国哲学界》,《文化建设》1936 年第 6 期。

② 转引自郑师渠:《中国共产党文化思想史研究》,中共中央党校出版社 2007 年版,第 33 页。

③ 《中共中央文件选集》第 5 册,中共中央党校出版社 1989 年版,第 267 页。

④ 《中国社会科学家联盟纲领》,《世界文化》(创刊号),1930 年。

⑤ 吴亮平:《中国社会科学运动的意义》,《世界文化》(创刊号),1930 年。

另一方面,大革命后中国的社会政治环境也发生了剧烈的蜕变。虽然,大革命推翻了北洋军阀政府的残酷统治,使中国民主革命取得了阶段性胜利,但是随之而来的蒋介石叛变革命,并蓄意制造四一二反革命政变和七一五反革命政变,又致使中国革命陷入严峻的形势中。革命形势的剧变对中国马克思主义学术提出了一系列亟待破解的理论难题,如“中国革命的性质和对象是什么?革命的动力和逆动力是什么?各社会层在革命过程中的矛盾和关系怎样?怎样配置中国各种社会力量执行民族解放和社会解放的任务”①。要在实践上和理论上解决这些难题,首先必须先认清中国的社会性质,而要了解中国现阶段的社会性质,又免不了从中国的历史进程中追溯它的来龙去脉,从占据中国大范围地域的农村中去认清农村的社会性质。因此,在继续革命斗争的要求下,为了认清国情,以正确制定解决中国问题的政策路线,中国马克思主义理论家充分运用马克思主义这一科学的方法论,对中国社会性质、中国社会史和中国农村社会性质展开了深入的分析和翔实的调查研究,由此,掀起了马克思主义学术中国化的一次理论创新高潮,既深刻阐明了近代中国“半殖民地半封建”社会性质的形成和基本特点,论证了中共反帝反封建革命斗争的必要性,也产生了一批极具学术价值的著作,如郭沫若的《中国古代社会研究》、吕振羽的《史前期中国社会研究》、侯外庐的《中国古典社会史论》《中国古代思想学说史》等等,便是当时学术界别开生面、颇受赞誉的开创性著作。此外,一批中国马克思主义理论工作者也在该时期的理论研究中逐渐走向成熟,如历史学领域的郭沫若、翦伯赞、吕振羽等人;经济学领域的王学文、薛暮桥、孙冶方等人,后来都是推动马克思主义学术中国化的中流砥柱。

## 二、深入的社会调查为马克思主义学术中国化提供丰富的经验素材

科学理论的形成,虽然有其自身的思维逻辑,但是这个逻辑是事物的客观逻辑在思想上的反映与体现,是理论家在主观层面上,通过对片段的、分散的、感性的实践经验进行思维抽象和理论提升,而形成的符合客观实际的认识。因此,科学的研究结论,决不会产生于书斋中的冥思苦想,只有深入社会实践中,通过细致的调查研究,才能为思维的创造与升华积累丰厚的感性材料。这是马克思主义认识论的基本原理,也是中国马克思主义学术创造遵循的认识规律。

① 何干之:《研究中国社会史的基本知识》,《自修大学》1937年第1期。

新民主主义革命时期，中国马克思主义学术担负着科学认识中国国情，为中国革命制定正确决策提供依据的重任。而近代中国内有封建主义压迫，外有帝国主义入侵的局势，决定了其经济社会情况的复杂性。因此，如果脱离深入、细致的社会调查，是绝不会认清中国国情的特殊性，而缺乏对实际情况了解的学术结论也只会沦为"本本式"的空谈。毛泽东就不止一次强调社会调查的重要性，在《反对本本主义》中，他提出了"没有调查，没有发言权"的精辟论断，深刻地指出"调查就是解决问题"，只有"努力作实际调查，才能洗刷唯心精神"①，才能有的放矢地作出正确决策。

20世纪30年代，以陈翰笙为代表的中国马克思主义经济学家，正是通过对中国农村社会经济的深入调查，才得出了中国农村"半殖民地半封建"社会性质的科学论断。

1927年，国内第一次革命战争的失败，首先在共产国际内部引发了关于中国社会性质的争论。以马扎亚尔、瓦尔加·魏道夫等为代表的精通马列理论，却习惯于作本本研究的学者，否认中国半殖民地的社会性质，认为中国农村已经进入资本主义时代。当时，陈翰笙与这些学者同在国际农民运动研究所工作，在中国农村和中国革命的问题上，存在着巨大的分歧，"发生过几次激烈争论"。但是，"由于不了解中国农村的具体情况，因而拿不出更充分的理由、实例来驳倒马扎亚尔"，这就促使陈翰笙"一定要对中国的社会作一番全面的调查研究"②。于是，自归国后，为解决中国农村社会性质问题，陈翰笙立马组织起王寅生、张稼夫、钱俊瑞等一批学者，先后奔赴江苏、河北、广东、广西、河南、陕西等地农村进行了入户蹲点调查。在调查的过程中，陈翰笙等马克思主义者始终遵循马克思主义经济基础决定上层建筑的调查思路，运用阶级分析方法研究农村的生产关系，围绕着中国农村的经济收入、耕地占有与使用、交租形式等具体问题进行了翔实的调查研究。这些丰富、真实、生动的调查材料，详细记录了中国农村地租繁重、捐税苛杂、高利贷、商业资本剥削横行等中国农民饱受压迫和剥削的情况，从而，为"中国农村派"在中国农村社会性质论战中，阐明中国半殖民地半封建社会性质提供了扎实的实证依据。

例如，经济学家孙冶方以对农民的生产经营模式的调查为依据，看到了中国农村除了深受地主阶级剥削的零细佃农外，还存在"零细的自耕农经营"。这种"租种地主土地的零细佃农和零细自耕农"，是"殖民地半殖民

① 《毛泽东选集》第一卷，人民出版社1991年版，第109、110、112页。

② 陈翰笙：《四个时代的我》，中国文史出版社1988年版，第40页。

地农业经济的主要形态”①。另一位经济学家薛暮桥则根据农村高利贷的调查材料,看到了许多农村高利贷者往往是商人和地主的“化身”,这是因为在中国半殖民地半封建的土地关系中,商人通常与地主勾结起来,对中国农民施予猖獗的高利贷剥削。由此,在薛暮桥看来,“中国农村的封建势力——地主豪绅——是由帝国主义直接间接地维持着的”,“中国农业生产要想自由发展,最小限度必须打破这两种束缚——帝国主义和封建主义”②。

上述可见,正是有着马克思主义的指导,加之调查研究获得的大量理论素材,中国马克思主义理论家在这一时期对中国农村经济的研究成果,如:薛暮桥的《怎样研究中国农村经济》、钱俊瑞的《现阶段中国农村研究的任务》、孙冶方的《财政资本主义的统治与前资本主义的生产关系》,无论是从深度还是广度上,都具有颇高的学术价值。此外,他们对农村社会经济的考察,再次为阐明中国半殖民地半封建的社会性质构筑了扎实的实证基础,正如陈翰笛后来回忆的:“从 1928 年—1934 年,在 6 年的时间里,我们农村社会调查团的足迹遍及大半个中国。脚踏实地的调查,真实可靠的第一手材料,加之马克思主义的历史分析方法,使我们终于得出了关于中国社会性质的正确结论”,“过了不久,我更明确地看到中国就是一个半封建半殖民地社会,废除封建的土地制度,进行土地革命,是解决农村问题的唯一正确的道路”③。

## 第三节　思想交锋机制

思想交锋机制指的是,马克思主义学术中国化的发展主体,在面对反马克思主义者和非马克思主义的指责和抨击时,毫不动摇地坚持马克思主义的科学真理,以高度的理论自觉和坚定的政治信仰,同各种错误思潮和反动言论进行不懈斗争,在斗争中驳倒错误观点,进而捍卫、宣传和发展马克思主义的科学真理。正如列宁指出:“马克思主义的发展、马克思主义思想在工人阶级中的传播与扎根,必然使资产阶级对马克思主义的这种攻击更加频繁,更加剧烈”,尽管如此,马克思主义在经受了反动统治阶级的意识形态及其文化联盟的每一次“围剿”之后,“却愈加巩固,愈加坚强,愈加生气

① 《孙冶方全集》第 1 卷,山西经济出版社 1998 年版,第 85 页。

② 薛暮桥:《旧中国的农村经济》,农业出版社 1980 年版,第 7 页。

③ 陈翰笙:《四个时代的我》,中国文史出版社 1988 年版,第 47 页。

勃勃了"①。思想交锋机制正是发源于各种思想的碰撞与交锋中，既是马克思主义学术中国化对外扩展影响力的基本方式，也是其通过内部交锋，实现自我更新和发展的重要方式。

## 一、外部思想论争是中国马克思主义学术扩大影响力的基本方式

毛泽东曾指出："真理是跟谬误相比较，并且同它作斗争发展起来的"②，"马克思主义必须在斗争中才能发展，……这是真理发展的规律，当然也是马克思主义发展的规律"③。在近代中国学派林立、主义纷呈的思想文化领域中，马克思主义虽然作为其中最具优越性的科学真理，但其科学性并非是不言自明的。为把更多的进步人士凝聚在马克思主义的旗帜之下，中国马克思主义者不仅需要在思想文化领域不断开辟专业战场，也要同各种思想敌人展开论战，不断捍卫和扩大马克思主义的学术阵地。

19 世纪 20 年代初中国学术界爆发的"科玄论战"，就是马克思主义初步展示其真理力量，成为近代国人心中"科学"代名词的一场论战。

"科玄论战"是五四期间，中国进步知识分子追求"科学"的延续。这场论战首先是在以胡适、丁文江为代表的科学派和以梁启超、张君劢为代表的玄学派之间展开，这是"科玄论战"的第一阶段。虽然，论战的第一阶段以科学派的胜利而告终，但由于科学派的理论基础依然带有唯心的色彩，如丁文江所谓的"科学"实际上是"存疑唯心论"，而胡适的"科学"也不过是实验主义。因此，他们在面对"科学"何以能够解释人类社会的行为、道德、理想，"科学"如何指导具体的社会实践等问题时，却是无能为力的。于是，随着接受了马克思主义的陈独秀就加入到论战当中，便开启了"科玄论战"中以马克思主义批判"科学派"与"玄学派"的第二阶段。

在论战中，陈独秀首先以唯物史观为武器，批判和揭露了科玄两派脱离具体社会历史条件来谈人生观的唯心实质。针对玄学家张君劢提出的"思想者事实之母也"的说法，陈独秀认为，玄学派在观察"社会动象"时，只看见了思想演变成事实的结果，而忽视了思想形成的具体社会背景，这种无视"各种新思想都有各种事实为他所以发生的背景"的"倒果为因"的说法，不过是"迷信巫鬼、符咒、算命、卜卦等超物质以上的神秘"罢了。而针对科学

① 《列宁选集》第 2 卷，人民出版社 2012 年版，第 1 页。
② 《毛泽东文集》第七卷，人民出版社 1999 年版，第 192 页。
③ 《毛泽东文集》第七卷，人民出版社 1999 年版，第 230—231 页。

派所谓的“科学”，陈独秀也指出，丁文江自命不凡的“存疑的唯心论”，是“沿袭了赫胥黎、斯宾塞诸人的谬误”，而胡适的历史多元论虽然强调了客观的物质原因，但仍然承认主观的“知识、思想、言论、教育，也可以变动社会，也可以解释历史，也可以支配人生观”。就此而言，科学派的“思想根底”实际上与玄学派的唯心论并无二致，从而科学派对玄学派的批评，表面上好像是得了胜利，但这种“五十步笑百步”的苍白无力的批判，在陈独秀看来，反而是“丢盔弃甲的大败战”。

在批驳了科玄两派的观点之后，陈独秀又进一步对科学派无法解答的“科学何以能支配人生观”的问题，作出了唯物史观的科学阐释。陈独秀认为，要回答“科学何以能支配人生观”的问题，光是吹捧科学的人生观如何完美，是空洞无力的，更重要的是，要科学地解释玄学派所谓的“良知”“直觉”“自由意志”等主观意识，都具有具体的社会历史根源，都遵循着客观的因果规律，唯有这样才能“说明科学对于一切人生观之威权”，“方能使玄学鬼无路可走”。站在唯物史观的立场上，陈独秀指出：“什么先天的形式，什么良心，什么直觉，什么自由意志，一概都是生活状况不同的各时代民族之社会的暗示所铸而成”，每个人之所以形成不同的人生观，“都是他们所遭客观的环境造成的，绝不是天外飞来主观的意志造成的，这本是社会科学可以说明的，绝不是形而上的玄学可以说明的”。此外，陈独秀还通过将唯物史观与“因果律”对接，进一步阐扬了唯物史观的科学性。在陈独秀的逻辑思考中，“因果律”是“一切科学共通的原则”①，因此，理论是否科学主要在于其是否能够遵循客观的“因果律”，而唯物史观作为一门“物质科学”，科学地说明了“社会现象变迁之动因及大多数个人对此变迁之态度即社会心理，推求其最初原因都是物质的，而为因果律所支配”②。由此，陈独秀得出结论说，“唯物的历史观”是“完全的真理”，只有坚持“唯物的历史观”，才可以解释历史可以“支配人生观”③。

经由激烈的学术论辩，马克思主义唯物史观的科学性在中国进步知识分子的心中获得了极大的提升，他们在五四期间热烈追求的“赛先生”在“科玄论战”后也日益成为了马克思主义的代称。而继陈独秀之后，瞿秋白又针对“科玄论战”相继发表了《自由世界与必然世界》《实验主义与革命哲学》等文章，批判了唯心主义和实验主义，系统阐释了马克思主义关于自由与必然、社会存在决定社会意识等基本理论，并鲜明地提出，以马克思主义

① 《陈独秀文集》第3卷，人民出版社2013年版，第34页。
② 《陈独秀文集》第3卷，人民出版社2013年版，第39页。
③ 《陈独秀文集》第3卷，人民出版社2013年版，第44页。

为指导的社会科学"能解释明白人之社会的目的何故发生"，而我们"得了科学的真理，客观世界的定律之后，才能澈底的改造社会"①。这就对"科玄论战"中，"科学何以能支配人生观"的问题，作了更为精确的总结——以马克思主义为指导的人生态度，就是要以科学严谨的精神去把握客观的历史规律，进而从事改造社会的革命行动。

自此，马克思主义不仅被中国的马克思主义者作为指导革命的工具，还被视作科学的研究方法和研究精神，日益被运用到学术领域中，开启了马克思主义引领中国哲学社会科学的历史进程。当然，这一过程并不是一帆风顺的，它行进的每一步都经历了大大小小的思想论战，也正是在这些论争的打磨与洗礼中，马克思主义日益证明了自身的真理性，中国马克思主义学术也日益显示它在解释中国问题，指引中国前途方向的权威。如果说，20 年代中国的学术界还是"西学"独占鳌头的时代，那么到了 30 年代，在"中国社会性质论战""唯物辩证法论战"等一系列思想斗争后，脱颖而出的中国马克思主义学术，已经成为了当时"世间最新鲜动人的思潮"②。

## 二、内部思想交锋是中国马克思主义学术的自我更新的重要方式

新民主主义革命时期，中国马克思主义理论家不仅同党外的非马克思主义者和反马克思主义者有过激烈的思想交锋，在他们内部，也曾在研究方法和学术观点上有过激烈的论辩。通过这种内部的学术论辩，中国马克思主义理论家坚持了正确对待马克思主义的研究立场，同时也使某些学术观点越辩越明，推动了马克思主义学术中国化的理论创新。

### （一）在批判教条主义的过程中，树立正确的研究导向

新民主主义革命时期，教条主义是严重阻碍马克思主义中国化顺利开展的一股颇为强大的逆鳞。这种公式地、机械地对待马克思主义的态度，不仅曾一度使中共的革命实践陷入举步维艰的处境，也曾严重庸俗了中国哲学社会科学的理论创新。为克服教条主义、公式主义的错误，中国马克思主义知识分子同教条主义进行了不懈的抗争，树立了科学运用马克思主义从事研究创作的正确导向。

在中共创建之初，由于马克思主义理论准备不足，同时缺乏对中国国情的深入认知，这就为党内教条主义的滋生和泛滥提供了土壤。特别是大革

① 《瞿秋白文集（政治理论编）》第 2 卷，人民出版社 2013 年版，第 612—613 页。

② 胡适：《建国问题引论》，《独立评论》1933 年 11 月 19 日。

命失败后的几年间，随着教条主义者王明把握了党内大权，而毛泽东等一些坚持马克思主义中国化正确方向的党内人士遭受排挤，中共陷入了教条主义一统天下的灰色时期。这一时期，不仅年幼的中共在连续三次遭受由"左"倾教条主义错误导致的挫败后，陷入亡党的危局，中国马克思主义的学术文化战线也深受其害。

这一时期由中共领导的"左翼作家联盟"，受党内"左"倾思想的错误指导，加之国民党的"清党"屠杀运动所引发的阶级仇恨情绪，在成立初期，显示出了极端的"左"倾教条主义思想。一方面，在文艺创作方法上，"左"倾文艺作家无视文艺创作的特殊规律，机械地认为马克思主义的唯物辩证法是"唯一的科学方法"。这种机械套用马克思主义的做法，使得本该反映现实，批判现实的文艺创作，坠入了"革命浪漫主义"和"庸俗功利论"的泥沼，不仅空谈无产阶级文化，还大肆鼓吹"血腥的斗争"，甚至还"有人高呼：'苏维埃万岁！''保卫苏联！'"这样不切实际的口号①；另一方面，在文艺的评判标准上，左联也一度陷入关门主义和宗派主义，导致无产阶级斗争成为了文艺的唯一评判标准。从这一思维出发，"爱国主义""民族主义"都被左联成员贬斥为"资产阶级的文化黑卫队"，革命作家鲁迅也被他们攻击为"个人主义者""资本主义以前的封建余孽"。此外，受党内"左"倾冒险主义的错误指示，"左联"成员还曾在国民政府的白色恐怖中，开展了"几乎几周不断的飞行集会，贴标语，散传单"②等一系列冒险行动，将文化运动几乎变成冒险的政治斗争运动，这使得革命作家李伟森、柔石、殷夫等人被国民党逮捕杀害，"左联"的组织架构一度遭受重创。

为克服"左联"中大肆弥漫的教条主义思想，使"左联"的文化运动回归到正常轨道，时任"左联"主要负责人之一的瞿秋白，对教条主义的文艺运动发起了坚决的反击，从思想和理论上对"左联"的前期错误，进行了反思和批评，并作出正确的指导。1931 年 11 月，"左联"通过的新的纲领性文件《中国无产阶级革命文学的新任务》就是在冯雪峰和瞿秋白帮助下完成的。该决议对"左联"前期的"为革命文学而革命文学"的"左"倾错误，作了深刻反思，强调进步作家必须成为一个唯物的辩证法论者，要坚决同"观念论，机械论，主观论，浪漫主义，粉饰主义，假的客观主义，标语口号主义的方法及文学批评斗争"③。同时，该决议也纠正了"左联"以往空谈无产阶级文化的创作风格，号召进步作家要"注意中国现实社会生活中广大的题

---

① 中国社会科学院文学研究所编：《左联回忆录》，知识产权出版社 2010 年版，第 36 页。
② 中国社会科学院文学研究所编：《左联回忆录》，知识产权出版社 2010 年版，第 37 页。
③ 上海鲁迅纪念馆编：《纪念与研究》第 2 辑，上海鲁迅纪念馆 1980 年版，第 109—110 页。

材”，执行“彻底的正确的大众化”路线，这样“才能创造出真正的中国无产阶级革命文学”①。在决议颁布后，“左联”基本上克服了“左”倾教条主义的桎梏，正如矛盾评价说：“这一决议在‘左联’的历史上有十分重要的作用”，它标志着“从‘左联’成立到 1931 年 11 月是‘左联’的成熟期，它已基本上摆脱了‘左’的桎梏，开始了蓬勃发展，四面出击的阶段”②。

### （二）在学术争辩的过程中，推动中国马克思主义学术深入发展

学术论辩是学术发展的重要途径，持不同意见的理论家就某一问题展开激烈的思想交锋，是学术研究得以不断深化、不断推进的重要过程，真理也往往迸发于激烈碰撞的思想火光中。在马克思主义学术中国化的进程中，中国马克思主义理论家就经常进行这种具有积极意义的理论探讨活动，进而不断推进中国马克思主义学术开拓创新。

20 世纪 40 年代，中国马克思主义的学术文化界爆发了一场关于“文艺民族形式”的大论战。论战的一方以向林冰为代表，提倡新文艺的民族形式应该以“民间形式的批判和运用”作为创造民族形式的起点和中心源泉，以使新文艺真正适应群众“习见常闻”和“喜见乐闻”的需要，从而创造出大众文艺的民族形式来；论战的另一方以胡风为代表，他激烈反对向林冰以“民间形式”作为文艺民族形式的“中心源泉”论，认为，新文艺不应该“机械搬用”民间形式，而必须继承和弘扬五四时期的新文学传统，以这种“国际革命文艺形式”来提升大众的欣赏力，为提高大众的认识能力而斗争。

论战双方的分歧明显是尖锐的。向林冰强调民族形式的大众化和通俗化，而胡风则“不能同意把民族形式还原为大众化或通俗化”③，而是强调以五四新文艺来“化大众”。因此，双方在你来我往的交锋中，言辞激烈，批判犀利。例如，胡风在《论民族形式问题》一文中，几乎把当时的理论大家，从郭沫若到周扬，从潘梓年、胡绳、艾思奇到何其芳、张庚、光未然等人批评了个遍。而向林冰等人也对胡风发起激烈的反击，批评他所提倡的五四新文艺未能普遍地走入大众，完全变成了少数近代化知识分子的专利品。不过，这场发生在中国马克思主义理论家内部的学术论争，其目的不是阶级立场的捍卫，而是出于探索真理的需要，因此论战双方在激烈交手的同时，也显示出相互包容、理性探讨的学术精神。胡风在撰写《论民族形式问题》这篇批判文章时，就得到了来自论战对方的多次帮助，正如胡风在这篇文章的

---

① 上海鲁迅纪念馆编：《纪念与研究》第 2 辑，上海鲁迅纪念馆 1980 年版，第 109、107 页。
② 矛盾：《我走过的道路》（上），人民文学出版社 1997 年版，第 476 页。
③ 《胡风评论集》，人民文学出版社 1984 年版，第 276 页。

《附记》中提到："这篇小论的草成，得助于向林冰先生的供给材料和一些友人的鼓励，应当在这里表示谢意"。此外，他在批判向林冰等人的观点时，也秉着实事求是的原则，对他们正确的观点作了引证和赞扬。

正是在这种有着积极意义的学术论争中，进步知识分子对文艺的"民族形式"问题有了愈发深入的认识。在论战初期，论战双方的观点均存在一定的不足之处，向林冰虽然提出以"民间形式"来实现文艺的大众化和通俗化，但是却过分抬高了"民间形式"的价值；胡风虽然强调新文艺要反映新民主主义革命内容的要求，但是他过分推崇五四新文艺，对彰显民族特色的"民间形式"采取了忽略、排斥乃至虚无主义的态度。就当时中国的革命主题而言，如何动员、组织、领导广大的农民参加革命斗争是中共新民主主义革命的重中之重，也是当时中共文化战线肩负的重要职责。而要鼓动和领导文化水平较低的农民群众，首先就必须让文艺作品适应他们的文化水平和欣赏习惯。从而，群众所"习见常闻"的民间形式在这其中无疑具有超越文艺审美本身的社会功能和文化效应。但是，利用旧形式，却不能止步于旧形式，如果为了利用旧形式而过高估计旧形式的价值的话，则容易回到"复古"的老路上。因此，随着论战的深入，中国马克思主义理论家对如何批判继承旧形式，创造新的民族形式的文艺理论问题，有了更加清晰的见解。陈伯达直截了当地指出："利用旧形式，不是复古……是新文艺运动的新发展，是要促成更大的，更高的，更深入的新文艺运动"①；周扬也认为："利用旧形式不但与发展新形式相辅相成，且正是为实现后者的目的的"②。

可见，马克思主义理论家内部的思想论争是中国马克思主义学术发展的重要推动力。正如学者光未然在后续的论战中指出："实际上没有争论，问题是不会深入的。……民族形式是文艺活动发展到现在必然提出的问题，推进文艺运动，创造新的果实，是不能当成意见之争的，而是要很严肃地在文艺创作的实践中来解决这一个大问题"③。

## 第四节　集体智慧机制

集体智慧机制，指的是马克思主义学术中国化的发展主体——中共领

① 徐迺翔编：《中国新文艺大系（1937—1949）理论史料集》，中国文联出版社 1998 年版，第 492 页。

② 《周扬文集》第 1 卷，人民文学出版社 1984 年版，第 302 页。

③ 苏光文：《文学理论史料选》，四川教育出版社 1988 年版，第 185 页。

袖主体和知识分子群体,分别依据自身的视角和层次展开理论探索,形成一定的成果雏形。这些成果雏形经由有效渠道和平台的交汇融合,经过持续不断的实践检验和理论的再提升、再创新,最终产生汇聚多学科、多学者思想精华的重大理论突破。新民主主义革命时期的马克思主义学术中国化是一个学术创造与思想创新的互动、汇聚过程,知识分子的学术探索有着中共理论创造的牵引和导向,反映着中国马克思主义学术在指导理论上的与时俱进,中共在马克思主义中国化进程中形成的重大理论成果,亦汇聚着中国马克思主义学术的理论智慧和学理支撑。中共领袖主体和知识分子群体正是在不断的理论互动中,使不同主体的力量和智慧得到了有机结合,从而在中国化马克思主义理论创造中提供了强大的合力。

## 一、多样化的理论互动方式是集体智慧汇集的重要途径

马克思主义的学术创造和理论创新,从一开始就是同吸收集体智慧分不开的,而理论家与中共领袖通过不同的渠道和平台,建立起良性的理论互动关系,是集体智慧汇聚的必要条件。民主革命时期,中共领袖与知识分子群体正是通过互通书信、研习著作、参加学习小组和研究会等多样化的方式,共同学习,相互交流,不断汇聚集体智慧,既促进了中国马克思主义学术的发展,也对中共党内理论的创新发展起到了重要推动作用。

### (一)建立书信往来,研讨理论问题

在激烈的革命战争环境中,书信是领袖主体与知识分子主体进行思想交流的基本形式。早在大批知识分子到达延安之前,毛泽东、张闻天等中共领导人就与艾思奇、柳湜、陈伯达等理论家通过书信的形式“神交已久”。特别是毛泽东,就曾先后多次与陈伯达、艾思奇、范文澜、吴玉章等马克思主义理论家,通过书信往来的形式,进行了深入的思想交流和学术探讨。在《毛泽东书信选集》中收录的162封信件中,毛泽东与文化工作者的通信占了相当大的一部分。譬如,毛泽东十分注重对理论工作者哲学研究的引导和相互交换意见。1937年10月,毛泽东曾致信艾思奇,就他在《哲学与生活》一书中提出的“差别不是矛盾”的观点提出商榷意见。在信中,毛泽东既高度评价艾思奇《哲学与生活》一书中的“根本道理是对的”,“我读了得益很多”,并附录了他关于该书的抄录和批注,与艾思奇分享心得体会,同时也诚恳地指出,艾思奇关于“差别不是矛盾”的说法需再次斟酌,并以通俗、形象的事例阐发了“差别就是矛盾”的观点,与艾思奇交换意见。这封言辞诚恳的信件,不仅使艾思奇深受毛泽东严谨治学精神的感染,毛泽东对两人意见分歧的分析与见解,也使艾思奇受益匪浅。再如,1939年1月,毛

泽东在阅读了陈伯达撰写的《墨子的哲学思想》和《孔子的哲学思想》后，亲笔给陈伯达写了一封言辞中肯的复信，信中既肯定了陈伯达梳理中国古代哲学思想的功劳，高度评价陈伯达为中国的“赫拉克利特”，同时也就其中“中庸”和“正名”等观点，阐发了比陈伯达更为全面和客观的见解，给了陈伯达极大的指导。陈伯达在回忆《中国四大家族》的创作过程时，就曾表示“书中写及的‘正如毛泽东同志所说’‘毛泽东同志指出’”，很多都是毛主席与他思想交流时的见解①。毛泽东在与陈伯达、艾思奇等人在中国古代哲学以及马克思主义哲学领域的理论互动，促使互动双方在取长补短的过程中，不断深化自己的思想，为他们形成进一步的理论创新不断汇聚思想智慧。

（二）互鉴理论著述，相互指正完善

除了互通书信的方式之外，互相研习各自的理论著述，提出修改意见，或共同创作，也是当时两大推动主体思想互动的重要途径之一。民主革命时期，毛泽东有着丰硕的理论成果，这固然与他自身亲历的革命实践经验和天才的发挥创造有关，同样也离不开他在广泛阅读他人的著作时，积淀下的理论基础。美国记者埃加德·斯诺曾评价毛泽东“是个认真研究哲学的人”②，这种认真治学的精神，深刻地反映在毛泽东广博的阅读中。即便在艰苦的革命环境中，毛泽东也从不停止对他人理论著述的学习和吸收。延安时期，他几乎读遍了当时可以收集到的哲学著作，并在书中做了大量的批注，这些批注既有评价性的，也有毛泽东联系中国革命实践做进一步理论阐发的，其中有些内容则成为构成毛泽东理论创新的直接元素。譬如，艾思奇哲学著述对毛泽东哲学思想的形成和发展具有重大的影响。艾思奇在《大众哲学》《哲学与生活》等论著中关于认识发展过程的阐述，对毛泽东在《实践论》中系统阐发人类认识规律的总公式产生了直接的影响。毛泽东在《矛盾论》中形成的“差异就是矛盾”、外因与内因辩证运动的法则等思想，亦受到艾思奇在相关论著中对事物变动的“外因与内因”“差别与矛盾”关系等论说的直接启示。另外，毛泽东自己的理论著述虽然都是亲自执笔，一般不用秘书代劳，但他也时常谦逊地向哲学社会科学工作者请教。毛泽东在撰写《新民主主义论》时，为汇集意见加以补充修改，就曾先后两次致信周扬，请他“审阅、指正、批示，并退我为盼”③。他也曾就文章中“驳斥顽固

① 叶永烈：《陈伯达传》，作家出版社1993年版，第231页。

② 埃德加·斯诺：《西行漫记》，董乐山译，东方出版社2010年版，第65页。

③ 刘益涛：《十年纪事——1937—1947年毛泽东在延安》，中共党史出版社2007年版，第127页。

派”的观点，诚恳地请求吴玉章“请赐阅正，指示为感”①。此外，哲学社会科学的理论工作者也直接参与了毛泽东某些理论著述的创作过程。《中国革命与中国共产党》这部对新民主主义革命起重大推动作用的论著，就是由毛泽东和延安的知识分子共同创作的理论结晶。这充分显示出，在马克思主义学术中国化进程中，两大推动主体由思想互动达到思想共识，并形成集体智慧的理论创新机制。

（三）组建研习小组，开展理论交流

在延安时期，随着大批知识分子在延安的聚集，领袖主体与知识分子群体的近距离交流成为了可能。在当时中共领导的“学习运动”的推动下，两大创作主体通过组建学习小组和研读会的形式，开展经常性的理论研讨活动，结成了“亦师亦友”的关系，极大地促进了二者间的思想互动。据统计，当时由毛泽东领导或参与的理论研究社团主要有：延安新哲学会、政治经济学研究会、中国古代哲学研究会、克劳塞维茨《战争论》研究会小组等。在研读会进行的过程中，受知识背景和实践经历不同的影响，毛泽东与知识分子群体发挥着不同特点和优势。作为革命领袖的毛泽东，对中国国情的认识远比知识分子群体来得深刻，在理论思索与研讨中，往往更加符合现实，更具实践经验上的优势；而知识分子群体因为有着较高的理论素养和学术积淀，并且熟练地掌握外文，可以通过译介经典著作，提供学理思考和逻辑论证等方式，为理论创新厚实学理基础。因此，在研习会的互动交流中，毛泽东时常能够根据实践需要制定出具有普遍性的指导方针，从宏观上指导和规范理论工作者的研究工作；而知识分子群体则根据自身在专业知识上的优势，进一步推进理论研究工作，并为毛泽东个人的理论创新提供思想资源。

例如，在1938年，随着抗日战争进入相持阶段，为适应抗战需要，在思想文化领域驳斥“亡国论”“速胜论”等观点，毛泽东开始组织何思敬、莫文烨、艾思奇、肖劲光等一批哲学社会科学工作者投入到军事战略的研究中，并于1938年4月到6月之间，发起了“克劳塞维茨《战争论》研究小组”。据当时参与小组的莫文烨回忆，在毛泽东的指导下，该小组“议论的中心围绕军事辩证法问题较多，实际上是对红军在十年土地革命战争中的经验教训进行理论上的探讨”②。起初，研究会采取“边读边议”的方法，使用国民党陆军大学出版的文言文译本，而后，随着对《战争论》有较深研究的何思

① 中央文献研究室编：《毛泽东书信选集》，中央文献出版社2003年版，第160页。
② 《缅怀毛泽东》（下册），中央文献出版社2013年版，第131页。

敬加入小组,凭借其精通德文的语言优势,将《战争论》从德文翻译为中文,由此改变了小组的研究方式和参考文本。并且,对《战争论》中军事辩证法思想有深入了解的何思敬,也为小组在研讨中国土地革命时期的经验教训时,注入了更多富有学理性思考与见解。在这场历时三个多月的研读会中,毛泽东与知识分子互帮互助,频繁交换意见,从而为毛泽东在后来构思《论持久战》贡献了丰富的理论智慧,正如当时参与研读的学者回忆,何思敬"在帮助毛主席理解克氏这部难读的书,是具有一定贡献的,也是间接在毛主席写《论持久战》这部光辉著作中出了一点力"①。

## 二、从思想交流到集体共识:哲学社会科学的价值提升

中国哲学社会科学开启于中国马克思主义理论家的学术探索,其科学的理论成果如果仅仅停留在思想文化领域,而没有在政治领导的高度上凝聚为普遍的集体共识,并作为党的方针政策和指导思想,进一步转化为革命实践主体的实践探索,就难以造就强大的革命力量,从而也就不能实现其指导现实,乃至"改造世界"的价值诉求。就此而言,中国哲学社会科学作为中国革命理论和实践发展的重要智库,在领袖主体和理论家主体的思想交流过程中,也内在地包含着二者的思想精华在互动中汇流、交融、凝聚的过程。在这一过程中,哲学社会科学的学术成果成为了党内重大理论创新的重要组成部分,哲学社会科学也由此获得了从自由的学术探索向核心价值和共同理想转化的价值提升。

新民主主义革命时期,马克思主义中国化的第一个重大理论成果——毛泽东思想的创立和发展,就是集体智慧的结晶。毛泽东思想在党的七大被正式确立为党的指导思想之前,经过了长期的理论准备和学理酝酿,中国哲学社会科学界的理论家们在"毛泽东思想"的概念提出、阐发和研究宣传上,作出了重要的理论贡献。

首先,理论界根据革命形势发展的需要,辨析了毛泽东思想相关概念,并对其含义进行了初步探索。

1941 年,党的理论工作者张如心在《共产党人》杂志上发表《论布尔什维克的教育家》一文,首次使用了"毛泽东同志的思想"的概念。在文中,他高度评价毛泽东在发展马克思主义方面的创造性贡献,认为毛泽东在中国社会性质和中国革命规律上的"深邃认识",是马列主义熔铸中国革命所形

① 中共党史人物研究会编:《中共党史人物传》第 44 卷,陕西人民出版社 1990 年版,第 201 页。

成的“典型的结晶体”，“是中国化马列主义的最好体现”。他号召全党的社会科学工作者必须“忠实于列宁、斯大林的思想，忠实于毛泽东同志的思想”①。值得一提的是，在张如心提出“毛泽东同志的思想”不久，国民党御用文人叶青就在重庆的《抗战与文化》杂志上撰文，从反面提出“毛泽东主义”的概念，认为“毛泽东主义”是“中国的农民主义”和“太平天国洪秀全的一个再版”。面对叶青的污蔑和指责，张如心又于1942年在《解放日报》上发表《学习和掌握毛泽东同志的理论和策略》一文，指出，“毛泽东主义”作为中国民族解放的科学武器，是马列主义理论在中国民族解放运动中的创造性发展，决非农民主义和洪秀全主义。

在张如心的带动下，党的其他理论家也纷纷撰文进一步论证和阐释相关概念的具体含义。时任《晋察冀日报》总编辑的邓拓，在《纪念七一、全党学习和掌握毛泽东主义》的社论中指出，“毛泽东主义”就是对马列主义的创新发展。史学家吕振羽也同样褒扬了毛泽东对马克思主义理论的创造性贡献，认为毛泽东的思想理论“是马列主义的发展，是民族化的马列主义”②。在哲学领域，陈伯达和艾思奇也分别在《解放日报》和《中国文化》上撰文，高度评价毛泽东的著作是马列主义中国化的“辉煌的范例”和“典型著作”，并进一步提出：“中国共产党的思想，是毛泽东的思想，是中国化的马克思列宁主义”③。这些界定，虽然还不尽完备和规范，甚至尚未明确提出“毛泽东思想”的科学概念，但毕竟已有力回击了叶青等人的肆意污蔑，捍卫了毛泽东思想理论的权威价值，初步促进了对相关术语的拨乱反正。

其次，理论工作者架构和阐发了毛泽东思想的体系脉络和基本内容，为毛泽东思想科学体系的形成，奠定了学理基础。

张如心也是较早梳理毛泽东思想科学体系的理论家。他在1941年发表的《在毛泽东的旗帜下前进》一文，就援引“毛泽东同志在中国问题上发展创造马克思主义的几个论著的例子”，从“中国社会性质阶级关系及中国民族民主革命的特质”“民族统一战线”“中国民族民主革命的政权”“军队的建设、革命根据地的建设，及革命战争的战略战术”④等四个方面初步架构了毛泽东思想的科学体系。1942年，他又在《学习和掌握毛泽东同志的理论和策略》一文中，对毛泽东思想的内容作了进一步归纳总结，着重从

① 张如心：《论布尔什维克的教育家》，《共产党人》1941年第16期。
② 吕振羽：《国共两党和中国之命运》，《解放日报》1943年8月7日。
③ 陈伯达：《评〈中国之命运〉》，《解放日报》1943年8月7日。
④ 张如心：《在毛泽东同志的旗帜下前进》，《解放》1941年第127期。

"思想路线或思想方法论""政治路线或政治科学""军事路线或军事科学"等三个部分构建了毛泽东思想的科学体系。在张如心看来，毛泽东的思想理论具有历史与逻辑的统一性：首先，"思想路线"作为毛泽东全部理论的"思想基础"，是"最首要的部分"；其次，"政治路线"作为毛泽东思想方法在具体革命斗争中的贯彻和运用，是毛泽东思想体系中"极其重要的部分"；最后，"军事科学"则是"政治路线在军事问题上的具体化"。正是基于对毛泽东思想体系的认识把握，张如心呼吁："谁要成为中国的马克思列宁主义者，谁就必须学习和掌握毛泽东统治的理论和策略，并成为它的忠实信徒"①。

从"毛泽东的思想"概念的提出到"毛泽东主义"术语的拨乱反正，再到毛泽东思想体系的内容架构，中国哲学社会科学理论家对毛泽东思想的学术探索经历了一个由整体性一般性的宣传转向内部逻辑关系研究的不断深化过程，为毛泽东思想的集体认同，提供了较为厚重的逻辑论证。在上述理论探索的基础上，刘少奇、王稼祥、张闻天等党内领导人进一步总结提升，最终在1945年中共七大上形成了毛泽东思想科学内涵的九个方面的系统界定，并正式列入党章成为指导全党一切工作的根本指南。这一机制，至今仍有现实指导意义。

## 第五节　民众转化机制

为了谁、依靠谁，是学术研究必须解决的一个根本问题。在马克思主义唯物史观中，一部社会发展史就是人民群众的实践活动史。历史活动是群众的事业，决定历史发展的是那些"行动着的群众"。人民群众是历史的创造者。哲学社会科学能否真正发挥作用，关键在于能否走向社会、走向民众，能否拥有雄厚的群众基础，被人民群众所接受和运用。对人民群众进行宣传、教育，促进思想理论的通俗化、大众化是近代中国学术建构的重要路径。

### 一、从"先知先觉"到"民众英雄"：近代中国理论精英的角色转型

自古以来，中国思想界就存有"劳心"与"劳力"的划分，统治者及其谋士们努力建筑起思想的象牙塔，将广大民众排斥在外，使他们成为不思不想的愚昧顺民。近代之后，这一状况并没有得到根本改观，"一切事业都始于

① 张如心：《学习和掌握毛泽东同志的理论和策略》，《解放日报》1942年2月18日。

少数人,至少在人智未齐之前"①,"每一种社会历史运动,每一种对外的民族斗争,或每一种学术思想的潮流,总有一种先知先觉的人物,站在历史前头,作为人民的向导"②。中国近代的历次启蒙运动正是在"先知先觉"的主导下发起和推动的,他们在开民智、启民风、兴民德、倡民权等方面扮演着不可替代的关键角色。

但事实上,人们的觉悟,只有先后快慢之别,并无等级优劣之分,我们必须承认"人之欲善,不劣于我,人之要强,不弱于我,人之向上,不下于我,人之为国,人之爱国,人之谋国之忠,不差于我"③。"真实的思想并不出于象牙塔,而来自实际的生活,凡生活着的人都配有思想。"④伴随全民抗战形势的日益推进,理论精英们意识到,这种以出身定角色的传统必须打破,"英雄产生于劳动、生活与战斗中,凡劳动着的、生活着的、战斗着的人都可能成为英雄"⑤,他们可以出自高堂,也可来自工坊;可以是政界精英,也可是文人墨客等等,各行各业均会涌现出自己的英雄,都能在各自的领域承担起领导者的角色。

理论精英们认为,在诸多"英雄"之中,我们最需要的是"民众英雄",即民众化了的英雄。他们指出,与西方情形不同,中国的思想解放"并不是属于市民的专有",相反,市民的理论认识往往是狭隘的,"最容易在私利的情形下,成为启蒙事业的变节者",在某种情势下,"只好由另一种的历史掌舵人来引路,来担戴"。⑥ 并且,由特定的历史背景所决定,"越到东方来,市民就越无能,越懦怯"⑦,单纯的"市民"已无法完成救亡图存的历史使命,必须代之以大众力量的整体动员与激发。中国历来的思想觉醒运动,给出了一个不争的事实,就是"这种觉醒运动之所以有力,一定是因为和人民大众相结合;另一方面,这种觉醒运动之所以受挫或陷于一时的失败,又一定是因为和人民大众相结合的不足"⑧。因此,培育"民众英雄"已成为迫切需要。因为,这种英雄"能够埋头在民众中间,和民众在一起,在民众中间活动","能够在最困难的时候,不走开民众的队伍,在决斗的时候,站在民众的前头;能随时有杀身成仁、舍生取义的精神,在任何生死关头的时候,不动

---

① 张申府:《所思》,生活·读书·新知三联书店 2008 年版,第 12 页。
② 陈伯达:《新人生观的创造》,辰光书店 1940 年版,第 45 页。
③ 张申府:《思与文》,河北教育出版社 1996 年版,第 96 页。
④ 胡绳:《谈思想和思想自由》,《全民抗战周刊》第 129 期,1940 年 7 月 20 日。
⑤ 胡绳:《论英雄与英雄主义》,《全民抗战周刊》第 148 期,1940 年 11 月 30 日。
⑥ 陈伯达:《在文化阵线上》,生活书店 1939 年版,第 51 页。
⑦ 何干之:《近代中国启蒙运动史》,生活书店 1937 年版,第 3 页。
⑧ 陈伯达:《新人生观的创造》,辰光书店 1940 年版,第 29 页。

声色，为民众的事业而见危授命”。[①] 这种英雄“不是偶像，而是健康的人；不是‘人上人’、‘超人’，而是人中的人；不是脱离了群众的，而是生活在群众中间依靠着群众的；不是企图自由地改变历史道路的疯子，而是顺应着历史的发展发挥出无限的战斗的积极性的自由人；不是天才，而是平常人；他们的伟大不表现在神秘，而是表现在平常的中间”[②]。毕竟，民族救亡并不是几个所谓“先觉”“英雄”的专利，而是全体民众的共同使命，“就令一种运动的发起不能不由于少数人，但收成总是有待于大多数人的”[③]。唤起大多数民众，促使“千百万被轻视的被践踏的被视为皮鞭下的柔顺的绵羊、可以任由摆布的无灵魂的棋子的人民，渐渐地都成为战斗的英雄，来共同争取民族的自由发展、个个人的自由发展”[④]，才是思想理论界的主要职责。

## 二、从“化大众”到“大众化”：马克思主义学术中国化的路径转向

由理论精英的立场转型所决定，马克思主义学术中国化的发展路径也出现了由“化大众”向“大众化”的转向。

近代初期，中国的理论精英仍抱有“为天下师”的传统心态，以自身独特的知识优势，扮演着社会启蒙者、人类“救世主”的角色。他们在“开眼看世界”的同时，也在中西文化的对比中敏锐地察觉出中国国民的性格缺陷。梁启超将国民性格概括为：“一曰有族民资格而无市民资格”，“二曰有村落思想而无国家思想”，“三曰只能受专制不能享自由”，“四曰无高尚之目的”。[⑤] 在此基础上，陈独秀进一步提出了现代国民之设想，即“自主的而非奴隶的”，“进步的而非保守的”，“进取的而非退隐的”，“科学的而非想象的”，“实利的而非虚文的”，“世界的而非锁国的”。[⑥] 随之，“化大众”成为近代初期理论精英们的热切追求，并以此来彰显自我的生命价值和社会意义。

就其精神而言，应当承认，真诚的救世者和自救者都是难能可贵的。然而在近代中国，想当精英的人太多，而真正的智者太少了，一贯以“先知先觉者”自居的理论精英们在开民智、扫愚昧的同时，却严重忽视了对自身缺

① 陈伯达：《新人生观的创造》，辰光书店1940年版，第48页。
② 胡绳：《论英雄与英雄主义》，《全民抗战周刊》第148期，1940年11月30日。
③ 张申府：《救亡运动上的缺欠》，《人人周刊》第7期，1936年11月。
④ 胡绳：《论英雄与英雄主义》，《全民抗战周刊》第148期，1940年11月30日。
⑤ 梁启超：《梁启超全集》卷四，北京出版社1999年版，第1187页。
⑥ 陈独秀：《敬告青年》，《青年杂志》（创刊号），1915年9月15日。

陷的反思。实际上,在传统社会中,作为唯一具有文化言说权力的社会群体,理论精英受到的封建意识和落后观念影响之深,远远超过了普通民众。因为理论精英既是这种文化正统的积极参与者和缔造者,同时也是这种文化的传承者和守护者,其所受的影响显然是根深蒂固的。虽然近代初期精英们也曾高举新文化的大旗,激烈地批判旧传统、吸收新思想,但这种改造很大程度上仅仅是作为严峻时局的被动应对和原有社会地位的变相捍卫。康有为曾指出,人民愚昧、民智未开,高呼“开民智”“伸民权”,但实质上只是停滞于保皇立宪,充当封建主义的卫道士,甚至在变法失败后也没有吸取教训,没能与时俱进,反而成了时代发展的绊脚石。况且,精英们最初所采用的启蒙武器大多是从西方引进的各种学说和主义,受中国长期以来相对封闭的内敛性文化性格的影响,西方的启蒙理论很难在短时间内洗刷民众心中普遍存在的本土文化情结。“自由”“平等”“博爱”的说教抵不过民众对皇权的向往,对罗素、杜威、马赫、托尔斯泰等思想的介绍抹不掉民众对孔孟的眷恋,对实用主义、新村主义、工读主义的宣扬也胜不过民众对生计的关注。由于时局的紧迫,精英们没能深入细致地做好分析鉴别工作,也没有去认真研究如何使西方学说适合中国客观实际的问题,反而因为冲击了民众长期信奉的文化传统,进一步拉大了与民众的距离,致使启蒙的阻力越来越大,在自救与拯救的不和谐变奏中,精英们的呐喊也就很难赢得民众的共鸣。最后“别说别人,就是他们自己也开始怀疑自己这么做是否恰当了”①。可见,文化精英们虽然具有自身的优势,但其弊端也不容忽视。精英自身的启蒙同样是非常迫切而且也是极其关键的。

到20世纪30年代,随着日寇侵华野心的膨胀,中华民族被逼到了生死存亡的紧要关头。这种情况下,为保证抗战的胜利,就必须充分激发民众身上蕴藏的全部活力,人们逐渐意识到全民抗战的至关重要性,民众才是抗日救亡的力量之源、胜利之本。随之,广大民众特别是农民阶级的地位被提升到前所未有的历史高度:“拿未曾改造的知识分子和工人农民比较,就觉得知识分子不干净了,最干净的还是工人农民,尽管他们手是黑的,脚上有牛屎,还是比资产阶级和小资产阶级知识分子都干净……知识分子出身的文艺工作者,要使自己的作品为群众所欢迎,就得把自己的思想感情来一个变化,来一番改造。”②并且进而把是否“大众化”作为评判文化阶层革命与反革命的唯一标准。于是,一些理论者提出,要动员民众必须自身首先切实成

① ［美］微拉·施瓦支:《中国的启蒙运动》,李国英译,山西人民出版社1989年版,第365页。

② 《毛泽东选集》第三卷,人民出版社1991年版,第851页。

为民众，由专家的生活改变成群众的生活，由城市的工作转入了乡村的工作，“与其集中在一个高峰上，让四面八方当做特殊人物来仰望，倒不如变成一个平凡的人，变成农民、难民、商人……”①在那里，“大众化”已不再是思想理论普及层面的问题，而是已经远远超出了思想理论的层面，上升到了理论者的阶级属性的高度。理论精英们为摆脱自身的资产阶级或小资产阶级烙印，都纷纷融入工农群众之中寻求自己的立命之地，理论的“大众化”变成了人的“大众化”，民众已抬升到至高无上的地位，为马克思主义学术中国化奠定了最为深厚的民力基础。

① 艾思奇:《文化在抗战中》,《抗战三日刊》第6期,1937年9月6日。

# 第七章　新民主主义革命时期马克思主义学术中国化的成果形态

马克思主义学术中国化是马克思主义理论家创造性将马克思主义的立场、观点和方法融入哲学社会科学各学科领域展开学术创造的过程。因此，它的成果形态具体地体现在各学科领域的探索过程及其理论成果中。诚然，马克思主义学术中国化是一个不断发展、推进的动态过程，从历时态上看，它永远处于一个不断展开的“进行时”和“未完成时”，但是这并不代表它在特定阶段上没有形成成果形态。马克思主义学术中国化是一个过程和成果的统一体，即各学科在不同的发展阶段产生了不同的阶段性成果，而且以这些成果为基础，新的探索过程持续展开，又进一步形成更加丰硕的果实，如此构成了阶段的连续性和成果的不断积累。此外，马克思主义学术中国化的成果也具有普遍性和特殊性相统一的特征，即各学科产生的理论成果既具有一些普遍的特性，同时也因各学科内在的特殊规律而形成区别于其他学科的特性。本章主要以马克思主义哲学中国化、马克思主义政治经济学中国化和马克思主义社会学中国化为例，呈现出新民主主义革命时期马克思主义学术中国化所取得的学术成就。

## 第一节　马克思主义哲学中国化

### 一、马克思主义哲学中国化的探索进程

#### （一）“作为观察国家命运的工具”的唯物史观

在众神狂欢、乱云飞渡的五四时期，受俄国十月革命胜利的鼓舞和感召，以陈独秀、李大钊、李达等为代表的一批先进知识分子，在众多主义与思潮的比较鉴别中，率先选择了具有革命实践特质的唯物史观，由此开启了中国马克思主义哲学的探索之路。虽然早期马克思主义者主要侧重于传播和介绍唯物史观，但应该指出的是，在传播唯物史观的过程中，他们绝不仅仅是充当“传声筒”的角色，而是从一开始就自觉把唯物史观与中国的“救亡”现实联系起来，并做出积极能动的宣传、阐释和应用，事实上已经初步孕育出马克思主义哲学中国化的思想。

李大钊在接受唯物史观之初，即认为“一个社会主义者，为使他的主义在世界上发生一些影响，必须要研究怎么可以把他的理想尽量应用于环绕着他的实境”①，于是，通过把唯物史观应用于中国这一具体“实境”，李大钊为中国前途指出了一条“根本解决”的方案，即以唯物史观“这个学理作工具，为工人联合的实际运动”②而奋斗。陈独秀在传播唯物史观时，突出强调马克思是一位“革命的社会主义者”，有着“实际研究的精神”和“实际活动的精神”，并号召进步青年既要“以马克思实际研究的精神研究社会上各种情形”，更要“将其学说实际去活动，干社会的革命”③。因此，他依据唯物史观的基本原理，阐发了“用革命的手段建设劳动阶级（即生产阶级）的国家”④的主张。李达在1923年则鲜明地提出“马克思学说与中国”的论题，认为“马克思学说之在中国，已是由介绍的时期而进到实行的时期”⑤，于是，根据唯物史观的“社会革命”理论以及现实中国遭受“有产阶级”“封建阶级”“国际帝国主义”三重压迫的情形，他主张按照中国的国情来走无产阶级专政的道路。

上述可见，正是从一开始就把唯物史观视作“观察国家命运的工具”，早期马克思主义对唯物史观的启蒙传播，决不仅仅限于对唯物史观纯粹的理论介绍，而是始终致力于运用唯物史观来为近代“中国向何处去”建言献策，诚如有学者指出，不能将马克思主义哲学的传播和马克思主义哲学中国化视作两个前后相继的过程，五四以后中国马克思主义者是紧密联系中国的具体实际来传播马克思主义哲学的，这在事实上已经开启了马克思主义哲学中国化的历史进程⑥。不过，由于该时期的中国马克思主义哲学还处于“启蒙”阶段，虽然已经初步萌发了“中国化”的思想，但受理论家认识水平和时代条件的限制，其理论建构还略显粗糙，以至于存在对马克思主义哲学理解不准确，甚至“误读”的情形，这主要体现在：其一，还不具备成熟的哲学思维，特别是从实践哲学思维的高度来把握马克思主义哲学，而更多的是把马克思主义哲学视作一种极具实用价值的社会改造方法，从而，其理论建构在一定程度上缺乏哲学上的思辨性、系统性和深刻性；其二，由于早期马克思主义者所接触到的经典著作有限，导致他们对马克思

① 《李大钊全集》第3卷，人民出版社2013年版，第51页。
② 《李大钊全集》第3卷，人民出版社2013年版，第55页。
③ 《陈独秀文集》第2卷，人民出版社2013年版，第250页。
④ 《陈独秀文集》第2卷，人民出版社2013年版，第39页。
⑤ 《李达文集》第1卷，人民出版社1980年版，第202页。
⑥ 参见汪信砚：《马克思主义哲学在中国的传播与马克思主义哲学中国化》，《马克思主义研究》2013年第8期。

主义哲学作狭隘的理解，以至于把马克思主义哲学仅仅等同于唯物史观或阶级斗争。

（二）马克思主义哲学中国化的学术准备："体系化"建构与"通俗化"转向

如果说在马克思主义哲学传入中国初期，由于种种原因仅限于唯物史观的阐发和运用的话。那么，自1927年大革命失败后，随着一批旅俄、旅欧的共产主义者陆续归国，壮大了马克思主义的理论队伍，以及马克思主义经典著作，特别是苏联的哲学教科书在当时被大量翻译出版，以瞿秋白、李达、艾思奇等为代表的一批具有专业理论素养的理论家开启了对马克思主义哲学进行系统研究和通俗化阐释的新阶段，从而在学术层面为马克思主义哲学中国化奠定了深厚的学理基础。

马克思主义哲学自传入中国之日起，就迅速地被先进知识分子应用于解决中国的实际问题，不过，随着中国革命实践发展和实际情况的变化，早期马克思主义者对唯物史观的选择性传播和解读，事实上已经无法满足实践的要求，大革命失败的惨痛教训更是彻底暴露出中共在革命初期理论准备不足的问题。由是，对马克思主义哲学进行系统研究和体系性界说就成为了大革命后中共理论战线面临的重大问题。李达于1937年出版的《社会学大纲》代表了该时期中国马克思主义者对马克思主义哲学"体系化"建构的最高水平，是中国学者撰写的第一部系统、完整阐述马克思主义哲学原理的教科书范本。在《社会学大纲》中，李达对建构中国化的马克思主义哲学体系具有突出的学术贡献，全面阐释了马克思主义哲学的基本原理，阐明了马克思主义哲学是由历史观、自然观和认识论等组成的完整体系。虽然该书的内容主要依据苏联的哲学教科书写成，但在体系架构上，李达将马克思主义哲学划分为"唯物辩证法""当作科学看的历史唯物论""社会的经济结构""社会的建筑"和"社会的意识形态"这五个相互联系的部分，这与苏联教科书通常将马克思主义哲学划分为辩证唯物论和历史唯物论的流行见解显然不同，反映了李达对建构中国化马克思主义哲学体系的独特思考。此外，《社会学大纲》虽然在表现形式上是学理性的，但李达创建这一哲学体系的初衷则是为了给从事实际斗争的革命者以"科学的宇宙观和历史观"，以帮助他们实践的开展。因此，李达在该书中突出强调了马克思主义哲学的实践精神，提出马克思主义哲学是"实践的唯物论"，并认为"实践的唯物论"是规定"唯物辩证法"和"历史观之唯物论"的基础。这一重要的提法，为毛泽东在此之后进一步阐释实践对认识的决定作用，形成具有中国特色的、以实践为基础的马克思主义认识论，奠定了必要的学理基础，是李达对马克思主义哲学中国化突出的理论贡献。

除"体系化"建构外,20 世纪 30 年代中期,以艾思奇、陈伯达为代表的马克思主义学者则开始了对马克思主义哲学通俗化、大众化的积极探索。马克思主义哲学作为指导中国人民认识世界和改造世界的理论武器,本质上应属于全民的智慧,而不应仅仅在学术殿堂中被少数的专门家所掌握,只有以通俗的形式将深奥的哲学原理普罗化为群众的"精神食粮",马克思主义哲学才能真正在革命群众的实际运用中,融入革命实践,实现中国化。在马克思主义哲学通俗化的这条理论战线上,艾思奇的贡献尤为突出,他于 1936 年正式出版的《大众哲学》开马克思主义哲学通俗化之先锋,是马克思主义哲学通俗化、大众化最具代表性的成果。在这部书中,艾思奇以生动活泼的语言、形象贴切的比喻、通俗易懂的事例,从本体论、方法论、认识论等方面深入浅出地阐述了马克思主义的哲学原理,彻底荡涤了长期笼罩在哲学之上的神秘色彩,促使那些充满抽象性和思辨性的概念和哲理在密切联系群众日常生活中,走向趣味化、通俗化。因此,《大众哲学》一经出版,就广受好评,并吸引了一大批爱国青年自觉接受了马克思主义哲学,坚定地走上革命道路,当时甚至有"《大众哲学》动员了 10 万青年参加革命的说法"①,由此可见其学术影响力之深刻。继艾思奇之后,陈唯实的《通俗辩证法讲话》《新哲学体系讲话》,沈志远的《现代哲学的基本问题》也都是该时期马克思主义哲学大众化、通俗化取得的显著成果。

总而言之,20 世纪 30 年代中国马克思主义者对马克思主义哲学的"体系化"建构和"通俗化"阐释,取得了显著的学术成就,不仅发挥了普及马克思主义哲学的宣传和教育功能,极大地拓宽了马克思主义哲学的影响力,还在唯物辩证法论战中,抵御了张东荪等反马克思主义者的理论进攻,捍卫了马克思主义哲学的理论旗帜。在中共理论家的努力下,马克思主义哲学迅速地跃升为 30 年代中国哲学界的主潮流,就连公然反对唯物辩证法的张东荪也不得不承认,当时"赞成唯物辩证法的书籍,大有满坑满谷之势"②。不过,在充分估价该时期中共学者对马克思主义哲学学术研究的巨大成绩的同时,也当看到其中存在的弱点。一方面,如艾思奇在 1941 年的反思所言,该时期的理论研究"基本上始终限制在介绍性质的,书本式的,通俗化性质的活动范围内"③,虽然其中不乏深化马克思主义哲学的独到思考(如李达

① 刘大年:《中国复兴枢纽——抗日战争的八年》,北京出版社 1997 年版,第 486 页。

② 蔡尚思:《中国现代思想史资料简编》第 3 卷,浙江人民出版社 1983 年版,第 546 页。

③ 《艾思奇文集》第 1 卷,人民出版社 1981 年版,第 552 页。

的“实践的唯物论”)，但总的来看，仍局限于知识性的介绍，严格上讲没有多少理论上的创新；另一方面，由于该时期中共学者的直接理论来源皆为苏俄的哲学教科书，受其理论哲学模式的影响，他们在学理建构上，往往倾向于将马克思主义哲学叙述成具有最大普适性的“科学的科学”，这在一定程度上窒息了马克思主义哲学的实践本质，从而导致这种具有决定论式的体系化理论在走入实践运用的过程中，往往容易被教条主义所利用。由此可见，马克思主义哲学中国化固然需要学术研究所提供的理论智慧，但更重要的是，要将理论智慧与社会实践中的实践智慧熔铸一体，才能真正实现“中国化”。可喜的是，虽然该时期马克思主义哲学中国化在由学术走向实践的过程中饱受教条主义的困扰，但以毛泽东为代表的革命家始终在革命实践中坚持马克思主义哲学中国化的正确方向，致力于马克思主义哲学与中国革命实践经验的充分结合。毛泽东于1930年创作的《反对本本主义》，提出了辩证唯物主义的思想路线，在马克思主义哲学融入中国革命实践上迈出了关键性的一步。

### （三）中国化马克思主义哲学的生成与丰富发展

经过20世纪30年代的发展，中国马克思主义者对马克思主义哲学中国化的探索已经积累了相当的学术底蕴和实践经验。一方面，在唯物辩证法运动期间，艾思奇、李达、沈志远、陈伯达等哲学家对马克思主义哲学体系化、通俗化的学术探索，已经在学术层面上为马克思主义哲学中国化夯实了深厚的学理基础；另一方面，在土地革命战争时期，中共在独立领导武装革命斗争的过程中也积累了丰富的实践经验。于是，身兼革命者与哲学家双重身份的毛泽东，在吸收既有学术积淀的基础上，通过对中国革命实践经验的创造提升，分别于1937年7月和8月写成《实践论》和《矛盾论》。这两部著作既是马克思主义哲学在中国的实际应用，又集中体现了马克思主义哲学在中国的创新性发展，从而标志着中国化的马克思主义哲学——毛泽东哲学思想体系的形成。

毛泽东的《实践论》集中体现了中国化马克思主义认识论的理论成果。在《实践论》中，毛泽东继承并发展了列宁关于“实践第一”的观点，系统分析了认识对实践的依赖关系和实践对认识的决定作用，论述了科学认识是在实践基础上“从感性认识而能动地发展到理性认识，又从理性认识而能动地指导革命实践”①的循环往复的辩证运动过程，从而凝练地概括出了“实践—认识—实践”的人类认识总公式。在马克思主义哲学发展史上，毛

① 《毛泽东选集》第一卷，人民出版社1991年版，第296页。

泽东是第一位对实践对认识的决定作用做了如此完备论述的经典作家，既创造性地使马克思主义认识论发展成为实践的认识论，又为中共确立从实际出发，理论联系实际，实事求是的认识路线奠定了哲学基础。此外，《实践论》还扬弃了中国传统哲学的知行观，具有浓厚的民族特色和中国气派。

毛泽东的《矛盾论》集中体现了中国化唯物辩证法的理论成果。《矛盾论》不但坚持了"对立统一规律是唯物辩证法的实质与核心"的观点，还原创性地提出了主要矛盾与非主要矛盾、矛盾的主要方面和非主要方面依据一定条件相互转化的原理，从而为中共研究和解决主要矛盾，矛盾的主要方面，而形成正确的政策制定，提供了哲学依据。此外，借用中国传统哲学中的朴素辩证法思想来阐释对立统一规律，也是《矛盾论》的一大特色，这赋予了中国化的唯物辩证法理论以鲜明的中华民族的特色和气派，是地地道道的中国化的唯物辩证法。

自毛泽东的"两论"形成之后，在毛泽东哲学所开辟的正确的"中国化"方向的指引下，中国马克思主义哲学在延安时期取得了更加丰硕的理论成果。1938年6月，在毛泽东的倡导下，汇聚了艾思奇、何思敬、陈伯达、杨松、陈唯实、潘梓年、胡绳等理论大家的延安新哲学会成立。这批学者在毛泽东的指示和引导下，一方面，开始了以马克思哲学系统清算和整合中国哲学遗产的理论工作，如艾思奇对孙中山哲学思想的研究，陈伯达对中国古代知行观和朴素辩证法思想的研究，和培元对形式逻辑和辩证法的研究，这些理论成果进一步丰富了马克思主义哲学中国化的研究视域，使马克思主义哲学愈发显现出地地道道的中国风格；另一方面，延安新哲学会的知识分子坚持毛泽东所开辟的实践哲学的路径，就中国革命的重大现实问题展开哲学研究，进一步推动了马克思主义哲学与中国革命和现实的思想斗争结合起来。如艾思奇鲜明地提出了马克思主义哲学"中国化""现实化"的理论号召，为促进马克思主义哲学成为具有中国经验、富有中国特色的中国式马克思主义哲学贡献了大量的理论智慧。除理论界取得了重大理论突破外，在抗日战争和解放战争期间，毛泽东进一步将其哲学思想运用于政治、经济、文化、军事等领域，在《中国革命战争的战略问题》《改造我们的学习》《新民主主义论》等系列文论中，将马克思主义哲学具体化为"实事求是""能动的革命反映论""具体问题具体分析"等指导中国革命实践的认识论路线和思想路线，从而使毛泽东哲学思想体系得到了更进一步的发展和提升，代表了中国共产党人将马克思主义哲学与中国革命实践相结合的最高理论水平。

## 二、艾思奇的《大众哲学》:马克思主义哲学通俗化的成功典范

在马克思主义哲学中国化的进程中,艾思奇无疑是一个响亮的名字,而这个名字也与他的成名著作《大众哲学》紧密联系在一起。毛泽东曾赞誉艾思奇为"大众哲学家",就是因为他的《大众哲学》开马克思主义哲学"通俗化""大众化"之先锋,并为马克思主义哲学由"通俗化"向"现实化""中国化"的进一步发展奠定了重要的学理基础和思想基础。

### (一)《大众哲学》对马克思主义哲学通俗化的创造性阐释

《大众哲学》最初以《哲学讲话》的书名出版,并于1934年11月至1935年10月在大众化刊物《读书生活》上连续24期发表。当时由于遭到国民党书报审查机关的查禁,《哲学讲话》便于第4版更名为《大众哲学》继续出版。然而,比起"哲学讲话","大众哲学"这四个字则更加旗帜鲜明地体现出这部著作的宗旨和特色,显示了艾思奇对中国马克思主义哲学发展方向的一个创新性思考,即:在中国这个以农民为主要群体的东方农业大国中,如何使深奥的马克思主义哲理以群众乐见常闻的"通俗化"的形式为文化基础薄弱的工农群体所掌握,并内化为他们的行动指南和精神武器。这一点,艾思奇在《大众哲学》的代序中交代得很清楚:"我写这本书的时候,自始至终,就没有想到要它走到大学校的课堂里去",而是希望让这本书"在都市街头,在店铺内,在乡村里,给那失学者们解一解智识的饥荒",他还打趣地把自己的作品比作"形式粗俗,没有修饰裁剪,更不加香料和蜜糖"的"干烧的大饼"①,目的就是要推动马克思主义哲学从书斋和课堂中,走向更加广阔、更加基层的平民百姓中去,融入他们的生活与现实斗争中。他是这样思考的,也是这样努力的。

在《大众哲学》开篇《绪论》中,艾思奇首先以社会生活为依据,提出了"哲学并不神秘"的观点,由此,打破了哲学长久以来笼罩着的思辨迷雾,率先在逻辑上回答了马克思主义哲学通俗化何以可能的问题。在艾思奇看来,哲学对于社会生活的关系,始终是很密切的,在日常生活里,随时都有哲学的踪迹出现,人们之所以觉得哲学充满"神秘感",一方面,固然由于人们亲近哲学的机会太少,另一方面,则是人们对习以为常的日常生活缺乏"反省"和"察觉"的缘故。实际上,由于人们在生活的经历中都会有所思考,有所感悟,而每一种感想里,就都潜伏着一种哲学的"根底",所以,哲学从源

---

① 艾思奇:《大众哲学》(修订本),人民出版社2011年版,第4—5页。

头上看，是从人类社会生活中产生出来的，也非到人类生活中挖掘不可①。据此，艾思奇得出结论说："哲学既然在日常生活里随时可以找到踪迹，那就可以知道它决不是神秘莫测的东西"②，这就对马克思主义通俗化何以可能做了充分的回答。

由哲学与社会生活的密切联系，使哲学从神秘的思辨彼岸回到了充满地气的世俗社会。在解决马克思主义哲学通俗化的"可能性"问题后，如何从社会生活中讲马克思主义哲学、谈马克思主义哲学，使马克思主义哲学真正通俗易懂，便是艾思奇紧接着思考的问题。毫无疑问，艾思奇对马克思主义辩证法唯物论的"通俗化"阐释是成功的。许多辩证法唯物论的道理，经过他深入浅出的阐释，变得很具体、很形象、很易懂，变成了中国人喜闻乐见的形式、易懂能用的哲理。

例如，1924 年，浙江杭州雷峰塔倒塌是当时轰动一时并妇孺皆知的事件，艾思奇就巧妙地运用该事件来阐述辩证法唯物论的"质量互变规律"。他指出，雷峰塔的倒塌除了是长年风雨的侵蚀之外，还有一个很重要的原因，就是当地的百姓因为迷信，把雷峰塔的砖块当做祈福消灾的灵物偷拆搬走的缘故。这就使得雷峰塔的稳固性随着砖块不断被偷走而不断削弱，最后到了塔无法支持的一天，也就轰然倒塌了。对于雷峰塔的这一变化，艾思奇认为其中包含着两个重要的过程：第一，偷砖者一次两次乃至几十次的偷砖，虽并不至于改变塔的性质和形状，但却使塔的支持力逐渐趋于薄弱，这就叫量变的过程，也叫渐变的过程；第二，随着偷盗的次数不断增多，终于有一天超过了雷峰塔所能支持的最大限度，塔就难以再维持它原来的性质形状，而轰然倒塌了，这就叫做质变的过程，也称为突变的过程。通过形象生动地阐释，艾思奇引申出结论："数量的变（'渐变'）和质的变（'突变'），这是最普遍的两种变化过程，不单只包含在雷峰塔的倒塌中，世界上一切事物的变化，都离不了这两种过程的。"③

不难看出，在艾思奇通俗、简单的笔调中，马克思主义哲学的真理形象鲜活、跃然纸上。在《大众哲学》的其他章节中，无论是从"水果店生意人的谈话"中阐释"否定之否定规律"，还是在"魔术师变戏法"的例子中，讲解"矛盾的对立统一关系"，艾思奇总是能以最通俗的笔法和日常生活的体裁，来深入浅出地讲述辩证法唯物论。艾思奇关于哲学通俗化的探索，在一

① 参见《艾思奇全书》第 1 卷，人民出版社 2006 年版，第 440—441 页。

② 《艾思奇全书》第 1 卷，人民出版社 2006 年版，第 441 页。

③ 《艾思奇全书》第 1 卷，人民出版社 2006 年版，第 520 页。

定程度上扫除了以往哲学界的沉闷空气和压抑氛围，把神秘而玄妙的哲学引向了实际生活，在哲学社会科学界产生了强烈的社会反响。在艾思奇哲学的启蒙下，大量热血青年抱着对马克思主义的美好憧憬，纷纷踏上了革命道路。廖盖隆在《我的哲学启蒙老师艾思奇》一文中回忆："艾思奇作为马克思主义辩证唯物论在中国通俗化、大众化的先驱，使我冒昧地称他为大众哲学家，他的成名之作《大众哲学》，是极其罕见而又广受大众群体喜爱的群众性社会科学畅销书，在中国社会产生了重大的现实意义，成千上百万的中国青年知识分子，在这本书的启蒙教育和激励下，奋勇地投入到中国空前伟大的全民族抗日救亡之中，随后又英勇地投入到空前伟大的中国人民解放战争之中。"①就连国民党领导人蒋介石也曾无可奈何地承认，国军在大陆之所以战败，不是输于中共的军队，乃是人心上的失败，特别是败于艾思奇的《大众哲学》，一本《大众哲学》，冲垮了三民主义的思想防线。

在艾思奇的推动下，通俗化、大众化蔚然成风，涌现出一大批相关研究成果。例如，胡绳的《哲学漫谈》《新哲学的人生观》《思想方法》《辩证法唯物论入门》《怎样搞通思想方法》《中国问题讲话》，陈唯实的《新哲学体系讲话》《通俗辩证法讲话》《革命哲学》《通俗唯物论讲话》《新人生观》，韩树英的《通俗哲学》等，都是深受读者喜爱的典范之作。

### （二）《大众哲学》对马克思主义哲学中国化的理论贡献

《大众哲学》之所以为马克思主义哲学通俗化的典范，除了它在马克思主义哲学大众化视域下对马克思主义哲学通俗化的创造性阐释之外，还应当将《大众哲学》置于马克思主义哲学中国化发展的进程中，予以解读和评析，从而才更能深刻把握其作为"典范"的价值意义，更能揭示出《大众哲学》对马克思主义哲学中国化的理论贡献。

在完成《哲学讲话》之后，艾思奇并没有止步不前，而是在原有研究的基础上适应当时中国的形势发展和斗争需要，进一步提出马克思主义哲学中国化的使命，呼吁理论界在中国发起一场哲学研究的中国化运动，指出"过去的哲学只做了通俗化运动，这只是中国化的初步，整个通俗化并不等于中国化。现在需要来一场哲学研究的中国化运动"。在艾思奇看来，哲学的通俗化、大众化和中国化是一个整体，通俗化和大众化是实现中国化的初步，没有做到中国化，就没有充分的通俗化。在艾思奇的文章中，力求从马克思主义的基本观点与理论出发，解答人民关系的现实问题，有效解决人民存在的思想困惑，随处可见的都是以多种方式来向国人传达高昂的民族

① 廖盖隆：《我的哲学启蒙老师艾思奇》，《炎黄春秋》2001 年第 1 期。

精神，在很大程度上得到人民的认可。

《大众哲学》虽然是一部马克思主义哲学的通俗读物，但它通俗却不庸俗，该书不仅系统、全面、准确地阐释了马克思主义的唯物辩证法，在学术上也包含了深化马克思主义哲学的独到见解，在形式的通俗化之下包含了理论上的创造性。譬如，《大众哲学》中的认识论思想，就是全书中最富有创见性的思想。艾思奇不仅突出强调了“实践是辩证法唯物论的核心”，还把实践的观点引入认识论，对实践和人类认识的决定作用作出了系统的阐发。

艾思奇认为，人的认识活动是主观的形式与客观的内容相结合，即主观与客观的统一。而作为人改变世界活动的实践才是实现主观与客观相统一的基础，也只有实践才能“使理论更接近客观的真理”①。这是因为，第一，实践是人类一切认识的基础，“最真实最具体的知识，是由实践得来的。而新的知识，也是在实践中发生的”②；第二，实践是检验真理的标准，人对世界的主观认识是否真实，是否正确地反映客观而不至于落入空想，也只有在实践中才能得到检验，得到矫正。此外，艾思奇还对以实践为基础的认识过程，作出了完整的阐释，他指出，科学的认识是一个“从感性到理性，从理性到实践，又由实践得到新的感性，走向新的理性”的过程，“这种过程，是无穷地连续下去，循环下去，但循环一次，我们的认识也就愈更丰富，所以这种循环，是螺旋式的循环，而不是圆圈式的循环，它永远在发展、进步，决不会停滞在原来的圈子里”③。在艾思奇的观点和基础上，毛泽东做了更为准确的阐释，说：“通过实践而发现真理，又通过实践而证实真理和发展真理。从感性认识而能动地发展到理性认识，又从理性认识而能动地指导革命实践，改造主观世界和客观世界。实践、认识、再实践、再认识，这种形式，循环往复以至无穷，而实践和认识之每一循环的内容，都比较地进到了高一级的程度。这就是辩证唯物论的全部认识论，这就是辩证唯物论的知行统一观。”④可见，《哲学讲话》的论述对毛泽东的《实践论》产生影响，毛泽东的哲学思想从艾思奇的著作中吸取了有益的思想营养。

对认识过程做如许高度、完整的概括和阐释，是艾思奇在《大众哲学》中深化马克思主义认识论而形成的重大理论创获，它突破了传统苏联教科书在论及认识结构时，只谈感性到理性飞跃过程的“半截子认识论”，补上了从理性回归实践的飞跃过程，从而使马克思主义认识论的结构更加完整，

① 《艾思奇全书》第1卷，人民出版社2006年版，第498页。
② 《艾思奇全书》第1卷，人民出版社2006年版，第510页。
③ 《艾思奇全书》第1卷，人民出版社2006年版，第495页。
④ 《毛泽东选集》第一卷，人民出版社1991年版，第296—297页。

也更加符合认识的规律。艾思奇哲学蕴含着大量的马克思主义哲学中国化思想,是对哲学中国化的一次伟大尝试。因此,有人认为《大众哲学》与毛泽东的《实践论》《矛盾论》和李达的《社会学大纲》,是马克思主义哲学在中国发展的新里程碑①,标志着中国马克思主义哲学体系的形成。

## 三、新民主主义革命时期马克思主义哲学中国化的主要特点

概括来说,新民主主义革命时期马克思主义哲学中国化的主要特点可以用"具体化""民族化"和"通俗化"三个关键词加以概括。

所谓"具体化",就是将马克思主义哲学的基本原理与中国革命经验充分结合,既秉持实事求是、具体问题具体分析的态度,以马克思主义哲学的"矢"来射中国革命实践的"的",又善于着眼于中国革命的重大问题进行哲学反思,将经验性的认识上升到哲学高度加以审视,从而将马克思主义哲学具体化为具有中国特色的,能够有效指导中国革命实践的思想路线和工作路线、思想方法和工作方法,进而实现马克思主义哲学在中国现实土壤的"扎根"和"落地"。马克思主义哲学最本质的特征就是其实践性,这决定了研究和发展马克思主义哲学,必须时刻依据实践的变化来确定重点,既发掘马克思主义哲学中与当下实践最紧密联系的部分,对当下实践作出科学的指导,同时也要注重对实践经验的哲学概括,来丰富和发展马克思主义哲学。新民主主义革命时期,毛泽东无疑是将马克思主义哲学"具体化"的最具代表性的哲学家。从接受马克思主义哲学开始,毛泽东就不是教条主义地对待马克思主义。在他看来,马克思主义的"本本"固然要学习,但必须和中国革命的实际情况相结合。因此,他尤其反对套用马克思主义哲学的一般公式,教条地解决中国的实际问题,而是始终立足中国革命实践,将革命实践面临的重大问题提到马克思主义辩证唯物论和认识论的理论形态上加以论证和叙说,这就使得毛泽东的许多论著如《中国革命战争的战略问题》《论持久战》等,虽然不是严格意义上的哲学著作,但马克思主义哲学从一般到特殊、从感性到理性、具体问题具体分析等思想精髓,都被毛泽东深刻地融入对中国革命的具体分析中。正是始终坚持将马克思主义哲学的理论智慧同中国革命的实践智慧熔铸一体,毛泽东深刻地将马克思主义哲学具体化为实事求是、独立自主、群众路线等指导中国革命实践的方针、路线,

---

① 参见吕希晨、王育民:《中国现代哲学史(1919—1949)》,吉林人民出版社1984年版,第304页。

从而真正形成了中国化的马克思主义哲学，并以中国化马克思主义哲学为指导，最终引领中国革命走向胜利。

所谓"民族化"，就是运用马克思主义哲学的立场、观点和方法批判继承中华优秀传统文化和哲学遗产，既把中国传统哲学的思想资源作为中国化马克思主义哲学的有益补充，赋予马克思主义哲学以中国作风和中国气派，又以马克思主义哲学清算中国哲学遗产，促进中国传统哲学的现代化。必须指出，马克思主义哲学中国化，除了要与中国的具体实际相结合，融入中国的社会实践外，还面临着一个更深层次的，同中国民族文化相结合的过程。马克思主义是发展的而不是封闭的体系，因而具有开放性和兼容性；中国传统哲学中有着悠远的唯物论和辩证法传统，并且在自然观、价值观、思维方式等方面也有独特性，因而，在马克思主义哲学中国化过程中，中国传统哲学无疑是中国化马克思主义哲学的重要思想来源之一。马克思主义哲学中国化，如果不与中华民族的哲学遗产相结合，就谈不上真正的"中国化"，是不牢靠的。批判改造中国古代哲学遗产，是马克思主义哲学中国化必不可少的文化中介和转换机制。对于这一点，以毛泽东同志为主要代表的中国马克思主义者有深刻的认知。早在20世纪30年代，毛泽东在提出马克思主义中国化的任务时，就明确指出，从孔夫子到孙中山的这份珍贵的遗产，必须加以总结继承。他在延安讲课分析中国哲学运动的时候，也强调指出：要使辩证法唯物论的思潮在中国深入与发展下去，就必须树立批判继承、古为今用、推陈出新的方针，来系统清算中国古代的哲学遗产。毛泽东的《实践论》和《矛盾论》正是批判继承中国哲学遗产，在深层文化机制上实现马克思主义哲学与中国传统文化的有机结合的典范。譬如，《实践论》就将马克思主义的实践观点和认识的辩证发展过程与中国传统哲学中的"知行观"充分结合起来，创立了以科学的社会实践为基础的"现代知行合一论"：一方面，用马克思主义的科学实践观将中国传统哲学的"知"与"行"的范畴从狭隘的伦理框架下解放出来，既将以伦理道德为认识任务的"知"转变为以追求真理为要务的科学"认识"，又将传统"道德履践"的"圣人君子之行"改造为人民群众改造现实，创造历史的实践，从而实现了中国传统知行观的现代转型；另一方面，赋予了马克思主义认识论以中华民族的形式，为马克思主义哲学在中国发展找了新的生长点，增添了新的内容。

所谓"通俗化"，就是用人民群众通俗易懂的语言文字、喜闻乐见的形式来表达马克思主义哲学的范畴、原理，让马克思主义哲学从哲学家的书本里和课堂上解放出来，成为群众手里的锐利武器，实现马克思主义哲学认识世界、改造世界的功能。应该说，对马克思主义哲学的通俗化，是新民主主义革命时期中国马克思主义者将马克思主义哲学融入中国，改造中国的一个重要特征和基本经验，毕竟通过“通俗化”最广泛地将人民群众组织起来，使之投入到革命实践中，将理论付诸实践，是马克思主义创始人未曾具体考虑过的问题。马克思曾说：理论只要被群众掌握，就会转化成物质力量。理论要掌握群众，就必须说服人，而理论要说服人，就必须彻底。[①] 马克思在这里所指的“群众”可能主要是发达资本主义世界中的工人，因而，只要理论足够彻底，就能让他们心悦诚服地凝聚起来改变世界。然而，在中国的特殊国情下，参与革命的主体，最主要是由文化水平较低的农民群众组成，若仅仅只通过理论的彻底，恐怕就难以达到“说服人”的实效。因此，中国马克思主义者尤其注重对马克思主义哲学的“通俗化”阐释和“大众化”普及，力图使博大精深的马克思主义哲学真正转化为人民群众闹革命的有力武器。这一方面的工作，除艾思奇的突出贡献外，毛泽东也是典型的代表，并且，相比于艾思奇还更多的是限于对马克思主义哲学“某些知识的通俗解释”，毛泽东则把马克思主义哲学通俗地概括为一些具有很强现实应用性的思想路线和工作方法，如“具体问题具体分析”“实事求是”“实践第一”等，这些通俗易懂，且具有很强现实指导意义的论断，为广大干部和普通群众掌握马克思主义哲学，并将其运用于具体的工作中开辟了道路，是马克思主义哲学通俗化的最好例证。

## 第二节　马克思主义政治经济学中国化

### 一、马克思主义政治经济学中国化的探索进程

#### （一）早期马克思主义者对马克思主义政治经济学中国化的初步探索

五四时期，随着马克思主义在中国的正式传播和系统介绍，开启了中国马克思主义者对马克思主义政治经济学研究与宣传的历史进程。虽然，该时期的马克思主义者以宣传、引进马克思主义政治经济学说为重点，但是在救亡图存的紧迫形势下，急切运用新武器回答“中国向何处去”的进步知识分子也通过对唯物史观中生产力与生产关系、经济基础与上层建筑的研究，以及对马克思《资本论》的解读，在宣传马克思主义的同时，开始运用马克思的经济学理论来分析近代中国贫穷落后的社会经济根源，并初步规划中

① 参见《马克思恩格斯文集》第1卷，人民出版社2009年版，第11页。

国走上富强的具体道路。

早期马克思主义者对马克思主义政治经济学中国化的初步探索集中体现在五四期间的“社会主义论战”中。这场发生在马克思主义者与基尔特社会主义者之间的论战,围绕着中国发展实业的经济道路应该采用社会主义还是资本主义的问题展开,因而也是一场关系马克思主义政治经济学是否适用于中国的论战。论战的对方以张东荪和梁启超为代表,他们以中国“生产力落后”不宜发展社会主义为由,大肆鼓吹“若想社会主义实现,不得不提倡资本主义”来“开发实业”的主张,以此反对马克思主义者以社会革命来解决中国经济问题的看法。针对基尔特社会主义者脱离中国具体实际空谈发展资本主义经济的认识局限,早期马克思主义者自觉运用马克思主义的观点考察了近代中国经济的艰难发展历程,初步为中国经济的未来发展指明了一条科学社会主义的道路。李大钊通过分析近代中国经济受西方资本主义压迫的真实情形,认为,近代“中国的经济变动,乃是由于外力压迫的结果”①,中国的民族资本主义先天发展不足,是在西方资本主义侵略下的“畸形发展”。因而,中国若想以资本主义的方式重振经济,是“其谬已极”,只有通过革命的方式“铲除国内的掠夺阶级,抵抗此世界的资本主义”②,才能有中国经济的发展。陈独秀也同样关注帝国主义势力对中国经济的压迫问题,他认为,“所谓中国资本家都直接或间接是外国资本家底买办,只能够帮着外国资本家来掠夺中国人,指望他们发达起来能够抵制外国资本家,能够保全中国独立,再过一两个世纪也没有希望”③,因此,要解救中国的经济贫瘠,“非废除资本主义生产制采用社会主义生产制不可”④。

从上述早期马克思主义者用社会主义方式发展中国实业经济的主张中不难看出,他们对马克思主义政治经济学中国化的初步探索具有鲜明的革命性特征,即通过社会革命的手段变革生产关系,然后通过政权的确立来取得无产阶级对经济发展的主导权,以社会主义的生产方式进行国家的经济振兴。不过,由于当时的马克思主义者对中国半殖民地半封建的社会经济情况缺乏深入分析,以及对马克思主义经济学理论的掌握也有限,导致他们的“中国化”论断也不可避免地存在着缺陷。例如,套用马克思主义对资本主义固有局限的分析,就主张全面斩断资本主义经济在中国的发展明显过于激进化了。但是,他们在马克思主义传入中国还不久便运用其基本原理

---

① 《李大钊全集》第3卷,人民出版社2013年版,第189页。
② 《李大钊全集》第3卷,人民出版社1999年版,第360页。
③ 蔡尚思:《中国现代思想史资料简编》第1卷,浙江人民出版社1983年版,第78页。
④ 陈独秀:《复东荪先生信》,《新青年》1920年第4期。

与资产阶级改良主义思潮进行论战，既扩大了马克思主义经济学理论在中国学术界的影响力，也为马克思主义政治经济学中国化积累了早期经验。

### （二）中国社会性质论战与马克思主义政治经济学中国化的全面开启

就马克思主义政治经济学中国化的发展演变而言，20 世纪 30 年代中国学术界爆发的中国社会性质论战是马克思主义政治经济学中国化全面开启的重要历史标识。在这场论战中，中国马克思主义经济学家深化了对中国国情的认识，检验了马克思主义政治经济学对中国社会经济分析的适用性，萌发了对建设具有中国特色的政治经济学的思考。

1928 年中国社会性质论战在中国学术界爆发，面对来自党内“托派”和党外“新生命派”对中共关于中国社会性质认识的攻击，从学术上回应质疑，阐明中国“半殖民地半封建”的社会性质，不仅关系到中共在同期开展的土地革命的合法性，也关系到马克思主义是否适用于中国的问题。这一亟待解决的理论与实践问题成为了马克思主义政治经济学中国化在该时期全面展开的重要推动力。在强烈的现实需要面前，中国马克思主义经济学家深切地意识到，马克思主义经济学说在中国的发展已经不能局限于一般意义上的理论传播和学术观点的介绍，而是必须把重点转向探索中国经济情况的实际工作，也就是将马克思主义政治经济学中国化问题作为重点。经济学家苏华指出：“我们若是认识了中国经济的特性以后，当然就可以认识中国的社会底性质了。根据着经济分析的结论，便可以正确认识目前中国社会，尚是个半封建社会。这个认识，也就是我们改造中国社会的方法基点。”①可见，中国马克思主义经济学家已经将马克思主义政治经济学研究同认识中国社会性质问题，以及“改造中国社会”的前途和命运紧密结合起来了，显示出了强烈的“中国化”意识。

正是在这种“中国化”意识的促动下，以王学文、薛暮桥、潘东周、孙冶方等为代表的中国马克思主义经济学家组成该时期推动马克思主义政治经济学中国化的主力军，他们以《新思潮》《读书杂志》《布尔什维克》《中国经济》等进步刊物为学术阵地，运用马克思主义政治经济学的基本概念和基本原则，对中国的社会经济性质展开研究，产生了一大批中国化马克思主义政治经济学的典型成果，如潘东周的《中国经济的性质》、王学文的《中国资本主义在中国经济中的地位其发展及其前途》、刘梦云的《中国经济之性质问题的研究》等，这些理论著述在马克思主义方法论指导与翔实的社会调

---

① 高军编：《中国社会性质问题论战资料选辑》（下），人民出版社 1984 年版，第 779 页。

查资料相结合的基础上，充分揭示了帝国主义与近代中国社会经济的关系，阐述了中国资本主义经济的状况及其发展程度，确认了封建势力在中国农村经济的主导性地位，进而形成了研究中国社会经济性质的“半殖民地半封建社会”的基本概念。这一基本概念的形成既是该时期马克思主义政治经济学中国化的理论结晶，同时也构成了此后中国马克思主义者分析中国经济情况、探讨中国经济演变规律的核心概念。何干之在后续撰写《中国经济读本》时，就“始终企图以半殖民地性半封建性这个主题为经，以真实的材料为纬，使理论与实际，纵横交错，把中国经济的真相，和盘托出”①。

值得一提的是，在社会性质论战中，一些反马克思主义学派不顾中国具体实际，盲目套用西方经济学概念范畴，以鼓吹中国是资本主义社会的观点，事实上也暴露出，近代中国经济学研究受资产阶级经济学理论范式支配，而无法独立发展的缺陷。这种“为理论而理论，为科学而科学”，并把“资本主义的法则说成一切经济形态永久不变的法则”②的研究路径，使得中国经济学建设在理论基础、研究对象、话语系统等一系列关键问题都表现出对西方学术的强烈依附性和模仿性。为打破西方经济学的统治地位，促进经济学研究的中国化，中国马克思主义经济学家也开始积极思考如何创建具有“中国特色”的经济学。

首先，他们在经济学研究的方法论上突出强调了马克思主义的指导地位。孙冶方指出：“我们要释明人类社会的整个发展过程，要释明各种经济结构的生产和崩溃，当然非用生产力之发展来解释不可”，“这是辩证唯物论的基本原则”③。薛暮桥也认为，任何经济问题，都是生产力与生产关系的矛盾的反映，因而，唯有在唯物史观的指导下，才能认识中国经济问题的本质。其次，在经济学的研究对象和研究任务上，中国马克思主义者强调经济学“必须研究中国经济”，并以指导现实的实践运动作为研究旨归。李达是这方面的突出贡献者，他于1935年写成了研究马克思主义政治经济学的系统成果《经济学大纲》，在这著作的“绪论”中，他极力主张取法马克思主义经济学理论，走“广义经济学”的研究道路，认为经济学必须研究中国经济，才能了解经济学的一般原理在中国具体环境中所呈现的特殊姿态，这样的研究路径“不仅是具有纯理论的意义，并且还具有实践的意义”④。

可见，该时期中国马克思主义者对马克思主义政治经济学中国化的认

① 高军编：《中国社会性质问题论战资料选辑》（下），人民出版社1984年版，第813页。
② 《李达全集》第13卷，人民出版社2016年版，第12、11页。
③ 《孙冶方全集》第1卷，山西经济出版社1998年版，第108页。
④ 《李达全集》第13卷，人民出版社2016年版，第12页。

识，已经不仅仅停留于理论家的个别论断上，而是提高到了经济学研究的学科性质和建设思路的高度上，明确表达出马克思主义政治经济学中国化的任务，就是要建立起以马克思主义为指导，以中国经济研究为主要内容的，具有中国特色的经济学，这不能不说是马克思主义政治经济学中国化的一次胜利进军。

（三）延安时期马克思主义经济学中国化的成熟发展

延安时期，作为马克思主义理论三大组成部分之一的政治经济学，在全党深入学习马克思主义理论的整风运动中，受到中共的高度重视和大力扶持，在中共领导人和中国马克思主义经济学家的共同推动下，该时期的马克思主义经济学中国化步入了成熟发展的阶段。

首先，一批具有重大影响力的马克思主义经济学家活跃在经济学研究的理论前沿，出版了大量的马克思主义经济学著作，展示了中国马克思主义政治经济学研究所取得的巨大成果。延安时期的马克思主义经济学家，大多是从20世纪30年代中国社会性质论战、中国农村社会性质论战中成长起来的，他们不仅具有深厚的马克思主义学术素养，同时也对中国社会经济的实际情况有着深入了解，因而他们对马克思主义政治经济学中国化的认识和理论建树都已经达到相当成熟的境界。这批经济学家以王学文、薛暮桥、沈志远、王亚南、郭大力、王思华等为代表。在他们的辛勤耕耘中，产生一大批代表了当时马克思主义政治经济学中国化最高水平的理论著作。譬如，王亚南的《中国经济原论》被称为中国式的《资本论》，在中国马克思主义经济学发展史上具有举足轻重的地位。该书着重阐明了中国半殖民地半封建社会的基本特点，并鲜明地提出要"以中国人的资格来研究"经济学，要以服务于"中国社会经济改造发展"为目标来建立"中国经济学"等彰显其中国化思维的论断。又譬如许涤新的《中国经济的道路》是当时中国新民主主义经济学理论的代表性著作，该书密切联系中国新民主主义经济的实践探索历程，对新民主主义经济发展道路作了全面的探讨，深化了中国新民主主义经济理论体系的研究。总而言之，延安时期，马克思主义政治经济学中国化理论著述丰富，新著层出不穷，中国马克思主义政治经济学的学术影响力大为提升。

其次，纠正了教条主义倾向，形成了关注于现实问题，注重研究中国经济的优良学风。马克思主义政治经济学中国化虽然在20世纪30年代经取得了长足的进步，但是在延安时期依然存在某些研究者盲目钻研理论，不了解中国现实经济的情况，例如，在延安的干部学校教育中，就存在着"教经济学的不引导学生研究中国经济的特点"，"经济学教授不能解释边币和法币”的教条主义现象①。这种情况引起毛泽东的高度重视,他在整风运动中明确要求经济学研究要以中国为研究中心,形成中国化的理论。在整风运动的推动下,中国马克思主义经济学家逐渐克服了先前存在的教条主义缺陷,开始就延安时期党在根据地经济建设中所面临的重大现实问题展开研究,在学术上积极配合了党的经济政策和主张的推行。例如,王思华针对当时解放区边币贬值、物价上涨、物资不足的现实问题,撰写了《关于法币问题》一文,分析了边币、法币政策的由来及其得失,在学术上论证了党在战争时期推行边币、法币政策的合理性和必要性。王学文则立足于战争环境对物质支持的迫切需要,始终将“生产”视为当时经济学研究的重点,指出:“我们的经济工作要以生产为中心,为基础……在发展生产的基础上发展自身……才能有力地供给城市食粮与工业原料,解决人民生活,支撑战争”②,极大地支持了党中央在解放区开展的自力更生、发展经济、保障供给的经济方针。

最后,该时期的中国马克思主义经济学家还对经济学的学科建设问题展开探索,对中国经济学建设的学科性质、学科特色及其学科地位作出马克思主义的阐发,反映了他们对建设具有中国特色的马克思主义政治经济学的高度理论自觉。王学文和王亚南是这一方面的领军人物。王学文在《无产阶级政治经济学的特点》一文中,对马克思主义政治经济学的学科特点展开研究,认为马克思主义政治经济学之所以具有“理论的科学性,是科学的政治经济学”,是因为“建立在辩证法唯物论的科学的世界观的基础上,同时也是建立在唯物辩证法的方法论之上的”,正是由于“无产阶级政治经济形势具有科学的哲学之理论基础,所以无产阶级政治经济学对于社会经济能得到正确的、彻底的、深刻的认识”③。因此,他认为中国经济学必须在马克思主义政治经济学的指导下进行。王亚南针对中国经济学建设的落后状况以及在具体研究中照搬西方范式的情况,提出了建立“中国经济学”的任务。他首先指出“中国的经济现象形态,只有在政治经济学上才能看出它的本质”④,明确了马克思主义对“中国经济学”建设的指导地位。其次,又强调建立“中国经济学”必须注重研究中国的社会经济,在贯穿马克思主义“历史法则”的同时,亦要结合中国民族历史的特殊性。

① 《毛泽东选集》第三卷,人民出版社 1991 年版,第 798 页。
② 《王学文经济文选》,经济科学出版社 1986 年版,第 465—466 页。
③ 《王学文经济文选》,经济科学出版社 1986 年版,第 361—362 页。
④ 《王亚南文集》第 1 卷,福建教育出版社 1987 年版,第 151—152 页。

## 二、王亚南的《中国经济原论》：马克思主义政治经济学的中国形态

在马克思主义政治经济学中国化的进程中，王亚南的《中国经济原论》是一部极具代表性的成果，被称为"中国式"的《资本论》。在这部著作中，王亚南应用《资本论》中有关资本主义和前资本主义经济的范畴和规律，对中国半封建半殖民地经济形态展开研究，形成了具有中国特色的半封建半殖民地理论经济学。该著作作为王亚南致力创建"中国经济学"的理论成果，是马克思主义者政治经济学在"广义政治经济学"意义上的创新发展。

### （一）中国式的《资本论》

王亚南的《中国经济原论》堪称马克思主义政治经济学中国化的典范之作。这首先在于它是一部马克思主义的著作，即它以马克思主义政治经济学为理论蓝本，贯穿着马克思主义政治经济学的基本原理。这突出地体现在《中国经济原论》对马克思主义政治经济学指导地位的坚持，及其对《资本论》理论体系的借鉴上。

首先，王亚南的《中国经济原论》旗帜鲜明地肯定了马克思主义政治经济学理论对中国经济问题研究的指导地位。这主要与他对经济学学科特质的理解和立足于近代中国的现实需要有关。在王亚南看来，"经济学是一门实践的科学"和"一门最有现实性的科学"，这种科学既"要在实践的应用的意义上和要求上才能正确有效地去研究去理解"，也"要通过现实，运用到现实上，才能得到验证"①。此外，针对近代中国外有帝国主义压迫，内有封建势力剥削的现实情况，王亚南认为，经济学研究对于解决中国经济问题的实践意义和现实意义，就在于"解析中国半封建半殖民地经济实况，并指示反帝反封建斗争的必然归趋"②。正是出于这样的认识，王亚南反对以资产阶级经济学的理论范式来研究中国经济，在他看来，随着资本主义发展到帝国主义阶段，出于维护自身利益的阶级立场，资产阶级经济学已经失去了它在资本主义向上发展阶段的科学性，沦为了"不需要正视现实，暴露现实"，"反而需要掩盖现实，脱离现实"的"经济之玄学"③，以这样的理论范式来观照中国经济，不仅无法揭示中国社会经济性质的实质，反而极尽掩饰了帝国主义对中国的入侵。反之，马克思主义政治经济学是在批判吸收资产阶级经济学发展起来的科学理论，不仅客观、全面地呈现了资本主义经济

---

① 《王亚南文集》第1卷，福建教育出版社1987年版，第3、75页。

② 《王亚南文集》第3卷，福建教育出版社1988年版，第14页。

③ 《王亚南文集》第1卷，福建教育出版社1987年版，第4页。

运行模式的全貌，揭示了资本主义生产方式不可克服的内在矛盾，还历史地论证了资本主义必然通过无产阶级革命走向覆灭的客观规律。就此而言，对于亟须认清社会经济实质，以指明革命前途方向的中国而言，马克思主义政治经济学具有无可辩驳的适用性，所以，王亚南一针见血地指出："中国的经济现象形态，只有在政治经济学上才能看出它的本质"①，才能拨开表象的迷雾，把中国复杂的经济关系弄明白，他把马克思主义政治经济学视为"民族生存斗争"的理论武器，深刻地贯穿于《中国经济原论》的研究始末。

其次，《中国经济原论》的篇章安排和运思逻辑是直接根据《资本论》的理论体系而形成的，这也是它被称为"中国式的《资本论》"最为直观的表现。在篇章安排上，《中国经济原论》是直接以《资本论》第一卷的篇章结构为骨架来安排各种经济范畴的，形成了以研究商品和货币为起点，继而探讨资本、利息和利润、工资、地租等经济范畴的叙述模式；在运思逻辑上，《资本论》的显著特点就是以生产为基础，通过资本生产过程的考察揭示资本主义剥削的秘密。王亚南在《中国经济原论》中坚持了这一基本原则，树立起封建生产关系这一核心概念，并围绕着这一概念对中国半封建半殖民地的经济情况作出说明。必须指出的是，王亚南虽然借用了《资本论》的基本概念范畴和运思逻辑，但并不是囫囵吞枣式地硬套现实，而是根据中国经济的实际情况，具体地、历史地考察商品、价值、货币、利润、地租等马克思主义政治经济学的概念范畴在中国半封建半殖民地社会中所呈现的特殊形态。因此，在篇章结构的编排上，与《资本论》颇为不同的是，王亚南把工资形态这一章放在利润、利息形态之后来谈。这是因为，王亚南关注到剩余价值的剥削和榨取形式在封建关系仍占主导地位的中国，具有不同于成熟资本主义生产方式下的复杂情形，是中国具有特殊性的一面。这深刻地体现了王亚南的"中国化"思维，他决不是生搬硬套地模仿《资本论》，而是"站在中国人的立场上来研究经济学"，致力于马克思主义政治经济学中国化。

### （二）中国特色的半封建半殖民地经济形态论

在王亚南一生的学术求索中，创立"中国经济学"是他始终如一的追求。在他看来："在理论上，经济学在各国尽管只有一个，而在应用上，经济学对于任何国家却是都不一样"②，这是一般的经济学理论结合各国特殊国情的"具体化"表现。因此，他于1941年在《政治经济在中国》一文中，提出创立"中国经济学"的任务，希望"创立一种特别具有改造中国社会经济，解

① 《王亚南文集》第1卷，福建教育出版社1987年版，第151—152页。
② 《王亚南文集》第1卷，福建教育出版社1987年版，第490页。

除中国思想束缚的性质和内容的政治经济学"①。正是秉持这一信念,在马克思主义政治经济学中国化和创立"中国经济学"的双重进路中,王亚南在《中国经济原论》中既深化了学术界关于中国"半殖民地半封建"社会性质的研究,又以《资本论》为模板,立足于中国现实,形成了具有中国特色的"半封建半殖民地"理论经济学。

在20世纪30年代的中国社会性质论战中,尽管在中国马克思主义经济学家的积极推动下,中国半殖民地半封建的社会性质已经成为中国学术界的普遍共识,但由于当时的马克思主义政治经济学中国化才刚刚起步,尚存在公式地套解马克思主义的情况,所以大部分学者对中国这一特殊性质的把握,特别是对中国传统封建经济特质的掌握仍存在缺陷,他们仍在思索中国传统地主经济"明明是封建的",却又为何能够"从土地及劳力自由转移的外观上,显出现代资本制的姿态来"②。时至40年代,经过《资本论》的洗礼,以及对中国社会经济的长期考察之后,王亚南在《中国经济原论》中,对中国"两半"的社会性质有了更加深刻的认识。王亚南认为,在中国的"两半"社会性质中,半封建性质尤其显著,并且占据着"极优势的地位",即使在资本主义的入侵下,它已"无疑在逐渐趋于分解",但"并非经历了有创意的变革性破坏"③,并且这种苟延残喘的封建经济还通过广大农村的"土地制",对中国半封建半殖民地经济实际起着支配作用,中国社会的"半殖民地性格",也是"由它落后的封建生产关系引出的,是通过它的各种封建剥削造成的"④。因此,王亚南认为,对中国社会经济的研究,"必须从封建经济开始",在此基础上,才能建立起具有中国特色的半封建半殖民地的理论经济学体系。

正是抓住了封建经济这一核心,王亚南透过中国农村"土地及劳力自由转移的外观",看到了深潜在其中的,对中国经济起着实际支配作用的传统封建地主经济。这种经济形态以地权的集中为依托,通过买办商业资本的流动,向外勾结着帝国主义,而帝国主义又通过它对农村榨取所输送的"寄生营养",利用买办商业资本和银行资本把持着中国的经济命脉,从而形成了近代中国特有的半封建半殖民地的经济形态。这就是王亚南通过对中国特殊国情的犀利洞察,结合《资本论》的基本原理,向世人阐明的中国特殊性。这也使得《中国经济原论》虽是以《资本论》为模板写成,在具体内

① 《王亚南文集》第1卷,福建教育出版社1987年版,第125页。
② 《王亚南文集》第1卷,福建教育出版社1987年版,第134页。
③ 《王亚南文集》第1卷,福建教育出版社1987年版,第145—146页。
④ 《王亚南文集》第3卷,福建教育出版社1988年版,第304页。

容上却形成了与《资本论》既有联系,又有区别的中国特色。例如,在《资本论》所研究的资本主义社会中,剩余价值的榨取主要是资本家依靠对资本的占有而对工人形成的资本剥削。王亚南则通过对中国农村的考察指出,中国的剩余价值榨取方式有其特殊性的一面。由于中国的雇佣关系是依存于土地甚于资本,中国的农民"不是因为缺少资本而被雇,宁是缺少土地而被雇",所以中国主要的剥削形式不是资本剥削,而是土地剥削。再如,在马克思所考察的典型资本主义经济形态中,商业资本是从属于产业资本的,其利润的产生也受到产业资本的限制。但是,在中国的特殊国情下,中国资本的全运动过程,不论是积累、集中,还是分散,基本上都带有商业的印记,而非从属于产业,并且商业利润往往不是由产业利润分配,产业利润倒是受到商业利润支配①,这也是王亚南以《资本论》结合中国实际所得出的具有中国特色的理论分析。

总而言之,王亚南在《中国经济原论》形成的具有"中国特色"的半封建半殖民地经济形态理论,不仅是马克思主义政治经济学中国化的标志性成果,同时,它作为完整理论形态的"中国经济学",也丰富和拓展了马克思主义政治经济学关于前资本主义经济形态的研究。正如恩格斯在《反杜林论》中所指出的:"政治经济学,从最广的意义上说,是研究人类社会中支配物质生活资料的生产和交换的规律的科学","人们在生产和交换时所处的条件,各个国家各不相同","政治经济学不可能对一切国家和一切历史时代都是一样的"②。毫无疑问,《中国经济原论》是马克思主义政治经济学在"广义政治经济学"意义上的创新发展。

## 三、新民主主义革命时期马克思主义政治经济学中国化的主要特点

新民主主义革命时期,马克思主义政治经济学中国化具有以下鲜明的特点:

第一,始终坚持科学性与革命性相结合的研究导向。在新民主主义革命时期的马克思主义经济学家看来,经济学研究在马克思主义的指导下,能够完美地将"求真"(科学性)与"致用"(革命性)结合起来。所谓科学性,即是对经济现象本质的揭示和客观运行规律的发现,并且这一本质和规律的发现,绝非是离开现实的"纯理论"研究,只有在实践和应用的意义上才

---

① 参见《王亚南文集》第3卷,福建教育出版社1988年版,第939页。

② 《马克思恩格斯选集》第3卷,人民出版社2012年版,第525页。

能有效地去研究和理解；所谓革命性，即是经济学研究总是与社会政治和意识形态联系在一起，并服务于特定的阶级利益集团，而马克思主义政治经济学则表现为无产阶级和广大民众争取利益、维护生存斗争的武器①。正是基于这样的认识，在马克思主义政治经济学中国化的进路中，一方面，中国马克思主义者的经济研究具有强烈的政治关怀和革命现代化的思维，他们对中国经济问题的揭露，不仅始终与政治上的号召和动员紧密联系在一起，还把反帝反封建的革命道路视为中国经济问题解决的唯一途径。譬如，李大钊就曾坦言，他研究中国的政治经济情形是为了号召"民族独立的运动"，"把中国从列强压迫之下救济出来"②；王亚南也把马克思主义政治经济学视为"民族生存斗争"和"社会生存斗争"的理论武器，认为，经济学研究要以"中国的经济规律"为研究对象，通过"认清帝国主义对中国经济侵略情形"，来"明确知道中国社会经济改造发展所必须与最可能遵行的途径"③。另一方面，中国马克思主义经济学虽然具有浓厚的政治色彩和意识形态斗争的意义，但并没有使其学术研究沦为空洞的主义呐喊。中国马克思主义者不仅注重对中国政治经济情形的细致考察，更注重将这些感性材料提到马克思主义的理论高度来论证、分析，从而他们的学术观点，在彰显革命性的同时，也因构筑在扎实的感性材料和严密的逻辑论证的基础上，保持了高度的学术性和科学性。总之，新民主主义革命时期的马克思主义政治经济学中国化是革命性与科学性的有机统一，而这二者统一正是新民主主义革命实践。中国马克思主义者的经济学研究为中国革命实践提供了科学的理论基础和信念依据，而不断走向胜利的革命实践则充分验证了中国化马克思主义政治经济学的真理性质。

第二，具有批判性，在批判反思资产阶级经济学的研究范式中提出建立"中国经济学"的时代任务。近代中国经济学的形成是西方资产阶级经济学输入中国的结果，这使得近代中国经济学的话语系统和研究范式在很长一段时期受到资产阶级经济学的桎梏，不仅无法独立发展，反而沦为不顾中国具体的政治经济情形，空谈发展资本主义经济，为资本主义经济歌功颂德的仆从。针对中国学术界这种对西方经济学削足适履、亦步亦趋的盲从情况，中国马克思主义经济学家在对其施予犀利批判的同时，也积极主张以马克思主义的立场、观点和方法来切实地研究中国经济，鲜明地提出创立"中国经济学"的学术任务。早在20世纪30年代，马克思主义政治经济学中国

① 参见《王亚南文集》第1卷，福建教育出版社1987年版，第3、93页。

② 《李大钊全集》第4卷，人民出版社2013年版，第517页。

③ 《王亚南文集》第1卷，福建教育出版社1987年版，第8页。

化方兴未艾之际，李达就已经开始反思学术界对资产阶级经济学盲目遵从的弊端。当时，他极其不满学术界普遍流行的“个人主义经济学”，认为这种经济学“为了讴歌资本主义，才去抹杀各种经济形态的特殊性，把资本主义的法则说成一切经济形态永久不变的法则”①，而在这种经济学研究范式的支配下，从来的中国经济学只是专门研究外国经济，却把中国经济忽略了，“这是一个严重的错误，是极大的缺点”②。对此，李达通过对马克思主义经济学理论的“中国化”思考，提出“广义经济学”的研究路径，主张经济学研究，“除了研究历史上各种顺序发展的经济形态以外，还必须研究中国经济。只有这样的研究，才能理解经济进化的一般原理在具体的中国经济状况中所显现的特殊的姿态、特殊的特征，才能得到具体的经济理论”③。王亚南在多年的经济学研究中，也深刻地察觉到中国经济学界不顾中国具体实际，盲目效仿资产阶级经济学的现象。在他看来，资产阶级经济学发展到帝国主义时期，已经完全变成了“庸俗透顶的东西”，而国内一些学者，尽管极口诋骂帝国主义，倡言解脱民族资本的发展束缚，但实际上，他们所提倡的经济改造方案，仍然盲目效仿资本主义的“那套教义”，“从没有把政治经济这种科学当作与中国社会经济问题有关的学问来研究”④。针对这种情况，王亚南在1941年明确提出创立“中国经济学”的任务，指出要在马克思主义政治经济学的指导下，努力创建“一种专为中国人攻读的政治经济学”，“一种特别具有改造中国社会经济，解除中国思想束缚的性质与内容的政治经济学”。⑤

第三，开辟“农村经济学”是马克思主义政治经济学中国化的一大特色。近代中国是一个半殖民地半封建的农业大国，农村社会在中国社会结构中占据着最广大的部分，广大农民深受帝国主义和封建主义的政治压迫和经济剥削，这是中国在屈辱的近代史中形成的特殊国情，能否把握这个特殊国情并在此基础上对土地问题和农民问题展开研究，是判断马克思主义是否开始中国化的重要标志。在马克思主义政治经济学中国化的进程中，具有强烈现实关怀的中国马克思主义经济学家，对研究农村问题的重要性有着深切的体察。如经济学家薛暮桥就认为，“农村经济学”研究之所以必要，是因为“中国近年来的许多伟大事变，农民每每成为事变底中心”，并且

① 《李达全集》第13卷，人民出版社2016年版，第11页。
② 《李达全集》第15卷，人民出版社2016年版，第85页。
③ 《李达全集》第15卷，人民出版社2016年版，第85页。
④ 《王亚南经济思想史论文集》，上海人民出版社1981年版，第129页。
⑤ 《王亚南文集》第1卷，福建教育出版社1987年版，第125页。

"中国是个农业国家，农村社会构成中国社会底极大部分；因此农村经济学底研究，对于整个社会性质底认识自然占有重要地位"①。通过对国情的深刻把握，他主张必须把"农村经济学"纳入马克思主义政治经济学的研究体系之中，作为"研究'农村问题'底一种基础知识"②。事实上，随着20世纪30年代中国农村社会性质论战的逐步深入，在当时的中国学术界，研究农村经济的学者可以说是风起云涌。然而，在中国马克思主义者看来，这些研究农村经济的非马克思主义观点，却很少有能够把握住农村问题的中心。在中国半封建半殖民地的特殊国情下，中国农村的经济形态亦有其特殊性，虽然在表面上已呈现出某些资本主义的经济形式，但是实质上仍是封建地主经济起实际的支配作用，并且封建势力与资本家势力还通常勾结在一起，对中国农村实行更残酷的双重剥削。这一特殊性也就决定了对中国农村经济的研究，必须将生产力与生产关系结合起来考察，而不是空谈农业机械化、科技化的高调，中国农村经济的复苏也必须以破除封建关系和帝国主义的束缚为前提，而非走治标不治本的农业改良道路。正是出于上述认识，以钱俊瑞、薛暮桥、孙冶文为代表的"中国农村派"，积极倡导以马克思主义经济学理论指导的具有中国特色的"农村经济学"，他们不仅对马克思主义指导下"农村经济学"的研究对象、研究任务、研究方法等关键问题进行了系统阐发，还深入中国具体实际，揭示了货币、剩余价值、商品经济等马克思主义政治经济学范畴在中国农村呈现出的特殊姿态，从而系统地建构了具有中国特色的"农村经济学"。

## 第三节　马克思主义社会学中国化

### 一、马克思主义社会学中国化的探索进程

#### （一）早期马克思主义者对马克思主义社会学中国化的初步探索

五四前后，随着马克思主义在中国的广泛传播，以李大钊、李达、毛泽东、瞿秋白等为代表的马克思主义者，从唯物史观中挖掘马克思主义的社会学思想，积极倡导以唯物史观指导社会学研究，并初步运用马克思主义的社会学理论开展社会调查、分析中国的社会构造，从而肇始了马克思主义社会学中国化的初步产生。概括来说，早期马克思主义者对马克思主义社会学

① 《薛暮桥学术精华录》，北京师范学院出版社1988年版，第42页。

② 《薛暮桥学术精华录》，北京师范学院出版社1988年版，第36页。

中国化的初步探索，具有以下鲜明的特征。

其一，积极宣传唯物史观的基本原理，力图确立唯物史观对社会学研究的指导地位。李大钊在《我的马克思主义观》中，对唯物史观指导社会学研究的价值和意义作了充分的说明，认为唯物史观"于社会学上的进步，究有很大很重要的贡献"，这体现在唯物史观发现了"阶级竞争的根本法则"，阐明了"经济现象"是社会学研究"顶重要"的现象，并且运用唯物史观这一根本法则去"努力以图说明过去、现在全体社会学上的现象"，从而，解决了过去社会学所难以攻克的难题，使社会学"真值得起那社会学的名称"①。

其二，初步提出了社会学研究的使命与功能问题，表现了早期马克思主义者以社会学研究服务于中国社会变革的理论自觉性。李达在《现代社会学》中认为，"社会学之使命，惟在于发见社会组织之核心，探求社会进化之方向，明示社会改造之方针而已"②，并突出强调了社会学应具有社会预测的功能，即：必须把"推测社会进化之目的，预言其进行之途径，并究知人类遵循此途径与达此目的之方法"，作为"社会学最大之任务"③。李达对社会学这一使命与功能的强调，是为了驳斥当时学术界一些主张社会改良的人士，反对以马克思主义对中国进行彻底的社会改造的观点，充分显示了李达以社会学研究来具体地谋划近代中国出路的理论自觉性。

其三，初步运用唯物史观的阶级分析方法，分析中国社会结构的特点及其主要矛盾，为中共开展早期的革命斗争提供了理论依据与指导。毛泽东于1925年撰写的《中国社会各阶级的分析》是典型的代表作。在这篇文章中，毛泽东严格遵循唯物史观的基本原理，依据经济地位来划分阶级地位，同时注重对阶级所属阶层的细致划分，并最终从阶级和阶层的划分中分析各阶级、阶层不同的政治态度、革命意愿及其在国民革命中的作用与地位，从而为中国共产党开展早期的政治革命斗争提供了最基本的依据。此外，毛泽东的《中国社会各阶级的分析》也初步显示了中国马克思主义社会学在新民主主义革命时期的一个重要特色，即注重将阶级结构的研究与政治行为和政治现象相统一，其目的在于科学辨明革命斗争中的敌友关系，具有鲜明的革命社会学的特点。

其四，积极开展社会调查研究，初步促使中国马克思主义社会学由理论走向实践。以毛泽东同志为主要代表的中国共产党人，在长期的革命斗争环境中对当时的中国社会，特别是广大的农村地区，进行了大量的社会调

---

① 《李大钊全集》第3卷，人民出版社2013年版，第19页。
② 李达：《现代社会学》，武汉大学出版社2007年版，第7页。
③ 李达：《现代社会学》，武汉大学出版社2007年版，第187页。

查。1927 年 1 月至 2 月，毛泽东对湖南的湘潭、湘乡、衡山、醴陵、长沙五县的农民运动做了为期 32 天的实地调查，完成了《湖南农民运动考察报告》。这份报告是中国马克思主义社会学史上进行社会调查的具有开创性意义的典范著作。通过这份报告，毛泽东掌握关于农民运动的第一手资料，切实地了解了中国农村的实际情况，为他有的放矢地开展农民起义斗争提供了依据。

### （二）20 世纪 30 年代马克思主义社会学中国化的深入发展

20 世纪 30 年代是中国马克思主义社会学的深入发展时期，相比于早期马克思主义者还更多地是限于对马克思主义社会学思想的传播和介绍，该时期的马克思主义者则进一步加强了对中国社会的学术研究，力图探明中国社会的改造道路。诚如有论者在专著中指出："从 20 世纪 20 年代以李大钊、瞿秋白等为代表的唯物史观社会学，主要阐明社会学的基本理论和研究社会问题，到 30 年代陈翰笙、李达、许德珩、李剑华、冯和法等，运用唯物史观从生产关系入手，对中国社会及社会问题进行认识，并论述改造中国的道路"①。特别是 30 年代中国社会性质论战后，随着中国半殖民地半封建社会性质论断的提出，中国马克思主义社会学确立了系统研究中国社会的基本概念，围绕着这一核心概念，该时期的马克思主义社会学中国化在理论体系构建和社会调查实践中都取得了丰硕的成果。

首先，在理论体系建构方面。该时期马克思主义者在充分吸收 30 年代社会性质论战成果的基础上，开启了以马克思主义社会学思想为指导，系统构建中国马克思主义社会学话语体系的进程，相继开创了农村社会学、犯罪社会学、社会学史等分支学科，并涌现出一批典型著作。譬如，冯和法的《农村社会学大纲》就是该时期中国农村社会学的开创之作。在这部书中，冯和法运用唯物史观剖析中国农村的生产关系和阶级关系，大量征引中国农村的调查材料，在理论与实证相结合的基础上，深刻阐明了"农民在各方面都足为中国的主体"②这一中国的特殊国情，深刻揭示了帝国主义、封建主义对中国农村的深重剥削，阐明了反帝反封建的革命斗争和土地问题的解决才是中国农村问题的出路，这使得这部著作不仅具有独到的中国特色，同时也为中共在同时期开展的土地革命提供了必要的学理论证，在当时兼具重大的理论意义和现实意义。此外，该时期李平心的《现代社会学理论

---

① 转引自吴汉全：《中国马克思主义学术史概论（1919—1949）》中册，吉林人民出版社 2010 年版，第 702 页。

② 转引自吴汉全：《中国马克思主义学术史概论（1919—1949）》中册，吉林人民出版社 2010 年版，第 716 页。

大纲》、李剑华的《社会学史纲》、许德珩的《社会学讲话》、柯柏年的《社会问题大纲》等，也都是以马克思主义社会学理论剖析中国社会问题，重点研究近代中国变革道路的力著，对中国特色马克思主义社会学理论体系的建设具有突出的贡献。

其次，在社会调查实践方面。为具体阐明中国社会构造，服务于新民主主义革命策略的正确制定，以毛泽东、陈翰笙等为代表的马克思主义者确立起以马克思主义阶级分析方法为指导，结合实证材料有的放矢地分析中国具体实际的研究导向，不仅为中国马克思主义者从事社会问题研究提供了新方法论，还形成了中国马克思主义者注重实地考察中国国情的良好学风。毛泽东尤其注重社会调查方法在社会学研究中的运用。1930 年 5 月，在红军到达寻乌时，毛泽东通过对寻乌历时十多天的实地调查，形成了他一生中调查规模最大、调查资料最翔实、调查内容最丰富的《寻乌调查》报告。而后，通过对这次调查经验的系统总结和理论提升，毛泽东创作《反对本本主义》一文，提出“没有调查，没有发言权”“调查就是解决问题”等精辟论断，深刻阐明了社会调查对于改造中国共产党人的思想方法，助益中国共产党人领导社会变革的重大意义和价值，从而奠定了社会调查方法在中国马克思主义社会学研究中的学术地位，对中国马克思主义社会学的理论与实践发展具有积极的指导意义。此外，陈翰笙同样十分重视社会学研究的社会调查方法，他主张进行社会调查，应该选择更能说明中国社会性质的方向来进行。从 1928 年到 1934 年间，陈翰笙对中国农村进行了多次大规模的实地调查，形成了《亩的差异》《关东农村生产关系与生产力》《帝国主义工业资本与中国农民》等体量庞大、调查翔实的社会调查报告。这些调查报告以雄辩的事实证明了中国半殖民地半封建的社会性质，明确了中国革命的对象是帝国主义、买办官僚资本和封建地主阶级，就其学术意义而言，是为中国马克思主义社会学的建立奠定了坚实的实证基础，进一步促使中国马克思主义社会学由理论走向实践；就其政治意义而言，是为中共领导的民主革命斗争路线，作出了扎实的学理论证。

### （三）延安时期马克思主义社会学中国化走向成熟

延安时期，在中共的大力扶持和理论家的积极探索下，中国马克思主义社会学得到了进一步发展，并初步走向成熟。该时期，中共中央高度重视社会调查工作，于 1941 年发出了《关于调查研究的决定》，强调调查研究是决定政策制定的基础，号召全党必须务实地开展调查工作。由是，以毛泽东、张闻天为代表的中共领导人，进一步加强了对中国国情的调查，并在社会调查方法论方面取得重大理论突破，形成了独具中国特色的社会调查理论。

与此同时,一批马克思主义社会学家继续宣传、研究马克思主义社会学理论,在社会学通俗化、大众化方面取得了显著成绩,扩大了中国马克思主义社会学在中国学术界的影响力。

延安时期,毛泽东带头弘扬中国共产党人注重社会调查的优良学风,在指导全党开展调查研究的工作方面起到了积极的示范作用,其社会调查思想也进一步在实践检验和反思中总结提升,形成了系统而科学的理论体系。毛泽东于1941年创作的《关于农村调查》就是其社会调查思想的集大成著作。该文强调指出,调查工作是中国共产党人认识事物、掌握情况,进而进行理论反思、制定策略的根本前提,并认为调查工作具有长期性,需时时根据情况的变化而调整,做"继续不断的努力"①。此外,毛泽东还把马克思主义的认识论和党的群众路线深刻地灌注到社会调查的指导原则和方法中,形成了社会调查研究的实践性原则、群众性原则和客观性原则,"对立统一、阶级斗争"的方法,"详细地占有材料,抓住要点"的方法等。这些调查研究的理论与方法既是毛泽东思想的重要组成部分,也是我国社会学研究不可多得的思想财富,极大地丰富和完善了当时中国马克思主义社会学理论体系的构建。

延安时期,马克思主义社会学中国化除了在实践层面的社会调查研究中取得重大理论突破外,在理论建构层面,具有通俗性、现实性和批判性的中国马克思主义社会学话语体系也在一批理论家的辛勤探索中逐渐形成。姜君辰于1941年出版的《社会学入门》,就是一部通俗的马克思主义社会学著作。在这部书中,姜君辰不仅以通俗易懂的形式介绍和传播了马克思主义社会学思想的基本知识,还创造性地将马克思主义的"矛盾"概念和原理具体化到社会历史变迁的分析中,指出"社会里一切事物的发展,在于有矛盾,尤在于矛盾之统一和解决"②,从而形成了以社会的矛盾运动来研究社会历史演变的新的研究视角,这一新颖的结论对推动当时中国马克思主义社会学理论的发展,具有重大的学术意义。此外,姜君辰在深化理论界对中国"两半"社会性质的认识方面亦有突出的理论贡献。他不仅在学理上对"封建""半封建""殖民地"与"半殖民地"的概念作出严密的学术界定,还从社会结构的角度,对中国"半封建的特征"与"半殖民地的特征"之间的"互相关系"和"不平衡性"作出了通俗易懂的阐释。除姜君辰的《社会学入门》外,沈志远于新中国成立前夕出版的《新社会学底基本问题》也是一部

① 《毛泽东文集》第二卷,人民出版社1993年版,第380页。

② 转引自吴汉全:《中国马克思主义学术史概论(1919—1949)》下册,吉林人民出版社2010年版,第1243页。

以唯物史观为指导撰写的社会学通俗读物。该书具有以下鲜明的特点：一是具有批判性。该书在阐述“新社会学”之所以为“新”的过程中，对资产阶级旧社会学说予以犀利的批判，并从批判中确立起唯物史观在社会学研究中的地位，这对于清除旧社会学说的思想残余，巩固马克思主义在社会学领域的话语权起到了积极作用。二是具有现实性。该书密切联系中国社会变革的实际，从二战胜利结束的“历史新形势”出发，阐明了中国新民主主义革命必将取得胜利的历史必然性，对中共关于新民主主义革命的基本主张作出了积极的宣传。三是具有通俗性。该书文字浅显、语言通俗、分析细致、举例具体，是一部融学术性与通俗性于一体的社会学作品，在普及马克思主义社会学知识方面作出了重大贡献。

## 二、李达的《现代社会学》：马克思主义社会学中国化的标志性成果

李达是中国著名的马克思主义社会学家、哲学家和教育家，是中国早期传播马克思主义的先驱人物。他于1926年出版的《现代社会学》，是我国最早用马克思主义的观点系统研究社会学的力著之一。在这部著作中，李达尝试以唯物史观来改造社会学，不仅对社会的本质、社会学的定义、学科性质、使命及其社会学所要研究的基本问题作出马克思主义的阐释，试图建立起以马克思主义为指导的新社会学，还具体地结合中国国情和中国革命，赋予马克思主义社会学思想以中国的“特性”，是马克思主义社会学中国化的代表性成果。概括来说，《现代社会学》对马克思主义社会学中国化的理论贡献，主要体现在以下两个方面。

首先，李达通过对西方旧有三大社会学说的批判，阐明了以唯物史观指导社会学研究的科学性，对以马克思主义为指导的新社会学体系作了系统阐发。当时，在中国社会学领域比较盛行的是西方旧有的三大社会学说：契约的社会说认为，社会本质上由人类缔约构成，亦可以经由人的同意而改造，这是早期资产阶级民主政治的理论依据；心理的社会说认为，社会本质上由人的心性、情感组成，因而，改良社会只需从人的天性改造入手，不需要诉诸政治经济的改造，这是资产阶级温情主义所倡导的社会政策的依据；生物的社会说认为，社会本质上遵循生物发展的自然定律，因而，应该任由社会自然发展，不可人为干涉，这便是自由主义经济的根据。然而，在李达看来，西方旧有的三大社会学说，本质上都是为资本主义辩护的工具，皆难以对社会的本质作出科学解释，而根据唯物史观的见解，“社会非由契约而成，非由心性相感作用而起，亦非有机体之完全受自然法则所支配，乃由生

产关系中之各个人结合而成”，因而，社会生活的历程，实际上是物质的生产历程，而物质的生产历程，完全受生产技术及生产力所支配。在物质的生产历程中，精神文化的生产，也是于物质的生产关系中产出，既随生产力之发达而发达，更随生产力之变迁而变迁。社会的进步，实际上是生产力进步。这就是历史的唯物论对社会本质的科学界说①。据此，李达认为，以唯物史观指导社会学研究的科学性就在于其“不仅发现社会组织之核心，且能明示社会进化之方向，提供社会改造之方针”②。于是，在《现代社会学》中，李达围绕着社会学的性质、社会的本质、社会之构造、社会之起源、社会意识、社会变革、社会阶级、社会问题等论题，对以马克思主义为指导的新社会学体系作了系统而完整的论述。例如：李达重点阐发了马克思主义社会学的预测功能，认为马克思主义社会学之所以为科学，就在于其具有科学的预测功用，“凡科学皆有前知性。前知性云者，即就吾人研究科学所得之知识，发见支配科学现象之理法，推知其推移进化之趋势，暗示其变革之规范与方法之谓也”③。据此，李达强调，社会学研究应该把“推测社会进化之目的，预言其进行之途径，并究知人类遵循此途径与达此目的之方法”，作为社会学“最大之任务”④。这就鲜明地反映出，李达将社会学研究与社会变革事业紧密结合在一起的治学导向。

其次，李达的《现代社会学》赋予了马克思主义社会学以鲜明的中国特色。相比于李大钊、陈独秀等具体从事革命运动的早期马克思主义者而言，李达是一个“学者式”的理论家，但他绝不是一个“为理论而理论”的学者，而是始终致力于以学术研究具体地剖析中国的社会问题，以此来辨明中国近代革命道路的前途与归趋。事实上，在撰著《现代社会学》之前，李达已于1923年鲜明地提出了“马克思学说与中国”的论题，指出，马克思的《共产党宣言》并没有给中国共产党的政治运动筹划出一个现成的计划和方案，因此，绝不能离开中国的具体国情盲目地照搬照抄马克思主义的“本本”，而必须“按照目前中国国情”，参照马克思的“计划”，来具体地制定策略和方案。正因为如此，李达在《现代社会学》中对“社会革命”和“社会问题”的阐发，不是作一种纯学理的论述，而是最终落脚到中国具体国情和中国革命实际的探讨中，将马克思主义社会学思想与中国革命实践具体地联系起来。

第一，遵循普遍性与特殊性相结合的原则，深入剖析了中国社会问题的

---

① 参见李达：《现代社会学》，武汉大学出版社2007年版，第16—17页。
② 李达：《现代社会学》，武汉大学出版社2007年版，第237页。
③ 李达：《现代社会学》，武汉大学出版社2007年版，第187页。
④ 李达：《现代社会学》，武汉大学出版社2007年版，第187页。

特殊性。李达认为,近代以来中西方社会问题的凸显,皆是由于资本主义的发展和扩张,西方"社会问题之发生,远肇端于印度航路及美洲大陆之发现,近托始于产业革命时代"①,近代产业革命使西方社会分裂成两大阶级,这两大阶级尖锐的矛盾对立肇始了西方社会问题的产生。而近代中国的社会问题,则是导源于西方资本主义国家的入侵,特别是西方资本家"挟其大资本之威力,压迫中国小资本之发展,垄断中国之市场"②,导致中国经济命脉受阻,大批手工业者纷纷失业,加之近代以来中国战乱不断,而形成了近代中国"民不聊生"的局面。不过,在李达看来,即便"中国社会问题虽亦同为资本主义之产物",然其产生的缘由,是因为自身产业得不到发展的缘故,这与西方工业先进国因产业过度发展而导致社会问题的情况大不相同,此乃中国社会问题的"特性"③。而这种特殊性尤其体现在中国劳动者的悲惨处境上:其一,由于中国的产业劳动者缺乏相关立法的保护,所以受到外国资本家的剥削和压迫异常严重,外国资本家往往能利用其在中国的政治特权,不仅对中国产业劳动者"鞭责相加",甚至对反抗者"枪毙处死",这种悲惨境遇与受立法保护的外国劳动者颇为不同;其二,中国的手工业劳动者在产业革命的冲击下,一旦失业就难以再就业,只能流窜为盗贼,这与西方失业者仍可出售劳动力于资本家以再就业的情形不同;其三,中国的农业劳动者受资本的冲击亦濒临破产,导致他们虽"穷年劳作亦不能赡养身家",以至于出现"壮者散之四方,穷者转死沟壑"的处境,这也是他国农村问题不曾出现的情形。据此,李达认为,只有正确认识和把握中国的"特性",才能找到破解中国问题的关键,从而为中国革命指明正确的方向。

第二,将中国革命与世界革命结合起来研究,初步阐明了中国革命的对象和领导权问题。李达认为,世界革命具体地表现为社会革命和民族革命两种形式,这两种革命虽然在具体内容上有所不同,民族革命是"弱小民族脱离强大民族"的支配,而社会革命则是"无产阶级脱离有产阶级"的支配,但二者在革命对象上确是同一的,皆以帝国主义为革命对象。特别是在遭受帝国主义深重剥削和压迫的中国,帝国主义更是中华民族在从事社会革命和民族革命进程中所面临的"最凶恶的敌人",是中国民族革命最主要的对象。在李达看来,正是由于帝国主义"铁蹄"的践踏,中国才陷入了"国际的半殖民地"之危局,帝国主义不仅通过经济侵略,利用金融资本支配中国,使中国沦为其商品市场和原料产地,更通过政治侵略,利用其武力和政治上

① 李达:《现代社会学》,武汉大学出版社 2007 年版,第 122 页。
② 李达:《现代社会学》,武汉大学出版社 2007 年版,第 129 页。
③ 参见李达:《现代社会学》,武汉大学出版社 2007 年版,第 131 页。

的优越势力,来控制中国以予取予求①。据此,李达得出结论说:“帝国主义之为祸于中国,至今日而极矣。金钱奴我以物质,宗教奴我以文明,教育奴我以服从,勾结我国贼,制造我内乱,涂炭我人民,迹其用意直欲永远陷中国于分崩离析万劫不复之境,以继续其掠夺宰割之政策而已。帝国主义不死,大盗不止,中国年来之国民革命运动,其殆为帝国主义侵略之反响也欤。”②

正是基于中国民族革命是对“帝国主义侵略之反响”的事实,李达还进一步思考了在民族革命进程中的领导权问题。李达强调,在帝国主义时代的国民革命有一个领导权的归属问题,即“领导民族革命运动者,果为资产阶级乎? 抑为无产阶级乎?”③在他看来,在帝国主义时代,弱小民族的资产阶级大致可分为商业资本家、买办阶级和工业资本家三类,商业资本家专门售卖帝国主义商品以逐利,不过是帝国主义的代理人而已;买办阶级不仅不革命,而且多为反革命者;至于工业资本家则常与反动派相互勾结,同样缺乏革命精神。据此,李达认为,在弱小民族的全体国民中,受帝国主义压迫最深重且具有强烈革命意愿的,非工农无产分子莫属,“工农无产分子虽与资产阶级同感受帝国主义及其使者——封建阶级及帝国主义者之代表——之压迫,而后者较前者尤感利害切肤之痛,其革命精神亦特别激昂。弱小民族无产阶级所以能成为民族革命之中坚者以此”④。虽然,李达在此还没有直接地阐明中国民族革命领导权的归趋,但他依据爱尔兰、印度和朝鲜的独立运动已将领导核心转移于无产阶级和共产党的事实,实际上已经指出中国共产党才是中华民族民主革命的领导核心。

上述可见,李达的《现代社会学》是运用唯物史观批判、改造资产阶级社会学的理论成果,不仅对马克思主义社会学思想做了系统而完整的阐发,更具体结合中国实际,深入分析了中国社会问题的特殊性,中国革命的对象及其中国革命的领导权问题,这就使《现代社会学》表现出鲜明的无产阶级立场和革命色彩。

## 三、新民主主义革命时期马克思主义社会学中国化的主要特点

概括来说,新民主主义革命时期马克思主义社会学中国化具有以下鲜明的特点:

---

① 参见李达:《现代社会学》,武汉大学出版社 2007 年版,第 175 页。

② 李达:《现代社会学》,武汉大学出版社 2007 年版,第 177 页。

③ 李达:《现代社会学》,武汉大学出版社 2007 年版,第 182 页。

④ 李达:《现代社会学》,武汉大学出版社 2007 年版,第 183 页。

第一，突出强调唯物史观指导社会学研究的科学性，并在批判资产阶级社会学中树立唯物史观的话语权。新民主主义革命时期，中国马克思主义社会学家通常称唯物史观为“新社会学”和“现代社会学”，而把资产阶级社会学视为“传统社会学”或“旧社会学”，并认为这种“旧社会学”虽然披着“科学”的外衣，但实质上却是不科学的，一方面，资产阶级社会学都是站在唯心的立场上来理解社会，不是根本否定社会历史发展的客观法则，就是把这一客观法则视为由人的主观意志或“公民契约”所支配，从而其关于社会的见解是空洞的、抽象的、机械的①；另一方面，资产阶级社会学关于社会变革的见解，又都是以辩护资产阶级社会为出发点，从而无助于为解决近代中国问题提供一个可行的方案。在中国马克思主义者看来，社会学乃是一门“研究人类社会之构造……探求社会变革的因果关系和法则，以推知社会进行的方向，预测将来的一门学问”②，而唯物史观之所以符合科学的规定，就在于其发现了经济现象这一“社会组织之核心”，明示了生产力与生产关系矛盾运动这一“社会变革的因果关系和法则”，同时为近代中国“社会进行的方向”指出了一条以阶级斗争为途径的革命道路。因此，从批判资产阶级社会学出发，来阐扬唯物史观指导社会学研究的科学性便构成了新民主主义革命时期中国马克思主义社会学理论建构的一个重要内容。李达就是从批判西方“社会契约说”“社会心理说”和“社会生物说”开始，进而指出“社会学的唯一的科学方法，是唯物辩证法”。许德珩在《社会学讲话》中也将唯物史观与“孔德系社会学”进行了比较，并认为“孔德系社会学”的实质是唯心论和二元论，而唯物史观才是“能够解释社会最确切的理论”，“只有历史唯物主义的观点才是真正的科学”③。沈志远在20世纪40年代出版《新社会学底问题》则更加系统地从“社会底客观规律性”“‘社会一般’与具体的社会形态”“关于阶级的观点”三个方面对新旧社会学进行比较，从而揭示出社会学研究只有在唯物史观的指导下才“不再是死的固定的抽象教条，而是活生生的具体的科学的历史理论”，“同时也是改变社会推动历史的方法，是理论与方法的统一”。④ 总之，新民主主义革命时期，对资产阶级社会学说的批判，是马克思主义社会学派的共性，他们均将唯物史观视为社会学研究的根本法则和基础理论，将辩证唯物主义和历史唯物主义的

① 参见沈志远：《新社会学底基本问题》，生活·读书·新知联合发行所1949年版，第2—3页。

② 许德珩：《社会学讲话》，上海书店1990年版，第61页。

③ 许德珩：《社会学讲话》，上海书店1990年版，第61页。

④ 沈志远：《新社会学底基本问题》，生活·读书·新知联合发行所1949年版，第9—10页。

观点贯穿于社会学研究始末。

第二，坚持理论与实践相统一，对社会调查予以高度重视。马克思主义的社会学思想虽然是一种具有改造世界、指导实践功能的科学理论，但是它毕竟没有为中国的社会改造提供一套现成的、可效仿的行动方案，因而，要使马克思主义真正发挥指导实践的功能，真正地融入中国国情，实现马克思主义社会学中国化，必然首先面临着一个实事求是地了解中国具体实际，而后将感性经验上升为科学理论的认识过程。就此而言，广泛的社会调查是马克思主义社会学融入中国国情，实现中国化所必不可少的中介环节。对于这一点，以毛泽东、陈翰笙、张闻天等为代表的中国马克思主义者有深刻的认识。在他们看来，马克思主义固然为近代中国的社会改造提供了锐利的思想武器，但其经典著作并没有谈到中国的实际情况，更没有涉及中国如何进行革命的现成方案，而“中国社会的复杂性，其发展的不平衡性，在全世界是少有的”①，要实事求是地把握这一“客观的实际”，以正确制定中国革命的策略方针，就“非做搜集材料的工作不可”②。因此，中国马克思主义社会学家对社会调查实践的地位和作用予以高度重视，毛泽东更是将其提升到指导中国革命，改造中国共产党人思想方法的高度上来认识，认为社会调查是中国共产党人“力戒空疏，力戒肤浅，扫除主观主义作风”，进而“有效地组织革命力量，推翻日本帝国主义及其走狗”③的根本方法。由是，中国马克思主义者所开展的社会调查研究，不仅具有学术意义，即将社会调查视为社会学研究的手段和提供材料的途径，更具有政治意义，即总是围绕着能够说明中国社会性质和阶级矛盾的方向进行，力图以实践获得的事实为中共领导的武装革命提供基本依据。

第三，具有鲜明的革命社会学的色彩。新民主主义革命时期，马克思主义社会学思想在中国的传播绝不仅仅是一种纯粹的学术景观，而是从一开始就被先进的中国人作为指导实践的指南而被接受、理解和运用，从而马克思主义在进入中国的第一天便展现出鲜明的革命实践品格。早在20世纪20年代，陈独秀的《中国国民革命与社会各阶级》和毛泽东《中国社会各阶级的分析》就已经显示出鲜明的革命社会学的特点。他们对中国社会各阶级、阶层的分析重点不在于以严密的数据统计描述当时中国的所有制状况和财产分布特点，而是始终贯穿阶级斗争思想，从收支状况和生活水平入

① 张闻天：《出发归来记》，载《建党以来重要文献选编（1921—1949）》（第20册），中央文献出版社2011年版，第197页。

② 《毛泽东选集》第三卷，人民出版社1991年版，第791页。

③ 《毛泽东文集》第二卷，人民出版社1993年版，第361页。

手，着重考察中国社会各阶级、阶层的经济地位，以及由此地位决定的政治处境和政治态度，特别是各阶级、阶层的革命意愿。对于阶级分析的革命目的，毛泽东明确指出："谁是我们的敌人？谁是我们的朋友？这个问题是革命的首要问题"，"我们要分辨真正的敌友，不可不将中国社会各阶级的经济地位及其对于革命的态度，作一个大概的分析"。① 时至三四十年代，随着中国"两半"社会性质在社会性质论战被提出，该时期中国马克思主义社会学的问题意识，更是始终聚焦于阐明中国半殖民地半封建社会性质，着力论证中共开展革命斗争的合理性。譬如，陈翰笙于30年代开展的农村社会调查就是始终沿着阐明中国社会性质的方向进行，他运用马克思主义的阶级分析法，着重对农村的生产关系展开研究，力图揭示中国农村存在的封建剥削关系，并把革命手段视作实行农村生产关系彻底改造的唯一途径。再如，姜君辰于40年代出版的《社会学入门》则明确提出社会变革"不仅要从改善生产工具入手"，更要首先破除阻碍生产力发展的落后生产关系，从而逻辑地引申出在半殖民地半封建生产关系下的中国，"欲求推进社会的发展，必须彻底完成反帝反封建的国民革命"②。上述可见，新民主主义革命时期，马克思主义社会学中国化是始终在革命话语中进行的，不仅沿着革命逻辑而展开，而且集中表现了中国马克思主义者以治学服务于现实斗争的实践品格。也正因为如此，马克思主义社会学的思想才能在配合中共领导的革命实践中，与中国具体实际联系得愈发紧密，并伴随着革命胜利的进程，不断融入中国现实，实现中国化。

## 第四节　马克思主义史学中国化

### 一、马克思主义史学中国化的探索进程

中国马克思主义史学是在批判继承中国近代史学中兴起的新的史学研究范式，缘起于20世纪20年代，此后在与中国革命实践运动的相互配合下，逐渐发展壮大，成为了近代中国史学界独树一帜的标杆，取得了丰硕的成果。

#### （一）李大钊对马克思主义史学中国化的初步探索

在近代中国民族危亡的救亡局势中，中国学术承担着指导救亡实践的

① 《毛泽东选集》第一卷，人民出版社1991年版，第3页。
② 姜君辰：《社会学入门》，文化供应社1941年版，第29页。

重要职责,史学也不例外。科学地揭示历史现象的内在联系,阐明历史过程合乎规律的发展,进而为中国救亡实践指明一条道路,是近代中国史学的特殊使命。然而,在马克思主义指导史学研究以前,中国近代史学虽经历了从“新史学”到“实证史学”的变革与发展,却都无法履行史学研究的近代使命。“新史学”引以为据的进化论,片面强调优胜劣汰的自然法则,对于人类社会的发展规律和运动过程难以给出合乎逻辑的解释;“实证史学”过分讲求“专业化”和“窄而深”的研究,并且偏重于对古史的考据和“部勤”,这种对现实毫无帮助,为治史而治史的研究,在近代中国民族危亡的形势中也是不合时宜的。于是,就在中国史学发展举步维艰之际,唯物史观的传入,为中国史学界“提供了一条用社会的物质存在说明社会意识及政治上层建筑的研究途径,从而将中国历史阐述成合乎规律的发展过程”①,成功回答了历史应遵循什么规律发展以及它发展的指向是什么的问题。由此,为中国史学界开启了一条马克思主义史学中国化的新路径。

李大钊是最早接受唯物史观并将其运用于历史研究的第一位马克思主义者。他于 1924 年完成的《史学要论》是中国第一部用马克思主义的观点写成的史学著作。在这部著作中,李大钊运用唯物史观对历史学的基础理论和概念界定、中国古代史和近代史、西方历史哲学等丰富的史学议题进行了系统且细致的探索,初步阐扬了马克思主义的科学历史观,对马克思主义史学中国化在研究路径、研究方法、研究体系等的初步探索上具有拓荒的意义。

例如,李大钊尝试运用唯物史观重新界定“历史”,对“历史”的理解作出了有别于中国传统史学和“新史学”的解释,为中国马克思主义科学历史观的形成开辟了道路。对于“历史”的理解,中国传统史学把古籍经典、史官记录、历史传记等古文献资料当做历史本身,因此,他们总是认为愈古老的典籍愈真实,从而陷入脱离实际、不思进取的考古研经中,这种历史观是退步的;梁启超的“新史学”以进化论诠释历史,虽然突出了历史进步发展的意义,但是将历史仅仅归结为“人种”与“种族”的发达与竞争,无助于对历史发展规律的科学阐释。与传统史观和进化论的史观不同,李大钊根据唯物史观对历史的界定,首先突出了“人类生活”在历史中的首要地位,指出历史是“人类生活的变迁”“传演”“行程”和“联续”,并认定历史是“进步的东西”和“发展的东西”②,由此,强调出历史的社会关系本质和不断进步

① 罗志田:《20 世纪的中国:学术与社会(史学卷)》上,山东人民出版社 2001 年版,第 134 页。
② 《李大钊全集》第 4 卷,人民出版社 2013 年版,第 518 页。

发展的特征。其次,李大钊根据唯物史观中对生产力和生产关系、经济基础与上层建筑矛盾运动的揭示,又突出强调了"社会变革"在历史变迁中的重要作用,指出:"历史既是整个的人类生活,既是整个的社会的变革"①。可见,在李大钊的历史观中,"人类生活"和"社会变革"是最主要的考察对象,这事实上为后来中国马克思主义科学历史观的形成准备了条件,并提供了指导:一方面要以社会经济关系为基础考察历史发展的客观规律;另一方面要以引导社会变革为主要的研究旨归。

此外,李大钊还将他初步掌握的马克思主义历史观和研究方法尝试性地运用于中国社会历史的考察中,在古代史和近代史方面进行了马克思主义史学中国化的初步探索。在古代史研究方面,李大钊以社会经济生活的考察为基础,分析了传统"黄金时代"说产生的社会历史根源,批判了这种崇古、怀古的退步历史观,并指出历史研究是为了"创造将来,力图进步"②,这就为古史研究开辟了一个新的研究视角。此外,他还对中国远古至商周时期的社会经济生活作了唯物史观的解释说明,他于 1920 年创作的《原人社会于文字书契上之唯物的反映》是中国史学界运用唯物史观探讨远古至商周时期社会生活的拓荒之作,为中国古代史研究示例了新的研究方法和视角;在近代史研究方面,李大钊撰著了《由经济上解释中国近代思想变动的原因》《国际的资本主义下的中国》等文章,初步揭示了帝国主义、封建主义同中国社会经济发展的关系和地位,分析了近代中国社会的主要矛盾,并指出近代中国的民主革命任务是反对"国际帝国主义、资本主义的支配"和"国内武人军阀的压迫"③。这就鲜明地显示出了中国马克思主义史学服务于革命实践斗争的理论旨趣,同时也为中国马克思主义史学家在 20 世纪 30 年代中国社会性质论战中发展马克思主义史学、正确认识中国近代历史做了基础性的工作④。

可见,在中国马克思主义史学的初创阶段上,李大钊对马克思主义史学中国化作出了突出贡献,既系统地传播了马克思主义史学理论,又运用唯物史观对中国历史问题作了开拓性的研究。除李大钊外,蔡和森和恽代英也是这一阶段的杰出贡献者。蔡和森于 1925 年出版的《社会进化史》是我国第一部用唯物史观写成的社会发展史著作。此外,他创作的《中国共产党史的发展》(1926 年)和《党的机会主义史》(1927 年)等中共党史的著作,

---

① 《李大钊全集》第 4 卷,人民出版社 2013 年版,第 520 页。
② 《李大钊全集》第 4 卷,人民出版社 2013 年版,第 15 页。
③ 《李大钊全集》第 4 卷,人民出版社 2013 年版,第 112—113 页。
④ 吴汉全:《中国马克思主义学术史概论》(中),吉林人民出版社 2010 年版,第 286 页。

则是中共党史研究的奠基之作。而恽代英是“革命史观”的最早倡导者和实践者之一，他于1926年撰著的《中国民族革命运动史》系统考察了近代中国从鸦片战争到五卅运动的革命斗争进程，体现出了强烈的革命精神。

### （二）在论战考验中迅速成长的中国马克思主义史学

20世纪30年代是马克思主义史学中国化取得重大进展的黄金时期。1927年轰轰烈烈的大革命以国共两党分道扬镳的结局宣告失败，中国革命的前途与命运再度陷入阴霾之中。“为了彻底认清目下的中国社会”来决定“对未来社会的追求”①，中国思想文化界爆发了关于中国社会性质的大论战，而为了认清中国目前的社会性质，必然也要追溯它的“来龙去脉”和“历史根据”，于是，继中国社会性质的论战之后，中国社会史的论战也相继展开。当时，唯物史观是否适用于解释中国的社会历史是中国社会史论战的核心议题，这就为马克思主义史学中国化提供了新的理论生长点。在这场论战中，中国马克思主义史学家自觉以唯物史观为指导，考究中国社会历史的发展进程和规律，既极大地阐扬了唯物史观在中国历史研究中的科学性，也创作出了一系列极具学术价值的史学著作。中国马克思主义史学自此论战后开始呈现出繁荣的局面。

一方面，通过科学阐释中国社会历史的发展规律，批判错误观点，中国马克思主义史学的“唯物史观派”由边缘到中心，由异端上升为正统，极大地树立了在中国史学界的权威地位。当时，中国社会史论战主要围绕着“亚细亚的生产方式”“中国是否存在过奴隶制”“秦汉之后的中国社会性质”等问题展开，实际上这些问题共同指向的是马克思主义是否适用于解剖中国的社会历史。论战的对方以陶希圣、梅思平等人为代表，他们或是有意否认中国存在过奴隶制，或是宣称中国社会决不是“封建社会”，“完全是一商业资本主义社会”，其目的在于以中国国情特殊否认马克思主义的适用性。为驳斥上述观点，中国马克思主义史学家在唯物史观的指导下，通过对史料严谨求实的考据与总结，科学地论述了中国社会历经原始氏族制、奴隶制、封建制再到资本制的历史演进过程，以扎实丰富的论据和雄辩的事实，有力地抨击了“中国特殊论”，证明了唯物史观在阐释中国社会历史进程中的优越性。

经此一役，以唯物史观来研究历史，无论是在历史规律合乎逻辑的阐释上，还是在指明历史前进方向的引导力上，都显示出了无可辩驳的科学性和吸引力。由此，以唯物史观治史开始取代了曾经风行一时的“新史学”和

① 《何干之文集》第1卷，北京出版社1994年版，第186页。

"实证史学",成为了中国史学界的新趋向。正如英国学者杰弗里·巴勒克拉夫指出的:"1930年以后,马克思主义的影响广泛扩展,即使那些否定马克思主义历史解释的历史学家们,也不得不用马克思主义的观点来重新考虑自己的观点"。

另一方面,经由论战的考验,引领马克思主义史学中国化深入发展的理论家主体,郭沫若、翦伯赞、吕振羽、侯外庐、何干之等人开始走向成熟。为适应论战的需要,他们辛勤耕耘、深入研究,产出了丰硕的学术成果,为中国马克思主义史学奠定了坚实的基础。郭沫若在这一时期创作的《中国古代社会研究》是中国马克思主义史学的开山大作,此书一经出版,便在中国史学界掀起了一阵唯物史观的浪潮。此后,他又在甲骨文、金文的考释方面取得了震惊学界的业绩,并陆续推出《西周金文辞大系》《甲骨文字研究》等九部史学大作。吕振羽也是在中国社会史论战后而享誉学界的。这一时期,吕振羽撰著了《史前期中国社会研究》《中国政治思想史》《殷周时代的中国社会》三部著作,显示了他在古代社会史、经济史、政治思想史的学术建树,其中的《殷周时代的中国社会》颇受学界赞誉,就其学术意义而言,是"首创了马克思主义的殷商奴隶制说","体现了理论与中国历史实践的统一","推动了中国古史分期研究的深入,推动了西周封建说学术体系的不断完善和发展"。

### (三) 延安时期中国马克思主义史学的体系化建构

在20世纪30年代的革命斗争环境中,中国马克思主义史学取得了长足的发展。到了延安时期,以郭沫若、吕振羽、翦伯赞、何干之、侯外庐为代表的中国马克思主义史学家已经成熟,他们在史学研究各领域的开拓创新也产出了颇为丰硕的理论成果。于是,在延安时期,随着马克思主义史学研究机构、研究室的先后成立,中国马克思主义史学开始了体系化的建构过程,通过最大限度地整合当时的史学资源,形成了对当今仍产生重要影响的、具有鲜明中国特色的马克思主义史学理论体系和史学研究体系。

在中国特色马克思主义史学理论体系方面,中国马克思主义史学家尤其注重对史学研究方法论和价值论问题的探讨。对于史学研究的方法论问题,中国马克思主义史学家始终坚持马克思主义在史学研究中的指导地位。当时,翦伯赞的《历史哲学教程》是系统运用马克思主义指导史学研究的代表作。他提出历史学是"实践性的科学"和阶级性的科学的论断,指出:"历史本身,就是实践生活的发展之纪述","历史科学是具有阶级性的科学"①,

① 翦伯赞:《历史哲学教程》,河北教育出版社2001年版,第40页。

这不仅揭示了历史学走向科学化的现实性内涵，也使中国马克思主义历史科学的话语系统置于唯物史观的指导之下。对于史学研究的价值论问题，中国马克思主义史学家反对“为学术而学术”的经院式研究，而是把革命和救亡作为研究的出发点，从阶级斗争的立场出发，突出强调史学是“论证政治目标的手段、从事革命活动的一个领域和进行理论斗争的有力武器”①，形成了具有中国特色的“史学致用观”。翦伯赞尤其注重治史的“经世”价值，他在《历史哲学教程》的“序言”中明确指出，这部著作的创作“决没有闲情逸致埋头于经院式的历史理论之玩弄”，而是为了配合民族抗战“这一伟大斗争的现实行动而写的”②。

在中国通史研究体系的建构方面，中国马克思主义史学家也作出了突出贡献。延安时期，史学工作者以唯物史观的社会发展理论为指导，撰著了许多影响深远的中国通史著作，如：吕振羽的《简明中国通史》和《中国政治思想史》、范文澜的《中国通史简编》、邓初民的《中国社会史教程》等。这些著作的问世，打破中国传统史学的研究视角和研究方法，形成了“以人民群众为主体、以经济为骨干、以阶级斗争为动力”的全新的通史体系，在写作方法、编写体例、编写内容等方面奠定了中国通史研究的理论框架，成为指导中国历史编纂学的经典范式。

在编写体例上，延安时期的史学工作者着重以马克思主义的五种社会形态理论为基础，系统叙述几千年的中国历史进程。范文澜是当时运用社会形态理论划分中国历史发展阶段的先行者。他撰著的《中国通史简编》将中国几千年的历史划分为原始社会、奴隶社会、封建社会，科学地论证了中国的历史发展符合马克思主义揭示的一般规律。此外，在研究一般规律的同时，他也力图揭示中国历史发展在不同阶段上的不同特色。在他看来，“只有真正了解历史的共同性与特殊性，才能真正把握社会发展的基本法则”③。这就较好地将历史演变的阶段特殊性与发展规律的普遍性有机地统一起来，为科学构建中国通史体系作出了表率。

在编写内容上，中国马克思主义史学家以人民群众为主体，重点描写群众在革命斗争、生产发展上的智慧和创造力，鲜明地体现了马克思主义的“群众史观”。范文澜在《中国通史简编》中把封建社会里农民对地主的阶级斗争视为历史发展的真正动力，因此，与旧史书诋毁农民起义的态度不同，他不仅激烈批判旧史书站在地主阶级立场上咒骂农民起义的偏见，还极

---

① 范文澜：《中国通史简编》，华北新华书店1984年版，第13页。

② 翦伯赞：《历史哲学教程》，河北教育出版社2001年版，第5页。

③ 范文澜：《中国通史简编》，华北新华书店1984年版，第1页。

力论证农民起义和农民战争的“合法性”，充分肯定了劳动人民在历史中的主体地位。

除上述的两个方面外，在史学研究的其他领域，如中国近代史、中国思想史、中国古代史等领域也相继完成了基本理论框架和研究体系的构建。在此推动下，马克思主义史学得到了更进一步的繁荣发展，在当时的中国哲学社会科学界中，已经成为除哲学外的另一门重要的“显学”。

## 二、郭沫若的《中国古代社会研究》：马克思主义史学中国化的开山之作

新民主主义革命时期，中国马克思主义史学在众多史学家的辛勤耕耘中，建立起了一座巍峨璀璨的理论大厦，而要论这座大厦的奠基者，当属郭沫若的《中国古代社会研究》。在这部著作中，学术大家郭沫若以唯物史观为指导，以《诗经》《书经》《易经》以及甲骨文、金石文等史料为实证基础，首次“制造出来一个唯物史观的中国古代文化体系”①，并全面阐释了中国历史发展规律符合人类历史一般规律的见解。虽然这部书中的一些见解在当前的学术界仍存在争议，但是这部书作为中国马克思主义史学的开山作品已经是被普遍认同的共识，著名史学家白寿彝就曾评价该书是“中国史学上第一部试图以马克思主义解释中国历史发展全过程的著作”，“标志着中国马克思主义新史学诞生”②。这部著作对马克思主义史学中国化的贡献可概括为以下两个方面。

第一，郭沫若的《中国古代社会研究》，开启了中国史学界以唯物史观阐释中国古代社会发展演变规律的先河，论证了中国古代社会的演进规律符合马克思主义的历史观，在马克思主义史学理论中国化方面迈出了关键性的一步。

早年的郭沫若是一个充满着浪漫主义和泛神主义色彩的作家。他与马克思主义的结缘始于阅读日本学者福井准造的《近世社会主义史》，从这里他初步了解到马克思主义和欧美的一些空想社会主义学说。促使郭沫若转变为一个马克思主义者的直接原因，是他阅读了由日本马克思主义先行者河上肇创作的《社会组织与社会革命》，正如他 1924 年 8 月 9 日给成仿吾的信中提道：“我现在成了个彻底的马克思主义的信徒了！马克思主义在我们所处的这个时代是唯一的宝筏！”在从事中国古代社会研究的过程中，郭

---

① 董作宾：《中国现代学术经典（董作宾卷）》，河北教育出版社 1996 年版，第 614 页。
② 白寿彝：《史学概论》，宁夏出版社 1983 年版，第 334 页。

沫若也在不断加强马克思主义的学习，他不仅认真阅读了马克思、恩格斯和列宁的一些经典著作，还翻译了《政治经济学批判》和《德意志意识形态》。对马克思主义理论的初步掌握，打开了郭沫若研究中国古代社会的新视野，于是他自觉地用这一新掌握的历史观去探寻中国古代社会的“真相”，并力图“就中国的思想，中国的社会，中国的历史，来考验辩证唯物论的适应度”①。正如郭沫若在《中国古代社会研究·自序》中提道：“世界文化史关于中国方面的记载，正还是一片白纸。恩格斯的《家庭、私有制和国家的起源》上没有一句话说到中国的范围。……在这时中国人是应该自己起来，写满这半部世界文化史上的白页”，因此，“本书的性质可以说是恩格斯的《家庭、私有制和国家的起源的续篇》”。②

郭沫若的《中国古代社会研究》包括五篇论文和若干篇“追论与补遗”。论著的主体部分主要由《〈周易〉时代的社会生活》（1927 年 8 月）、《〈诗〉〈书〉时代的社会变革与其思想上之反映》（1928 年 8 月）、《中国社会之历史的发展阶段》（1928 年 10 月）、《卜辞中的古代社会》（1929 年 9 月）、《周代彝铭中的社会史观》（1929 年 11 月）这五篇论文构成。在这五篇文章中，郭沫若把唯物史观的科学方法贯穿于研究始末，从生产工具与生产关系的辩证运动入手，不仅十分注重对古代社会经济基础的考察，还遵循社会存在决定社会意识的基本原理，以社会生产关系的变迁为依据，论述古代社会的意识形态和精神生产的发展变化，进而首次为中国古代社会的历史演进规律作出了马克思主义的解释。

郭沫若首先在《〈周易〉时代的社会生活》一文中，以《周易》《书经》《诗经》为研究材料，全面考察了商周时期的社会生活情况，主要包括当时的“生活基础”，渔猎、畜牧、商旅、耕种、工艺等，和“社会的结构”，家族关系、政治组织、行政事项、阶级等。在此基础上，他又阐述了商周时期的宗教、艺术、阶级思想等“精神的生产”情况。如此开阔的研究视野，全面展现了一幅丰富多彩的社会历史景象，并且这幅景象不只是简单地描摹，还是有规律可循的，它鲜明显示了唯物史观中社会经济基础决定社会关系和意识形态生产的基本原理。通过如此细致科学的研究，郭沫若提出：“在《周易》和《易传》的研究中我们发现出中国古代社会的两个变革时期：便是《易经》是由原始公社制变为奴隶制的产物，《易传》是由奴隶制变为封建制时的产物。第一个变革是在殷、周之际达到完成，第二个变革的完成，是在东周以

---

① 郭沫若：《中国古代社会研究》，河北教育出版社 2000 年版，第 6 页。

② 郭沫若：《中国古代社会研究》，河北教育出版社 2000 年版，第 3 页。

后”。这对商周时期的由“原始公社制”向“奴隶制”再向“封建制”的历史演变规律有了初步揭示。

在此之后，郭沫若又在撰写《〈诗〉〈书〉时代的社会变革与其思想上之反映》中，着力讨论了中国古代社会“由原始公社制度向奴隶制度的推移”和“由奴隶制向封建制的推移”的社会经济形态变迁过程，再次以生产工具和农业、畜牧业、工商业、社会关系、宗教思想等方面的辩证变化过程，尝试用唯物史观来解说中国古代社会的历史发展阶段。随后，郭沫若将这一研究思路和研究结论加以总结和提炼，专门以《中国社会之历史的发展阶段》一文，系统阐述了他最初的“古史分期理论”，认为西周以前中国是原始共产制的氏族社会，西周是“铁的出现时期——奴隶制”，春秋之后中国进入了封建时期，而到了鸦片后则进入了资本制社会。这就基本完成了在唯物史观指导下，以生产力和生产关系的发展来揭示中国从远古到近代以来，历经原始共产制、奴隶制、封建制和资本制的几种生产方式的更替过程。

虽然，郭沫若最初的“古史分期理论”还存在许多缺陷，如把鸦片战争后的中国看成是资本制社会显然是不符合当时国情的。但是正如他自己所说，这个初期看法是“用科学的历史观点研究和解释历史”的“草创时期的东西”，难免会存在缺陷，他后来也对“古史分期理论”进行多次反思和修正，使得“古史分期论”越来越完善和深入。不过，就当时的中国史学界而言，郭沫若以唯物史观论证的“古史分期论”无疑具有振聋发聩的效果，他以雄辩的事实论证了马克思主义所揭示的人类社会历史发展规律完全适用于中国的情况，从而对借口“中国国情特殊”而否定马克思主义的理论家作出了有力的回击。史学家何干之在20世纪30年代阅读了《中国古代社会研究》之后，就曾兴奋地赞叹道：郭沫若的“新见解和新史料，的确使无成见的人们叹服，确为中国古史研究开了一个新纪元”。

第二，郭沫若的《中国古代社会研究》开创了以唯物史观为指导，以古文字学和古史研究为实证基础的科学的史学研究方法，并初步将治史的理论旨趣同中国当时的救亡现实联系起来，由此推动了中国传统史学研究在唯物史观的指导下实现革命性变革，为“例示古史研究”指明了“一条大道”①。

晚清时期的中国史学界，曾是“乾嘉考据学”一统天下的局面。该学派的治学内容以儒家经典为中心，以考据古籍为主要的研究方法，并认为儒家典籍“越古越真”。因此，该学派的学者几乎总是脱离具体实际，沉溺于古籍的寻章摘句中。正如史学家顾颉刚曾评价的：“过去的人认为历史退步

① 张荫麟：《评郭沫若〈中国古代社会研究〉》，《大公报》1932年1月。

的，愈古的愈好，愈到后世愈不行”。这种退步的历史观，由于对现实毫无帮助，随着近代中国的沦陷和救亡局势的加重，逐渐被进步的史学家所抛弃。

20世纪初，中国的史学界掀起了一场由梁启超发起的“史界革命”，标志着中国近代史学的开端。梁启超在其《新史学》中激烈地批判旧史学，试图以进化论为指导来实现中国史学的方法论革命，并初步对“新史学”的治学旨趣下了一个进化论的解释：“历史者，叙述人群进化之现象而求得其公理公例”。虽然，梁启超的“新史学”致力于将西方学术的“求真”和“科学”的理念融入中国新史学的研究当中，对于开创中国近代史学有莫大的功劳，但是，对于如何运用西方的方法来具体地整理和考据中国的历史文献资料，这一整理和考究的目标指向是什么，都没有给出一个完满的解答。

继梁启超之后，胡适在五四时期领导了一场“整理国故”的运动。在这场运动中，他主张“用历史的眼光来扩大国学研究的范围”，“用系统的整理来部勒国学研究的资料”，“用比较研究来帮助国学的材料的整理与解释”①。这一主张，使得西方的“科学方法”被更广泛地运用于中国古史文献的整理研究中。不过，正如胡适所说：“国学的使命是要用历史的眼光来整理一切过去文化的历史……国学的系统的研究，要以此为归宿”②。可见，胡适的治史旨趣符合他一贯避谈政治，“为学术而学术”的观点。这种只顾“整理国故”，而不“以史鉴今”的治史导向，虽然在学术上能够有所成就，但是却忽视了治学要服务于家国社会的现实意义。特别是在当时民族危亡的大环境中，中国学术承担着指导中国革命实践运动的职责，而“整理国故”的学者们，却只顾着向“故纸堆里乱钻”，不能不说是一种“最可悲叹的现状”。

可见，从“乾嘉考据学”到胡适的“整理国故”运动，中国近代史学虽然几经变革，但是对于史学研究究竟要以何种方法为指导，以及中国史学在救亡形势下具体要承担起什么样的社会功能这两个重要的问题，都没能给出令人信服的解释。直到郭沫若的《中国古代社会研究》问世后，这两个问题的答案才被揭示出来。

早在创作《中国古代社会研究》之前，郭沫若就十分关注五四时期的“整理国故”运动，并对这场运动提出了言辞犀利的批判。在他看来，“整理国故”运动存在着两个重大缺陷，一方面，整理国故“充其量只是一种报告，

① 胡适：《国学季刊发刊宣言》，《国学季刊》1卷1号，1923年。
② 胡适：《国学季刊发刊宣言》，《国学季刊》1卷1号，1923年。

是一种旧价值的重新评估,并不是一种新价值的重新创造,他在一个时代的文化的进展上,所效的贡献殊属微末";另一方面,胡适等人对国故"整理的究极目标是在'实事求是'",而"'整理'的方法所做到的"也只是"知其然",虽然,"整理"的方法是历史研究必经的一个过程,但是若要真正探寻到中国古代社会的"真相",不能只局限于这个过程,还必须在"知其然"的基础上进一步"知所以然",必须在"实事之中求其所以是"。通过上述批判不难发现,郭沫若以唯物史观来研究中国古代社会遵循着两个重要的基本思路:其一,对历史研究的理论旨趣是以"新价值的创造"为最高目标的,而这种"新价值"则是服务于近代中国救亡图存的需要,正如郭沫若指出:"对于未来社会的待望逼迫着我们不能不生出清算过往社会的要求";其二,历史研究应该把探索历史的规律性发展作为认识的最高层次,这样才能达到"知其然"和"实事之中求其所以是"的目的。

正是出这样的思考,以唯物史观来引导中国史学的方法论变革也就成为了郭沫若的不二之选。在《中国古代社会研究》中,郭沫若借助于唯物史观中对历史发展规律的认识,结合中国古文献资料的整理和提炼,推断出中国社会同样经历了一个从低级向高级的发展过程,而对于中国社会历史发展规律的正确认识,也就为近代中国的未来发展走向初步标明了方向。

此外,郭沫若虽然重视唯物史观对历史研究的指导作用,但他也没有忽视对史料的整理和考据,他不是公式地对待唯物史观,而是力图通过丰富的材料使经由唯物史观得出的规律性认识建立在扎实的实证基础上。他认为:"掌握正确的科学的历史观点非常必要,这是先决问题。但有了正确的历史观点,假使没有丰富的正确的材料,材料的时代性不明确,那也得不出正确的结论。"因此,在创作《中国古代社会研究》的过程中,郭沫若尤其注重对古文献、古文物的考究与鉴别,以此实事求是地"观察古代的真实的情形"。

当时,为了寻求"确确实实足以代表古代"的"第一手资料",郭沫若闯入了近代中国史学界鲜有人问津的甲骨文、金文、卜辞的领域。而通过对这些古文物的细致考究,使得郭沫若对中国古代社会"真相"的还原更加真实而鲜活,对中国古代社会发展规律符合唯物史观的论证也更加可靠。例如,在《卜辞中的古代社会》一文中,郭沫若参照恩格斯的《家庭、私有制和国家的起源》中对原始社会和氏族社会的阐述,以卜辞中有关"母权中心""氏族会议""私有财产的发生""阶级制度的萌芽"的记载与之对应,全面地再现了殷商时期"上层建筑的社会组织";在《周代彝铭中的社会史观》一文中,他通过对青铜器铭文的研究,考证了"奴、婢、隶、仆、童、妾”和“庶人”等社会身份，再次巩固了对西周是奴隶制社会的论证。正是有着这种对材料文献的“求真”“求是”的精神，使得郭沫若的《中国古代社会研究》有着丰富、可靠的史料作为强大支撑，进而在20世纪30年代的中国社会史论战中，为该书提倡的唯物史观研究法，提供了令人难以辩驳的说服力。

## 三、新民主主义革命时期马克思主义史学中国化的特点与评价

大体说来，新民主主义革命时期，马克思主义史学中国化具有以下显著的特征：

第一，强调马克思主义史学的科学性。在中国马克思主义史学家看来，历史学之所以能够称为科学，既不在于“实证史学”所阐扬的“求真”“考据”的科学方法，更不在于相对主义史学派所编造的各种唯心史观，而是由于有了科学的历史观——唯物史观的指导。李大钊曾明确指出：“自有马氏的唯物史观，才把历史学提到与自然科学同等的地位。此等功绩，实为史学界开一新纪元。”[①]在他看来，唯物史观之所以是科学的史观，一方面在于它“主张以经济为中心考察社会的变革”，另一方面则是“因为经济关系能如自然科学发现因果律”。也就是说，通过经济因素的变动来解释和发现历史的规律是唯物史观作为科学的史观的重要原因。因此，李大钊认为，在唯物史观的指导下，“历史科学”除了要注重“整理事实，寻找它的真确的证据”外，还要“理解事实，于史实间探求其理法”，即探求历史发展的内在规律。[②] 继李大钊之后，几乎所有的马克思主义史学家，都承继了他的治史路径，强调以唯物史观为指导，致力于历史规律的探寻。在他们看来，谁能在历史学领域中运用马克思主义的唯物史观，谁就能真正找到解释中国历史之谜的钥匙，就可以得出符合中国历史真相的结论，就可以在纷繁复杂的历史现象中，抓住本质，扣住主线索，从而找到中国历史发展的规律性。进而，是否坚持唯物史观的指导，是否承认历史具有运动规律，是否接受经济因素是历史发展归根结底的动因，则成为了当时马克思主义史学衡量一切史学说是否具备科学性的最高标准。

第二，重视理论与史料相结合的治史方法。历史资料是认识历史的中介，任何历史研究都离不开对史料的整理和总结，任何历史结论也只有建立

---

① 《李大钊全集》第4卷，人民出版社2013年版，第424页。

② 李大钊：《史学要论》，北京师范大学出版社1980年版，第5页。

在真实、丰富的史料基础上才具有可靠性和可信度。马克思主义史学并非是缺乏史实依托的空论,它必须以史实作为分析和评价的基础。早在中国马克思主义史学的创始阶段上,李大钊在《史学要论》中就明确地论述了考证史料的重要性,在他看来,史学固然要"于全般的历史事实中间,寻求一个普遍的理法",但是"必个个事实的考察,比较的充分施行;而后关于普遍的理法的发见,始能比较的明确"。于20世纪30年代中国社会性质论战中成长起来的马克思主义史学家,同样注重史料考证在研究中的基础性地位。郭沫若在其撰著的《古代研究的自我批判》中,开篇第一部分就论述了"古代研究的资料问题",他明确指出:"无论作任何研究,材料的鉴别是最必要的基础阶段,材料不够固然大成问题,而材料的真伪或时代性如未规定清楚,那比缺乏材料还要更加危险。因为材料缺乏,顶多得不出结论而已,而材料不正确便会得出错误的结论"。值得注意的是,中国马克思主义史学虽然重视对史料的考据,但是他们反对"为考据而考据""为整理而整理"的史料研究,而是更加突出科学的历史理论对历史研究的指导意义。李大钊在《史学与哲学》一文中谈到"记述历史"和"历史理论"的关系时,认为"历史理论与记述历史,都是一样要紧。史学家固宜努力以求记述历史的整理,同时亦不可不努力于历史理论的研求"①,可见,李大钊在肯定史实考证的同时,更加重视"理论的研究",尤其强调必须用唯物史观来指导历史研究。时至40年代,中国马克思主义史学对理论方法的强调更为充分。史学家吴泽就曾在40年代提出:研究古史固然是"史料越多越丰富越好,但是史料虽丰富,而无正确的历史科学方法论来正确地运用,仍是得不到正确的历史结论来的",因此,他认为"史料固然愈多愈丰富愈好。方法论的正确更为重要;目前,中国史研究方法实重于史实问题"②。

第三,始终坚持科学性与革命性相结合的研究导向。在新民主主义革命时期的马克思主义史学家看来,史学在唯物史观的指导下,能够完美地将"求真"(科学性)与"致用"(革命性)结合起来。科学性,即是对历史真相的揭示和历史规律的发现;革命性,即是用科学的理论正确解释中国历史所走过的道路,正确认识中国现阶段的社会性质,从而为中国革命前途标明前进的方向。强调史学的致用功能,是马克思主义史学中国化的一个显著特色。1919年前后,相比于史学界大力标榜的"为历史而历史"的研究导向,方兴未艾的马克思主义史学中国化则公开声明:要为致用而研究历史。作

① 《李大钊全集》第4卷,人民出版社2013年版,第532—533页。

② 吴泽:《中国历史研究法》,峨眉出版社1942年版,第107、120页。

为马克思主义史学开拓者的李大钊，在《史学与哲学》一文中，就明确指出："凡一种学问必于实际有用处，文学、史学都是如此"。时至30年代，随着中共独立探索革命道路的开启，史学则在配合中共革命实践的过程中，进一步成为史学家用以做现实斗争的武器。史学家吕振羽曾多次表示："我之来参加中国社会史研究的动机，完全是由于感觉这一问题的重要，已迫切的需要解决"①。而这一工作，既非老先生玩弄名词的"消遣"，也不是过去文人的"藏诸名山"，"而是为解放民族之现实的任务上的问题"。到了抗日战争时期，随着民族危机的进一步加深，中国马克思主义史学以治史研究服务于革命实践斗争的导向则更加明确。翦伯赞于抗战期间出版的《历史哲学教程》一书中，旗帜鲜明地指出，历史研究决"不是一个经院派的学究的把戏，而实为一个迫切的政治任务"②，"研究历史，不是为了宣扬我们的祖先，而是为了启示我们正在被压抑的活的人类；不是为了说明历史而研究历史，反之，是为了改变历史而研究历史"③。

不过，应该指出的是，虽然中国马克思主义史学注重科学性与革命性的统一，但是在强化和追求马克思主义史学的战斗性和革命性的同时，往往付出了牺牲其科学性的代价。中国马克思主义史学诞生于民族危亡的背景中，因此，中国马克思主义史学家大多把服务"救亡图存"的革命运动作为历史研究的最高宗旨。在这样的指导思想下，中国马克思主义史学不是出于"求是"的目的来研究历史，而是把历史研究作为论证政治目标的手段、配合革命活动的一个领域、驳倒政治敌手的有力武器。由是，为了完成变革现实这一"政治任务"，马克思主义史学家往往把研究重点放在对外族侵略史的批判、对中国历史上反侵略斗争和民族英雄的歌颂，以及那些卑躬屈膝、卖国求荣的民族败类的批判上，这样的论说方式"虽然表明是在分析过去，而实质上则处处影射现在"④，因此，也就难免造成"强古就今""以古证今""借古讽今"等现象的发生。譬如，范文澜在重修自己于抗战时期所编撰的《中国通史简编》时，就反省道，该书确实有一些论说不仅存在"非历史主义的缺点"，而且有些地方也存在"'借古说今'而损害了实事求是的历史观点"⑤。当然，由于对革命性的突出而相对忽视理论的

---

① 吕振羽：《史前期中国社会研究》，生活·读书·新知三联书店1961年版，第3页。

② 翦伯赞：《历史哲学教程》，北京大学出版社1990年版，第22页。

③ 翦伯赞：《历史哲学教程》，北京大学出版社1990年版，第3页。

④ 余英时：《中国史学的现阶段：反省与展望》，载王学典、陈峰编：《二十世纪中国史学史论》，北京大学出版社2010年版，第393页。

⑤ 范文澜：《中国通史简编（修订本）》第1编，人民出版社1955年版，第6—7页。

科学性和学术性，这不仅仅是马克思主义史学存在的问题，也是新民主主义革命时期整个马克思主义学术中国化存在的问题，客观地正视这一问题，有助于在思想史上进一步反思中国哲学社会科学如何处理好学术与政治之间的张力。

# 第八章　新民主主义革命时期马克思主义学术中国化的历史意义

新民主主义革命时期马克思主义学术中国化探索,既为中国特色学术体系的建构发展奠定了良好基础,也对中国革命实践乃至党的建设探索塑造了良好开端。但在特殊的民族危亡环境下,马克思主义学术中国化也不可避免地打上了历史的烙印。

## 第一节　马克思主义学术中国化的学术意义

新民主主义革命时期马克思主义学术中国化的探索,首先推动了中国近代学术的深远发展。

### 一、马克思主义学术中国化奠定了马克思主义中国化命题的学术基础

马克思主义自诞生以来就带有政治性和学术性的双重属性:马克思主义作为科学理论,具有完备而严密的理论体系,具有高度的学术性;同时,它又是无产阶级改变世界的革命的思想武器,带有极强的政治性。马克思主义学术中国化的推进,为马克思主义中国化进程注入了丰富的学理内涵,奠定了坚实的学术基础。

首先,马克思主义的译介主要是由马克思主义学术中国化的主体——马克思主义知识分子群体来承担的,这就为马克思主义中国化的形成和发展提供了重要的要素支持。

对马克思主义的学术译介是马克思主义中国化的首要前提,如果没有马克思主义著作和理论的翻译,或者仅仅通过翻译实现语言的转换而不是自觉地传播和接受马克思主义,都不可能真正开启马克思主义中国化的进程。同时,马克思主义又是一套博大精深的真理体系,其理论深度及其影响意义并不能直接为普通群众所阅读和理解,即便是一般的知识分子和进步青年也很难直接掌握和认同。这就决定了马克思主义理论的译介和传播必须由具有深厚知识背景,经过系统化理论修炼,能够较为全面、系统、准确地理解马克思主义的进步理论家和思想家来承担。如果没有这个“中介”或

“桥梁”力量的分析鉴别、研究阐发、通俗转化和主动传播，马克思主义的中国化进程就难以实现。

其次，在马克思主义中国化作为党的理论创新指南正式提出之前，中国早期马克思主义理论家已率先在学术文化领域初步探索了“中国化”的概念框架和内涵意义，这就为“马克思主义中国化”这一科学命题的诞生提供了必要的学理基础。

事实上，毛泽东1938年在中共六届六中全会提出的“马克思主义中国化”，正是以20世纪30年代中期进步思想界关于学术通俗化特别是马克思主义哲学通俗化为思想基点而展开论证的，艾思奇、陈伯达、陈唯实、胡绳等理论家在对马克思主义哲学通俗化和大众化的学术研究中，不仅较早地提出了“辩证法之实用化和中国化”等“中国化”的口号，同时也在总结哲学通俗化运动经验教训的基础上，进一步认识到，马克思主义的“中国化”不应仅仅停留于通俗的形式层面，更要在内容上融入中国的民族特色，契合于中国的本土国情。对此，艾思奇提出，马克思主义哲学中国化“原则上不外两点：第一要能控制中国传统的哲学思想，熟悉其表现方式；第二要消化今天的抗战实践的经验与教训”①，只有这样，“中国化”的马克思主义哲学才能“变为自己的文化”，“才能解决中国的问题，变为中国革命指导的理论”。胡绳也认为，马克思主义哲学的“中国化”，既要“用现实的中国的具体事实来阐明理论”，也要“于理论的叙述中，随时述及中国哲学史的遗产以及近三十年来中国的思想斗争”②。中共理论家的这些学术主张，已初步孕育了马克思主义中国化概念内涵的雏形，引起了中共领导人的重视，毛泽东不仅从艾思奇、李达等人的学术著作中汲取了许多“中国化”的思想素材，还进一步倡导成立了延安新哲学会来发动理论工作者推广马克思主义中国化的研究成果，不断丰富的学术成果作为政治上的“预见”和辅助，为毛泽东正式提出“马克思主义中国化”命题准备了扎实的理论基础和浓厚的思想氛围。

最后，在“马克思主义中国化”正式提出之后，马克思主义理论家继续进行的“学术中国化”研究，进一步捍卫了马克思主义中国化的理论旗帜，扩大了马克思主义中国化成果的影响作用。

“马克思主义中国化”虽然作为中国共产党重大理论创新于1938年正式提出，但还主要是概念和命题层面的解读，其理论的深度和广度仍待学术

---

① 《艾思奇全书》第2卷，人民出版社2006年版，第623页。

② 《胡绳全书》第4卷，人民出版社1998年版，第162页。

界的进一步丰富和完善,同时,为争夺“中国化”的话语解释权,以叶青为代表的国民党反马克思主义人士也展开了理论进攻的架势,对马克思主义中国化思想进行频繁的扭曲和否定。在此情况下,马克思主义者团结进步哲学社会科学界人士在1940年前后围绕“马克思主义中国化”的内在根据、方法原则、实现途径等重大问题进行了深入辨析和详细阐释,与叶青等人进行了激烈论战。在“马克思主义中国化”的内在依据问题上,针对叶青等人以“中国特殊性”推出马克思主义“不能行之于中国”的谬论,艾思奇等马克思主义理论家从“一般性”与“特殊性”的辩证关系出发,明确阐释了马克思主义之所以能够中国化是“因为马克思主义有一般的正确性”①,作为普遍真理的马克思主义必须“依据中国的特点使马克思主义在中国民族的特殊形式之下表现出来”②。在“马克思主义中国化”的继承与发展问题上,针对叶青等人关于马克思主义中国化就是把马克思主义变成非马克思主义的观点,马克思主义学者指出,“马克思主义中国化”的科学内涵“就是在于把马克思主义的真正精神、马克思主义的基本原则,应用到中国的具体问题上来,就是在中国的现实地盘上来把马克思主义加以具体化,加以发展”③,而毛泽东的相关论著就是中国化马克思主义的显著成果,毫无疑问是在坚持马克思主义基本原理的基础上紧密结合了中国具体实际和革命实践的产物,这恰恰证明了中国已经产生了一些发展马克思主义的理论,有了自己的马克思主义④。通过对叶青等人的批驳,马克思主义理论家坚定地捍卫和解读了马克思主义中国化的理论实质,使“马克思主义中国化”不再停留于一个政治宣传的口号,而成为风靡于中国思想界、备受知识分子追随的主流思潮。

## 二、马克思主义学术中国化初步树立了马克思主义的学术话语权威

马克思主义最初是以一种西方思潮的身份传入我国,必然带有西方话语的特征,马克思主义在学术中国化的推进过程中,不断实现从西方话语向东方话语、从马克思话语向中国话语的转变,扩大了马克思主义在学术界的影响力、引领力与感召力,进而确立了马克思主义的学术话语权威。

首先,建构了马克思主义革命话语。

---

① 《艾思奇全书》第2卷,人民出版社2006年版,第775页。
② 《艾思奇全书》第2卷,人民出版社2006年版,第779页。
③ 《艾思奇全书》第3卷,人民出版社2006年版,第250页。
④ 参见《艾思奇全书》第2卷,人民出版社2006年版,第778页。

在马克思主义的早期传播中，传播者的身份是多元的复杂的，有资产阶级改良派、资产阶级革命派，也有无政府主义者，还有无产阶级马克思主义者。阶级立场不同，传播目的和结果也各不相同，他们对马克思主义的译介和传播都有很强的目的性和针对性。例如：资产阶级改良派传播马克思主义的目的在于，胁迫清政府实行君主立宪制，为资产阶级改良政治服务，1903 年梁启超在《新民丛报》上发表《秘密结社之机关报纸》一文宣称，传播马克思主义不是为了实现社会主义，而是“在迫朝廷专制政体为立宪政体”①。而资产阶级革命派的目的在于，预防资本主义的弊病，更好地为资产阶级统治服务，孙中山曾指出：“处今日中国而言社会主义，即预防大资本家之发生可矣。”②无政府主义者传播马克思主义的目的则在于说明无政府主义优越于社会主义，让人们以无政府主义为行动指南。无产阶级马克思主义者传播的目的很明显，那就是用马克思主义拯救中国，改造中国。李大钊指出：“马克思的学说真是拯救中国的导星”，“详细一点说，就是依马克思的唯物史观以研究怎样成了中国今日政治经济的情状，我们应该怎样去作民族独立的运动，把中国从列强压迫之下救济出来”。③ 陈独秀也认为，应该“把马克思学说当做社会革命的原动力”④。毛泽东则直接宣布：改造中国社会，“激烈方法的共产主义，即所谓劳农主义，用阶级专政的方法，是可以预计效果的，故最宜采用”⑤。可以看出，无产阶级马克思主义者传播马克思主义的目的主要就是“革命”，正是在这种目的驱使下，早期马克思主义者主要侧重于对马克思主义革命话语的传播。所谓马克思主义革命话语体系，主要是指马克思主义经典作家关于无产阶级革命和无产阶级专政的理论的相关论述。马克思主义者对马克思主义革命话语的选择性传播，主要表现在两个方面：一是选择性地译介马克思主义的经典著作，如最早介绍到中国的《共产党宣言》、恽代英译自考茨基的《阶级争斗》等等；二是选择性地译介这些经典著作中的某些理论片段，形成自己的革命思想。其中译介最多的就是“唯物史观”理论与“阶级斗争”学说，两个理论能够直接为中国革命服务，同时，它们也深深影响了近代中国学术话语体系的建构，如李达的《现代社会学》、郭沫若的《中国古代社会研究》等等正是在马克思主义革命话语影响下产生的解读中国社会和历史的著作，使“阶级”

① 梁启超：《秘密结社之机关报纸》，《新民丛报》1903 年 10 月 4 日。
② 《孙中山全集》第 2 卷，中华书局 2006 年版，第 520 页。
③ 《李大钊全集》第 4 卷，人民出版社 2013 年版，第 516—517 页。
④ 《陈独秀文集》第 2 卷，人民出版社 2013 年版，第 250 页。
⑤ 《毛泽东文集》第一卷，人民出版社 1993 年版，第 2 页。

“阶级斗争”“资本主义”“革命”“变革”等话语成为社会流行话语，对中国人民的思维方式和表达方式都产生了深远影响。

其次，确立了马克思主义革命话语的竞争优势。

马克思主义革命话语的探索，贯穿着与国民党革命话语、苏联革命话语的竞争与融合。一是，与国民党革命话语的争夺。中国共产党早期的革命话语在概念、表述甚至句式等方面，都有话语移植的特点，如一大纲领中“推翻资本家阶级政权”“消灭资本家私有制”等表述，明显是对马克思主义革命话语的移植和挪用。这一表述引起国民党当局的极大警惕，不管是在国共合作期间还是内战时期，国民党从来都没有停止对中国共产党革命话语的打压和“围剿”，甚至在国共第二次合作期间挑起“真假三民主义”“中国之命运”等一系列话语争夺。中国共产党积极撰文披露国民党革命话语的虚伪性，努力阐扬马克思主义革命话语的真理价值，逐渐形成了“国民革命”“统一战线”“联合政府”“多党合作政治协商”等一系列新民主主义的革命话语。二是，对党内苏联革命话语模式的改造。这方面，毛泽东作出了重要贡献。毛泽东对中国化革命话语的创新主要源自他对中国革命实践经验的科学总结、对传统文化的深度融合和对民间生活俗语的形象运用，例如：“枪杆子里出政权”“农村包围城市，武装夺取政权”等等，是针对苏联革命忽视暴力革命、片面强调城市暴动的弊端而提出的革命命题；“买办阶级”“民族资产阶级”是根据中国革命实际提出的完全中国式的概念；“糖衣炮弹”“三大法宝”“三座大山”“纸老虎”等等，则是利用传统文化和民间俗语对马克思主义术语的解读和改造，等等。

最后，扩大了马克思主义革命话语的学术影响。

自马克思主义学术中国化萌芽之时，中国就逐渐形成了一支具有高度理论素养的马克思主义知识分子队伍，他们在深入学术研究的同时，也坚定地与各种错误思潮作斗争，在诸如东西文化论战、“问题与主义”之争、科玄论战、辩证法论战等学术争锋中向世人展现了马克思主义的话语魅力。1939 年中国共产党作出“大量吸收知识分子”的决定后，大批知识分子涌入延安。他们发挥自身优势，进入中央党校、陕北公学、抗日军政大学等学校进行马克思主义学术研究和教学工作，培养出大批具有马克思主义理论修养的优秀干部。在此影响下，马克思主义革命话语逐渐从最初的译介层面深入中国学术研究实践的内部。中国共产党人创造的诸如“打土豪，分田地”“群众”“劳农”等大量具有现实特色的革命话语逐渐融入社会科学、文学著作、民歌民谣等作品当中，直接或间接地启迪和改造着中国民众的思维方式和行为趋向，特别是中国共产党的革命理论家们直接运用马克思主义的革命话语来分析中国社会、中国历史、中国文化的发展状况，给中国的哲学社会科学打上了鲜明的革命标识，使红色作品成为这一时期中国学术的典型特色。

## 三、马克思主义学术中国化开辟了中国特色哲学社会科学的新前景

中国特色哲学社会科学，是在马克思主义指导下形成和发展起来的。回顾新民主主义革命时期的马克思主义学术中国化历程，可以看出，马克思主义一直是指导近代中国知识界反抗西方文化殖民主义侵略、争取民族独立和国家富强的锐利武器。正是在马克思主义学术中国化的逻辑进路中，中国进步知识界逐步摆脱了“外源”色彩，逐渐扎根于近代中国的现实土壤，开启了建构中国特色哲学社会科学的历史进程。

首先，初步奠定了中国哲学社会科学的科学基础。

早期中国哲学社会科学的建构，主要是以唯物史观作为科学依据的。马克思主义理论者认为：“唯物史观是关于社会的科学的理论，在马克思以前，并没有科学的关于社会的理论。”①在他们看来，科学不仅仅是指自然科学与技术科学，还应该包括社会科学的世界观和方法论，以及反对迷信愚昧、崇尚逻辑实证的现代理性精神。而唯物史观不仅在理论上赋予了一切社会研究的科学性，而且提供了分析社会和改造社会的有力武器，因而奠定了社会科学的科学基础。在此基础上，瞿秋白在 1923 年《〈新青年〉之新宣言》中比较系统地阐述了社会科学的具体规定。他把社会科学界定为研究社会现象的科学，认为：“研究社会科学，当严格的以科学方法研究一切，自然哲学以至于文学，做根本上考察，综观社会现象之公律，而求结论。”进而又提出了社会科学的研究任务：“当研究中国现实的政治经济状况”“当表现社会思想之渊源，兴起革命情绪的观感”“当注意与社会科学之世界范围中的材料，研究各国无产阶级运动之过去与现在，使得中国有所借鉴”“当为改造社会的真理而与各种社会思想的流派辩论”②等等。在此思想指导下，以瞿秋白为代表的马克思主义社会科学研究者出版编译了一系列学术著作，如：《社会哲学概论》（瞿秋白译著）、《现代社会学》（瞿秋白译著）、《社会科学概论》（瞿秋白著）、《史学要论》（李大钊著）、《现代社会科学讲话》（陈端志著）等等，推动了马克思主义社会科学的发展。

---

① 吴黎平：《唯物史观》，载《社会科学讲座》第 1 卷，上海光华书局 1930 年版，第 38 页。

② 瞿秋白：《〈新青年〉之新宣言》，《新青年》第 1 期，1923 年 6 月 15 日。

其次,初步建构了马克思主义指导下的较为完备的哲学社会科学学科体系。

学术的分门别类和制度化建构,是学术研究专业化、科学化的重要标志。在长期的理论探索中,马克思主义理论家将马克思主义理论与哲学社会科学领域充分结合,不仅在各个领域产出了丰硕的学术成果,也对各学科的研究视角、研究对象、研究路径与方法产生了不同程度的影响,从而形成了马克思主义指导下相对独立、界限分明、相互支撑、互助互鉴的学科体系,诞生了马克思主义史学、马克思主义哲学、马克思主义文艺学、马克思主义政治经济学、马克思主义社会学、马克思主义政治学等一批马克思主义新学科。同时,学科内部的专门研究也日渐全面,例如,在史学领域,已涵盖中国古史研究、中国革命史研究、中国启蒙思想史研究、中国思想史研究、中国近现代史研究、中国通史研究、中国哲学史研究、历史哲学研究等多个专业方向。这一学术体系为后来的新中国所继承和延续,成为建构中国特色哲学社会科学繁荣发展的重要资源。

再次,初步凝聚了立足中国实际、回应群众需要、解决现实问题的学术传统。

马克思主义学术中国化从一开始就不是将马克思主义学术限于纯理论的研究,而是将它看作革命的和实践的理论,努力在中国的救亡实践中锻炼马克思主义研究的基本素养。在这一过程中,马克思主义者始终秉持济世利民的情怀,坚持从革命的实际需要中激发学术动力,努力在实践中发现问题、反思现实、验证思想和创新理论。这种科学务实的学术传统,既是新民主主义革命时期马克思主义学术中国化的重要特征,也是当代中国特色哲学社会科学的应有品质。

最后,初步形成了"古为今用、洋为中用"的学术范式。

近代以来,中西关系问题一直是贯穿思想理论探索的一条主线。围绕这一问题,近代早期的知识分子进行了不懈的探索,提出了以西化中、以中化西、中西互化等各式各样的建构方案,但始终没能为中国的文化发展指明正确的出路。直到马克思主义的系统译介,才在中国思想界形成"中、西、马"三大思潮的互动融合局面,中国马克思主义者正是在这种互动融合中,超越"中西之辩",为近代中国文化发展指明了正确道路:首先,要坚持马克思主义对中西思潮的引领,以马克思主义的立场、观点和方法批判吸收中西文化,这是文化发展始终保持先进方向的基本前提;其次,要以辩证、客观、开放的态度对待中西文化,既"不应该只是毁弃中国传统文化,而接受西洋文化","更不应该是固守中国文化,而拒斥西洋文化",必须在现实实践的辩证互动中达成“各种现有文化的一种辩证的或有机的综合”①。

## 第二节　马克思主义学术中国化的关联影响

除学术层面的直接影响之外，新民主主义革命时期马克思主义学术中国化的推进，还对革命实践、中国道路乃至党的建设等方面都产生了积极推动作用。

### 一、马克思主义学术中国化对中国特色革命道路的推动作用

新民主主义革命时期，马克思主义学术中国化是在革命的话语中进行的，直接反映当时政治斗争的严酷形势，体现着学术理论建设坚决服务于革命实践的强烈诉求，自始至终都贯穿了新民主主义革命的主线。围绕革命逻辑而展开的马克思主义学术中国化，必然成为新民主主义革命的重要智识支撑。

首先，马克思主义学术研究通过科学认识中国国情，为中国共产党的革命道路探索，提供了认识论基础。

对领导中国革命的中国共产党来说，正确认识中国国情，是认识一切革命问题的基本依据。要深入把握国情，除了革命者在具体实践中的经验性总结之外，还需要理论家在学理上的科学探索和严密论证，认识的深入和严密程度将直接影响中国革命的发展进程。中国共产党早在成立初期，就已十分注重对知识分子国情研究的引领。1922 年创刊的《先驱》周刊发刊辞中指出：“本刊的第一任务是努力研究中国的客观的实际情形，而求得一最合宜的实际的解决中国问题的方案”②。1924 年李大钊也提出：“应该细细的研考马克思的唯物史观，怎样应用于中国今日的政治经济情形。详细一点说，就是依马克思的唯物史观以研究怎样成了中国今日政治经济的情状，我们应该怎样去作民族独立的运动，把中国从列强压迫之下救济出来。”③但后来的大革命，由于右倾错误的影响以及共产国际的干扰，马克思主义学术中国化的探索一度中断，对中国国情的研究也趋于淡化，导致对中国革命形势判断上的严重失误，成为大革命失败的重要原因。大革命失败的教训，使中国共产党和马克思主义理论家深刻意识到国情研究的重要性和紧迫

① 张申府：《五四纪念与新启蒙运动》，《北平新报》1937 年 5 月 2 日。

② 《中共党史参考资料》（一），人民出版社 1979 年版，第 313 页。

③ 《李大钊全集》第 4 卷，人民出版社 2006 年版，第 397 页。

性,促成了中国社会性质论战的爆发。在这场论战中,马克思主义理论家努力将唯物史观运用于中国哲学、史学、经济学等领域的研究之中,对中国国情进行了深入的学理探索,一方面,通过对中国社会性质特别是中国农村社会性质的考察,阐明了帝国主义、封建主义对近代中国社会的冲击和影响;通过对中国社会史的研究,理清了中国社会历史的演变规律以及中国封建社会的基本特点,进而形成了"半殖民地半封建"社会性质的初步概括,为中国共产党制定正确的革命政策提供了根本依据。另一方面,又通过与非马克思主义、反马克思主义理论进行论战,广泛宣传中国共产党的正确主张,有力论证了中国共产党领导新民主主义革命的合理性,提升了马克思主义对近代中国社会的诠释水平。围绕这场论战,论证贡献最为突出的是何干之。1934 年到 1937 年,何干之著述了大量文章来系统论证中国半殖民地半封建的社会性质,还在《中国过去、现在和未来》一书中第一次完整地提出了中国的社会性质是"半殖民地半封建"的观点。该观点对毛泽东产生了重要影响。1938 年 3 月,毛泽东第一次完整地提出了"半殖民地半封建"的概念。1938 年 11 月,毛泽东在《战争和战略问题》中再次对中国半殖民地半封建的社会性质进行了强调,认为中国"不是一个独立的民主的国家,而是一个半殖民地的半封建的国家"①。1939 年 12 月,毛泽东发表《中国革命和中国共产党》,标志着半殖民地半封建理论体系的最终形成。

其次,马克思主义学术研究适应革命形势的变化及时调整主题导向,为中国特色革命道路的创新发展,保驾护航。

马克思主义学术中国化是在大革命失败后全面开展并在十年内战时期迅猛发展起来的。在这一过程中,国民党政府为了达到反共的目的,不仅进行残酷的军事"围剿",也实施严酷的文化封锁。对此,马克思主义知识分子以中国共产党领导的"社联"和"左联"为阵地,借助进步出版机构,采取隐蔽的出版发行方式,传播马列主义理论著述。同时,利用学术研究的名义,淡化政治颜色,撰写以马克思主义为指导的、彰显马克思主义真理价值的社会科学著作。这些探索,一定程度上打破了国民政府对马克思主义的扼杀企图,使唯物辩证法和唯物史观不但没有沉寂,反而"像怒潮一样奔腾而入"②。抗日战争爆发后,停止内战、一致对外,成了中华民族的迫切使命。在中国共产党的呼吁下,马克思主义知识分子努力清除"左"倾关门主义影响,在思想界发起了一场旨在联合"一切忠心祖国的分子,一切爱国主

① 《毛泽东选集》第二卷,人民出版社 1991 年版,第 542 页。

② 吕思勉、童书业编:《古史辨》第 7 册(上编),上海古籍出版社 1982 年版,第 64 页。

义者，一切自由主义民主主义者，一切理性主义者，一切自然科学家，……结合成最广泛的联合战线"①的"新启蒙运动"。在这场运动中，新启蒙者以抗日救亡作为"在现阶段理论斗争的一个最高原则"②，实现了思想文化界的广泛动员，形成了广泛的抗日文化统一战线，为团结和凝聚抗战力量发挥了重要的动员作用。抗战胜利后，随着革命形势的变化，中国共产党又提出了消灭国民党反动派、建设新民主主义社会的历史任务，马克思主义学术研究的重点也围绕着这一任务迅速展开。例如，许涤新出版的《中国经济的道路》一书，就重点阐发了建设新民主主义经济的具体内容，分别对新民主主义国家的财政、金融政策，经济秩序等具体问题进行了详细的研究，是当时影响最大的经济学著作。可见，马克思主义学术中国化的过程始终与中国革命进程紧密配合，充分发挥了学术研究为政治革命服务的"智库"功能。

最后，马克思主义学术建设具有培养革命主体的特殊意义，为中国革命道路的贯彻执行，塑造了大批优秀人才。

马克思主义学术中国化不仅是知识分子运用马克思主义从事学术研究的过程，同时也包含着以最新研究成果武装党员干部和工农群众、使"批判的武器"转化为"武器的批判"的过程。这一意义在该时期的干部教育方面，表现得尤为突出。新民主主义革命是一项根本改造中国落后面貌的开天辟地的崭新事业，需要大量立场坚定、业务精湛的有志之士的大力推动。但由于中国共产党的领导干部主要是从工农群众中选拔起来的，文化水平普遍较低，马克思主义理论修养更接近空白。针对这一问题，中国共产党于1939年成立干部教育部，并在陕甘宁边区第二次代表大会上形成《关于党内干部教育问题的决议》，强调指出，努力提高党员干部的文化水平，是加强党的建设、巩固边区和争取全国抗战胜利的必须条件。于是，在中国共产党以及进步知识分子的推动下，马列学院、抗日军政大学、中共中央党校、陕北公学等一大批干部学校纷纷成立，艾思奇、成仿吾、张如心、何干之、陈唯实、王学文等众多马克思主义理论家积极投身于干部教育行列。这些干部学校都以马列主义理论为主干，兼顾社会科学概论、社会发展史、中国革命史等社会科学类课程，以改造思想、转变世界观、提高理论水平为宗旨，培养了大批优秀的知识型干部，他们很快进入党、政、军各级领导岗位，成为新民主主义革命重要的领军力量。

① 陈伯达：《论新启蒙运动》，《新世纪》1936年第2期。

② 《柳湜文集》，生活·读书·新知三联书店1987年版，第597页。

## 二、马克思主义学术中国化对党的建设的促进意义

新民主主义革命时期，马克思主义学术中国化的推进，也对于党的建设产生了重要影响，主要表现在以下三个方面：

首先，早期马克思主义学术社团筑起党的建设的条件基础。

五四时期，关于"中国向何处去"的问题是当时知识分子最为关注的重大问题，一批初步具有共产主义觉悟的知识分子自觉进行马克思主义学术研究，创建了很多学术社团，为中国共产党的创建准备了条件，并发展成为中国共产党的组织雏形。

1. 学术社团是早期党组织的主要源头。中国共产党是以学术社团为雏形发展起来的，五四进步社团既是中共早期组织的最初源头，又是中共创建时的最初形态——真正意义上的共产主义小组，①学术社团对中国共产党组织具有孕育与催生作用。一是学术社团为早期党组织的创建提供了理论指导。近代初期，知识分子积极向西方探寻救国真理，马克思主义、无政府主义、改良主义、合作主义、空想社会主义等大量思潮涌入中国。各"主义"指导下的社团也纷纷涌现，其中，新民学会等马克思主义社团最为醒目，它们以研究和运用马克思主义理论为己任，成为中国早期马克思主义宣传的主阵地，大量进步青年通过社团的学习最终选择了马克思主义，为共产党组织的诞生准备了理论条件。二是，学术社团的活动为中共党组织积累了实践经验。社团发挥组织优势，经常开展学习交流活动，如理论宣讲、赴法国俄国勤工俭学等等，为中共党组织的建立和发展提供了丰富的社会资源。

2. 学术社团为中国共产党早期建设储备了人才。与西方国家的无产阶级政党不同，早期的中国共产党人主要是由知识分子构成，他们大多倾向于依托社团开展工作、探索救国之路。中共早期的领导干部大都有过社团活动的经历，如新文化运动的发起者陈独秀，曾创办《新青年》，汇集和培养了大量青年才俊，起到了开民智的社会教化作用。此外，陈独秀在上海成立的马克思主义研究会，李大钊创建的北京大学马克思主义学说研究会，毛泽东、蔡和森等人在长沙创办的新民学会等，都吸引了大批进步知识分子，他们以学术研究为起点，积极学习和传播马克思主义理论，后来大都成为党的革命和建设事业的中流砥柱。

---

① 参见黄爱军：《五四进步社团与中共创建关系研究》，社会科学文献出版社2018年版，第12页。

3. 学术社团推动了马克思主义在中国的早期传播。主要表现在三个方面：一是译介马克思主义著作。例如，北京大学马克思主义学说研究会的主要任务就是搜集英、德、日、法等各种文字版本的马克思主义书籍资料并进行编译出版。二是发表马克思主义文章。李大钊在《新青年》上发表了《庶民的胜利》《布尔什维主义》等文章，成为马克思主义的最早系统研究和传播者，此外还有《每周评论》《湘江评论》等刊物，都刊载了大量评论文章，为马克思主义的传播作出了重要贡献。三是在工农群众中灌输马克思主义。学术社团发出"到民间去"的号召，组织大批社员深入群众，宣传马克思主义，促进民众觉醒，为党的建设奠定扎实的群众基础。

其次，破除洋八股、党八股，塑造党的建设新面貌。

洋八股党八股本质上是与本本主义、教条主义一脉相承，是一种或从书本上来，或从国外来的简单套用与卖弄，是一种危害革命事业的不良文风。对洋八股党八股的抨击与破除是马克思主义学术中国化的重要使命。

近代，随着西学东渐的盛行，西学与中学的关系问题成为中国学术界关注的核心问题。新文化运动在提倡西学、反对旧八股的同时，也出现了脱离中国现实，盲目硬套西方理论，用极端片面的方式促进西方思想与中国问题的结合，导致洋八股的产生。对此，鲁迅先生指出，"八股，无论新旧，都应当扫荡"①。马克思主义学术中国化的推行，极大地破除了洋八股的束缚。例如：哲学领域，李达撰写《现代社会学》，着手以唯物史观为指导，分析解决中国的现实问题。在文学领域，李大钊倡导"新文学观"，在文章《什么是新文学》中指出了新文学必须反映现实并服务于现实的新使命。同时，李大钊还撰写了《史学要论》一书，将社会变革作为历史研究的重要内容，运用马克思主义基本原理来研究中国历史问题，开辟了中国马克思主义史学研究的新视野。可见，马克思主义学术中国化的开展，从思想理论层面强调学术理论应遵守实事求是的精神、服务于现实生活，为清除洋八股的教条化色彩发挥了重要作用。

同时，洋八股在党组织层面发展成为党八股。党八股是主观主义和宗派主义进行理论宣传和组织建设的主要模式，给党内生活造成恶劣影响。为了反对包括党八股在内的党内非无产阶级思想，1942 年全党开展了延安整风运动，其主要目的之一就是"反对党八股以整顿文风"②。毛泽东发表题为《反对党八股》的演讲，分析了党八股的来源，列举了党八股的八大罪

① 鲁迅：《伪自由书 · 透底》，载《鲁迅全集》第 5 卷，人民文学出版社 1981 年版，第 105—106 页。

② 《毛泽东选集》第三卷，人民出版社 1991 年版，第 812 页。

状，指出“党八股这个形式，不但不便于表现革命精神，而且非常容易使革命精神窒息”①。呼吁全党要抛弃党八股，学习马列主义文风。延安整风对党八股的破除，促进了马克思主义学术中国化倡导的实事求是文风的传扬，为党的建设塑造了崭新风貌。

最后，马克思主义学术中国化成果融入干部教育，提升党的建设新高度。

新民主主义革命期间，马克思主义学术中国化的另一个重要功效就是与党的干部教育相融合，有效提升党员干部的马克思主义理论水平，为思想建党提供理论支撑。

一是锻造了优秀的干部教育师资力量。因为干部教育的紧迫性和使命的特殊性，干部教育的师资遴选更加重视教员的理论水平与业务能力。例如，在中央党校，经济学家孙冶方、历史学家吕振羽等一批著名马克思主义学者担任教员，他们能发挥各自的特长，将马克思主义理论与具体专业领域相结合，将最新理论成果融入干部教育之中，发挥了学术研究的政治服务功能，保证了理论传授的权威性。同时，这些教员还出版了大量学术著作，例如：孙冶方的《马列主义原理》、艾思奇的《大众哲学》等等，为中国共产党干部教育的教材体系建设提供了重要的资源支持。

二是促成了马克思主义理论学习高潮。伴随马克思主义学术中国化的推进，学习最新马克思主义理论成果逐渐成为全党“有头等意义”的重要任务。干部教育的形式更加多样化，呈现出集中学习运动、干部学校培训、马克思主义著作研讨相结合的教育模式。干部教育的内容也更加丰富，在学习马克思主义哲学、政治经济学、社会主义发展史等经典课程的同时，也把《矛盾论》《实践论》《中国革命问题》等马克思主义学术中国化成果列为党员干部的必读书目，促成了干部教育活动的持续高涨。

## 第三节 囿于历史局限的理论偏颇

新民主主义革命时期，马克思主义学术中国化在火热的革命锤炼中产生和发展，为中国特色哲学社会科学奠定了良好基础。但同时也要看到，受“革命任务高于一切”的特殊年代影响，马克思主义学术中国化也不可避免地带有历史的烙印。

① 《毛泽东选集》第三卷，人民出版社 1991 年版，第 840 页。

## 一、学理探讨中的政治博弈：马克思主义学术中国化的泛政治化倾向

新民主主义革命时期，中国马克思主义者在救亡图存的革命浪潮中发现了马克思主义真理，同时在回应革命需要、破解革命难题中开启了马克思主义学术中国化进程。因此，该时期的马克思主义学术研究具有强烈的现实针对性和意识形态特质，暴露出过分突显学术的政治功能而削弱其学理性研究的缺陷。

这种"学术政治化"的倾向突出地表现在马克思主义学派与非马克思主义和反马克思主义学派的思想论战中。出于捍卫马克思主义权威、维护中共反帝反封建革命斗争合理性的政治目标，马克思主义学者在批驳对方观点时，往往因为政治立场的不同，而对其学术观点中的合理成分采取一概抹杀、完全否定的态度，从而堵塞了交流互鉴的正常通道，也在一定程度上限制了中国马克思主义学术的研究视野和理论涵养。

例如，20 世纪 30 年代爆发的关于中国社会性质的论战，虽然是以学术论辩的形式展开，但带有明显的政治斗争色彩，其中既有马克思主义内部对教条主义者的批判，又有马克思主义与反马克思主义、革命与反革命之间的斗争。① 尽管在论战中，马克思主义学者基本保持了其学术结论和逻辑论证的科学水平，但是，受政治批判导向的影响，也出现了诸多绝对化、情绪化的倾向。例如：国民党"新生命派"的陶希圣等人指出，近代中国完全是商业资本主义社会，因而马克思主义不适于中国的现实需要。中共党内的"托陈派"也盲目夸大资本主义在中国社会经济中的地位和作用，得出了中国革命的任务是反对帝国主义和所有资产阶级的观点。这些观点无疑是错误的，必须批驳与反对。但是，如果撇开这些论者的政治背景，单就其中的某些学术观点而言，可以发现，他们也提出了一些值得继续深思的学术问题。李泽厚在《中国现代思想史论》一书中曾指出，陶希圣虽然得出了错误的学术结论，但是他关于中国古代社会商品经济的研究以及对士大夫阶级在中国传统社会中统治地位和统治功能的探讨，显然包含了不少合理的成分。而"托陈派"等人的结论虽然犯了教条主义的错误，但是他们也指出帝国主义入侵在客观上促进了中国近代资本主义的发展，强调民族资本主义仍可能在中国政治制度下继续发展的观点，也是值得进一步研究的学术问

① 参见侯外庐：《韧的追求》，生活·读书·新知三联书店 1985 年版，第 221 页。

题。① 但是，在当时激烈的政治交锋氛围中，这些学术问题及理论观点被简单化为“一个革命或反对革命的实践问题”②，被定性为马克思主义与伪马克思主义的斗争、唯物主义与唯心主义的斗争。在政治任务与学术探讨杂糅在一起时，马克思主义学者往往把更多的论证放在革命政策的正当性和合理性以及反对派观点的错误性及其现实危害性层面，也就不能客观地认识和采纳对方观点的合理成分。

显然，这种以政治立场取代学术立场、以政治标准掩盖学术标准的做法，削弱了马克思主义学术向更深层次学理探索的动力，导致一些问题长期得不到解决而日趋复杂。20 世纪 80 年代，历史学家侯外庐在回忆这场论战时，指出：“这场论战范围很广，持续时间很长，争论的问题很多”，经过论战，虽然“有些问题解决了”，但是“有些问题并没有得到比较一致的认识，至今仍在争论”③。这些“至今仍在争论”的问题，包括了“亚细亚生产方式”问题、中国古代是否存在奴隶制的问题等等，直到改革开始之后才得以深入探讨。

## 二、泛政治化倾向的历史成因：民族危亡背景下的救亡情绪

新民主主义革命时期，中国马克思主义学术之所以呈现出泛政治化的倾向，主要是由民族危亡的社会历史环境决定的。鸦片战争以后，曾经在人类文明史上独占鳌头、傲视群雄的古老中国，在帝国主义的坚船利炮的入侵下，逐渐失去了昔日天朝盛世的荣光。面对山河破碎、国将不国的现实落差，率先觉醒的进步知识分子，无论是对“中国教化日益微灭，而政教风俗，欧洲各国乃独擅其胜”④的沉思，还是“国无以为国，谋国者之肉，其足食哉”⑤的愤懑，抑或是“举朝皆亡国之臣，天下事岂复可问”⑥的悲凉，都表现出心系祖国、忧国忧民的济世情怀。

葛兆光教授在《中国思想史》一书中指出，虽然“心情”只是一个描述感性的词语，但“心情”如果成了社会上一种普遍弥漫的情绪，就能促成理性思索的背景⑦。正是在这种普遍的忧患“心情”感染下，中国学人的所思所

---

① 参见李泽厚：《中国现代思想史论》，生活·读书·新知三联书店 2008 年版，第 74 页。

② 吕振羽：《中国社会史诸问题》，生活·读书·新知三联书店 1961 年版，第 1—2 页。

③ 侯外庐：《韧的追求》，生活·读书·新知三联书店 1985 年版，第 222 页。

④ 《郭嵩焘日记》第 3 卷，湖南人民出版社 1982 年版，第 454 页。

⑤ 郑逸梅：《中国近代文学大系·书信日记集二》，上海书店 1992 年版，第 338 页。

⑥ 《郑孝胥日记》，中华书局 1993 年版，第 482 页。

⑦ 参见葛兆光：《中国思想史》，复旦大学出版社 2013 年版，第 469 页。

虑所忧,几乎无不围绕着"中国向何处去"这一时代课题,"救中国""强中国"的爱国话语也就成为近代中国学术最为鲜明的底色。即使在五四运动初期,"为学术而学术"的风潮曾经滥觞一时,但随着国内局势的进一步恶化,这些学者也难以偏安书斋。这一变化在自由主义者胡适那里体现得尤为明显。他虽然早年就宣布了"打定二十年不谈政治的决心"①,专注于整理国故、历史考据,到处传播"为学术而学术"的治学观念。但是,在他目睹了中国的政治乱局之后,便触发了"不能不谈政治的感觉"②,正如他自己所言:"我现在来谈政治","是国内的腐败政治激发出来的",如果把政治划出学术之外,那就成了"躲懒的,出世的,非人生的文化"③。此后,随着日本帝国主义的全面入侵,深陷生死存亡危情的中国更是"容不下一张平静的书桌",著名哲学家贺麟在《学术与政治》一文中疾呼:"抗战不忘学术,庶不仅是五分钟热血的抗战,而是理智支撑情感,学术锻炼意志的抗战。学术不忘抗战,庶不致是死气沉沉的学术,而是担负民族使命,建立自由国家,洋溢着精神力量的学术"④。由此,当时中国学术的生存处境可窥一斑。

可见,中国知识分子必须在学术与政治的辩证协调中定位自身的角色价值。正如学者陈万雄指出,中国近代知识分子"绝非纯粹的知识分子,而是革命的知识分子",他们是"学者、革命者和教育者集于一身",自始则承担着救亡和启蒙的双重重任。⑤ 马克思主义学术中国化正是基于学术探索与政治实践的密切结合,紧紧抓住"半殖民地半封建"这一国情实质,把握以"阶级斗争"扫除中国未来发展障碍的主线,以比较丰实的理论解答了"中国向何处去"的近代难题。虽然,在这一实践探索中一度出现了"凡是敌人反对的,我们就要拥护;凡是敌人拥护的,我们就要反对"的政治化、革命化思维。但这一思维的形成,主要是因为众多学人为中国道路提供了诸多方案,而不同方案的背后都隐含着鲜明的党派之争和主义之争,在民族救亡的紧迫形势下,为了尽快在马克思主义的真理旗帜下促成最广泛的抗日民族统一战线,被迫在学术领域采取了压服式的斗争方式。诚然,对学术的发展而言,这是历史留下的缺憾,但就时代环境来说,这又是切合时势的必然选择。

---

① 《胡适文集》,北京大学出版社 1998 年版,第 363 页。

② 《胡适文集》,北京大学出版社 1998 年版,第 364 页。

③ 《胡适文集》,北京大学出版社 1998 年版,第 366 页。

④ 贺麟:《文化与人生》,商务印书馆 1988 年版,第 22 页。

⑤ 陈万雄:《五四新文化运动的源流》,生活·读书·新知三联书店 1997 年版,第 185 页。

# 余论　新时代马克思主义学术中国化的建构导向

总结历史，是为了更好地开辟未来。新民主主义革命时期的创新探索，开辟了马克思主义学术中国化的发展前景，既积累了丰富的历史经验，也为后人留下了继续探索的广阔空间。新时代，习近平总书记在如何加快构建中国特色哲学社会科学的总体要求上，明确提出："要按照立足中国、借鉴国外，挖掘历史、把握当代，关怀人类、面向未来的思路"①，为我国在新时代繁荣发展中国特色学术体系指明了方向。

## 一、新时代马克思主义学术中国化的践行关系

建构新时代的中国特色学术体系，应着力协调好以下主要关系：

### （一）学术性与政治性的统一

马克思主义学术是知识体系和价值体系的综合体，兼具学术属性和意识形态特征。一方面，作为一个学科群，马克思主义学术的本质要求是求"真"与"实"，它的研究对象是人类社会，研究重心是探索人类社会及其精神世界的发展规律和特点。作为一个学科体系，马克思主义学术既有自身学术规律又有研究逻辑。中国特色学术体系建设，首先必须体现其基本原则，即学术性与科学性，严格认真地遵循学术规律，努力营造求真务实、开拓创新、充满活力、民主自由、团结和谐的良好学术氛围，坚决贯彻"百花齐放、百家争鸣"的方针，大力倡导既言之有理又持之有据的学术观点和既能自圆其说又逻辑严密的新鲜活泼的学术理论，认真并大力推动不同学术流派和学术观点之间的交流切磋，由此才能显示其真理性、科学性、权威性和说服力。然而目前，虽然我国的马克思主义学术研究"研究队伍、论文数量、政府投入等在世界上都是排在前面的，但目前在学术命题、学术思想、学术观点、学术标准、学术话语上的能力和水平同我国综合国力和国际地位还不太相称"②。现实的差距亟须理论工作者不断加强自身的理论修养，努力从中国的现实国情中发掘宝贵的学术资源，提高分析和解决问题的能力，不

---

① 习近平：《在哲学社会科学工作座谈会上的讲话》，《人民日报》2016 年 5 月 19 日。

② 《习近平著作选读》第一卷，人民出版社 2023 年版，第 478 页。

断从实践运用中去丰富、提升和加强自身的理论储备，多出产高水平、高质量的学术成果，究天人之际，通古今之变，成一家之言，不断攀登学术研究的新高峰。

另一方面，中国特色学术研究成果的取得需要有正确方向的引导。由于中国特色学术研究的意识形态特质非常明显，所以无论是任何形式的"非意识形态化"还是片面教条式的"意识形态化"都不利于中国特色学术研究的繁荣发展。这就决定了建构中国特色学术话语权，必须时刻以马克思主义为指导，在分析与解决问题时自觉地运用辩证唯物主义与历史唯物主义，把马克思主义的正确观点、立场和方法应用到学术研究及学科话语体系的建设之中，反映中国特色社会主义的崭新实践。习近平总书记指出："世界上没有纯而又纯的哲学社会科学"，"研究者生活在现实社会中，研究什么，主张什么，都会打下社会烙印"。① 马克思主义理论工作者在工作中应围绕改革开放和现代化建设的实际问题，不断地在各个学科的概念、观点和理论之中融入马克思主义的基本原理和方法，在表达和总结提升中国特色社会主义的实践经验时需按照理学逻辑和政治立场相统一的原则，"坚持用中国的理论、中国的学术解读中国的奇迹，充分展示中国特色社会主义道路的独特创造、理论的独特贡献、制度的独特优势"②，建立既源于实践又高于实践的中国化马克思主义的学术话语，不断增强研究者的政治敏锐性，确保中国特色哲学社会科学话语体系的正确导向。同时，中国研究者还需要在重大政治原则和大是大非面前，始终以清醒的政治头脑、坚定的政治定力、敏锐的政治敏感性和政治鉴别力来自觉抵制各种反动和错误的社会思潮。始终要以正确的学术概念、学术逻辑与学术语言来深化政治观点的表达，防止把严肃的学术理论演变为单纯的政治口号。中国特色学术研究的相关学术理论只有建立在正确的政治观点之上，才能更具公信力。

### （二）专业性与系统性的统一

中国特色科学研究体系既包含传统的、新兴的以及前沿的学科，同时又涵盖交叉的和冷门的学科，既与科学真理相联系，又与社会实践相结合。新时代推进中国特色科研体系的创新发展，在整体推进学科体系、学术体系、话语体系建设的同时，要建构出全方位、全领域、全要素的结构体系，加强中国特色科学研究的系统性和专业性。一方面，注重专业化建设。任何一门学科和专业都有其特定的研究对象，有其各自的专业特色。孙正聿先生指

① 习近平：《在哲学社会科学工作座谈会上的讲话》，《人民日报》2016年5月19日。

② 刘云山：《深入实施马克思主义理论研究和建设工程　为实现中华民族伟大复兴的中国梦提供理论支持》，《人民日报》2013年10月21日。

出，中国特色哲学社会科学如果脱离了“有关社会的社会科学，就难以建构专业性的哲学社会科学的研究对象；相反，研究对象如果与专门的学科和专业相分离，那么诸如政治学、经济学、社会学和法学等社会科学也将不复存在”①。推动中国特色学术研究上的专业化，不仅能很好地明确研究对象的建构，还能随着专业化程度的提升而不断拓展和深化自己的理论空间，搭建利于被国际社会理解和接受的、独具学科特色的学科理论和概念。同时，还要处理好重点建设与平衡发展的关系，优化调整学科结构，做大做强若干优势学科，完善发展特色学科，大力支持新兴学科，保护扶持濒临消失的冷门学科。

另一方面，当前“结构性短板”以及薄弱的基础性研究是困扰我国学术发展的重要问题，主要体现在：一些学科闭门造车、知识与价值不统一、研究与教学不协调、理论与应用脱节。解决这些问题，需要在体制机制上，推进中国学术体系的积极创新，突出优势、拓展领域、补齐短板、完善系统。首先，要大力推广整体思维。一个民族的科学影响力取决于他的整体合力。因此，要努力改变闭门造车的科研方式，不断加强相同学科和不同学科之间的交流合作，组建科研协作团队并搭好学科合作交流平台，强化大局意识。其次，建立科学合理的评估机制和科研成果奖励制度。辩证协调基础性研究、理论性研究、应用性研究三者的关系，重点推动科研成果有效转化为社会价值，把实现社会价值的大小作为评价哲学社会科学研究工作的标准，改变以往只专注于论文和著作而忽视对研究报告方面的咨询，建立科学权威的学术成果评价体系。再次，创新人才培养机制，充实后备力量。一种学说和思想的影响力也取决于它从社会生活整体出发回应时代问题的能力。对人才的培养，需要打破部门和个人利益的藩篱和狭隘的局部眼界，切实改变重商轻管、轻文史哲倾向。各高校应坚守中国特色社会主义大学的办学理念，围绕中国特色社会主义建设的需要，以马克思主义理论最新成果为引领，紧扣时代主题，来定位自身、规划发展，努力培养符合国家发展需求的优秀人才。最后，需要推动教材体系建设。学术体系与教材体系密不可分，要想加快构建中国特色学术话语权，离不开构建一套适应中国特色社会主义发展要求、立足国际学术前沿、门类齐全的学科教材体系。但当前，现有教材体系还存在学科设置与社会发展相脱离，学科体系有待健全，新兴学科和交叉学科建设力度不够的问题。要弥补这个短板，就需要在相应的学科发展阶段，抓好教材体系建设，用教材建设的新成果支持和彰显中国学术的发

① 孙正聿：《注重理论研究的系统性、专业性》，《思潮》2017年第2期。

展进程。各学科要同向同行,形成协同效应,共同推出高水平教材。

（三）历史性与时代性的统一

中华民族源远流长的五千年璀璨历史积淀下来的灿烂文化和民族优秀传统,形成了中华民族特有的“胎记”,同时在漫长的文化交流与传播过程中,逐渐构建起了一套自成体系的话语表达方式,成为构建当代中国学术话语的历史根基,为华夏文明经久不衰,岿然屹立于世界文化之林打下了坚实的基础。然而近代以来,伴随着西方逐渐确立起来的文化霸权主义地位,中国学术话语体系开始对西方学术话语的移植具有严重的依赖性,也因此游离于世界学术格局的边缘。习近平总书记指出:“历史是从昨天走到今天再走向明天,历史的联系是不可能割断的,人们总是在继承前人的基础上向前发展的”①,因而,对优秀历史传统的继承于任何话语体系的构建而言都是必不可少的。中华民族优秀的思想文化传统及其形成的学术理论成果早已因其独特的现实价值而融入中华文明之中,共同形成了中国独特而优秀的传统文化。当前,建构中国特色的学术体系,应坚持不忘本来、面向未来,充分把握好中华优秀传统文化资源,充分继承历史遗产,大力发掘其中有益于当今社会实践的现代性成分,使中华民族最基本的文化基因与现代文化相适应、与现代社会相协调,使之成为马克思主义话语体系的重要文化土壤。

继承传统,但又不能拘泥于历史。一切科学特别是哲学社会科学是时代精神的体现,在继承优秀传统的同时,还需要把握时代和富于创新。当今时代日新月异,瞬息万变,世界和中国都发生了广泛而深刻的变化,面对新时代赋予的新要求,我们要不断推进理论创新与发展。一方面,学术话语的形成需要学术主体的理论创新和思维方式的时代变革。就如邓小平所说的,不能忘记老祖宗,也不能局限于老祖宗,要敢于说他们没有说过的话。建构中国特色学术话语需要具有“中国传统”的时域意识,不仅要对古代优秀传统文化的继承和发扬,还要对近代以来党领导人民在不断探索和创造的革命传统、建设传统的整理与提升。在对待“中国问题”上,要不断突破固有思维的局限与束缚,“把对话语所言及的对象的实践进行研究而非将话语作为符号的整体来研究”②。另一方面,中国的面貌早已随着改革开放及现代化建设的飞速发展而发生了翻天覆地的变化。这一改变中华民族命运的、史无前例的伟大探索是马克思主义经典作家和西方经济学家始料未

① 习近平:《领导干部要读点历史》,《学习时报》2011年9月5日。

② [法]米歇尔·福柯:《知识考古学》,谢强、马月译,生活·读书·新知三联书店2003年版,第53页。

及且难以解释的。对于这样一个新的社会存在和社会实践的理解与认识，是毫无先例可循的。因此，踏踏实实立足于当前的社会实践，创造顺应时代主旋律的、全新的话语和原创新理论，并使之与时俱进，同步于实践，是时代对我们的要求。而任何裹足不前，套用传统模式欲按图索骥以奢求解决中国当前问题的诸如"儒化中国"或者"儒化中国学术"的做法无疑是开历史的倒车。因此，在推进学术话语体系的建设过程中，需要树立与时俱进的创新意识，破除旧观念旧思维的束缚，以问题为导向，发现、研究和解决问题并重，建立健全新的学术观点、新的学术理论和话语表达方式，抛弃束缚和沉寂，推陈出新，让蕴含价值的旧概念旧话语赋予新的时代内涵和表达形式，激活其新的生命力。

（四）中国化与国际化的统一

任何科学理论，只有实现自身的本土化才能发挥真正作用。马克思主义之所以能在中国取得胜利，关键在于不断与中国实际密切结合并加以创新运用。在中国革命、建设、改革的特殊国情下逐渐形成和发展起来的特殊话语体系，具有明显的中国特色，中国学术体系区别于其他学术的根本区分就在于坚持以马克思主义为指导。在立足中国现实国情、贯通古今并融汇中西的基础上来实现学术理论的中国化是中国特色学术体系建构的必由之路。自马克思列宁主义传入中国，马克思列宁主义就一直注重与中国国情相结合，最终实现了马克思主义中国化，成为中国共产党领导全国人民拯救国家与民族于危亡的科学利器，继而完成了民族独立和人民解放，把旧中国从半封建半殖民地状态成功转变为人民当家作主的社会主义新中国。而当代中国学术体系的建立和发展正是秉承这一历史变革的东风，以中国特色社会主义制度为基础并服务于社会主义的伟大实践，与马克思主义中国化历史进程相辅相成，共同服务于中国特色社会主义的伟大事业。中国的学术体系建构，必须在汲取马克思主义和国外哲学社会科学的精华中，不断实现中国化和本土化，才能更加符合当代中国与世界的发展要求。再次，中国特色学术体系还需要围绕世情、国情的新变化来完善原有的理论体系，着力提出能体现中国立场、中国智慧、中国价值的中国方案，创造出更多独具民族特色的思想成果。越是民族的，就越是世界的。

就马克思主义而言，马克思主义的学术中国化早已不是一个孤立的民族问题，而是一个国际性问题，它与世界历史的发展息息相关。中国学术根植于整个人类的优秀文明，是汲取人类创造的所有优秀成果并加以创新而产生的。随着经济全球化的迅猛发展，构建中国特色学术体系不能仅仅局限在民族话语的狭小空间，而应超越地域的界线，使其在日益激烈的国际竞争中更具竞争力。作为以马克思主义为指导思想的中国特色学术体系,其情怀博大,应致力于服务整个人类社会的发展进步,以我为主,实现与人类文明发展共有话语的有效对接,汲取世界各国优秀的哲学社会科学学术成果,去糟取精,推陈出新,不断提升当代中国哲学社会科学话语的普适性。同时,中国学术界也应深刻总结和提炼当今中国的发展经验,形成极具中国特色的话语体系和高水平的学术理论成果,不能拘泥于国内的狭小空间,需要主动对外传播,争取最大限度地赢得国际社会的认同,努力占据国际话语的制高点,从而增强与国际学术界平等对话的能力和地位。在此基础上,积极参与和设立国际议题,建立海外中国问题研究中心,推动海外中国学发展,扩大视野格局,站在服务全人类的高度,积极参与各方面的国际事务,着力探索和解决人类面临的共同问题和困难,以中国声音和中国智慧建言献策,不断提高中国话语权的实际价值及影响力。

## 二、新时代马克思主义学术中国化的价值遵循

马克思主义学术所研究的是人类社会这一"属人的世界",必然涉及"为什么人"的立场导向的问题。构建中国特色学术体系必须在马克思主义指导下,坚持合理的价值关切,才能保证中国学术发展的正确导向。

### (一) 坚持服务于中国共产党治国理政的政治导向

2016 年 12 月 7 日,习近平总书记在全国高校思想政治工作会议上提出:"我国高等教育发展方向要同我国发展的现实目标和未来方向紧密联系在一起,为人民服务,为中国共产党治国理政服务,为巩固和发展中国特色社会主义制度服务,为改革开放和社会主义现代化建设服务。"①2019 年 3 月 18 日习近平总书记主持召开学校思想政治理论课教师座谈会时再次强调了"四个服务"的重要性与必要性。这两次会议相对于党的十六大提出的"坚持教育为社会主义现代化服务,为人民服务",不仅在内容上有很大扩充,在顺序上也有调整,尤其是将坚持"为中国共产党治国理政服务"的要求增添进去,并且调整到很高的战略高度。马克思主义引领下的中国哲学社会科学是我国思想政治教育工作的重要载体,是中国特色社会主义意识形态建设的关键环节。所以,马克思主义学术中国化建设必须坚持服务于中国共产党治国理政的政治导向。

首先,坚持以中国共产党治国理政为政治导向,是由学术评价的内在导向性决定的。导向特别是政治导向的正确与否,直接决定着整个中国学术

① 《习近平谈治国理政》第二卷,外文出版社 2017 年版,第 376—377 页。

发展的成败。中国特色学术体系本身就承担着为中国现实实践服务的历史使命,其评价体系自然也要为中国共产党治国理政这一中国现阶段最高的政治实践服务,评价出更多更好体现治国理政基本规律及原则方法的理论成果,引导广大学术研究者更加积极地关心时政,服务时政,研究和回答党治国理政中的新情况新问题,为优化党的领导和执政能力建言立说,充分发挥中国学术的资政作用。

其次,坚持以中国共产党治国理政为政治导向,是由中国共产党治国理政的历史实践决定的。在改革开放 40 多年的实践探索中,中国共产党积极顺应时代主题,回答社会发展难题,解决党自身建设问题,形成了一系列具有中国特色的治国理政新思想、新方略,尤其党的十八大以来,以习近平同志为核心的党中央在坚持和发展中国特色社会主义这一主旋律的前提下,以五大发展理念为引领,以"五位一体"总体布局为统揽,以"四个全面"战略为重点,对新时期中国特色社会主义进行深刻的理论和实践探索,取得了历史性成就,创立了习近平新时代中国特色社会主义思想,这是对中国共产党治国理政实践探索的经验总结和理论升华。历史和实践充分证明,中国共产党在探索实践中形成和发展起来的治国理政新思想是当前推进党治理能力现代化和治理体系现代化的正确指导思想和行动指南,能够为马克思主义引领下的学术中国化建设,提供方向指引和价值导向。

最后,坚持以中国共产党治国理政为政治导向,也是发挥主体引领作用的必然要求。党政军民学,东西南北中,党是领导一切的。在中国特色学术体系的建构过程中,党是最重要的领导主体。坚持以中国共产党治国理政为政治导向必然要自觉地坚持和维护党的领导主体地位,这是由中国共产党的历史地位决定的。目前,中国的学术体系在理论建构和评价实践方面都存在诸多问题,需要党在指导思想、价值目标、方法程序、队伍建设、制度保障等方面加强政治领导、组织领导和思想领导,只有在党领导下,中国特色学术体系才能更好地成为党治国理政研究和传播的坚实阵地,才能确保党治国理政的理论和实践深入人心、赢得认同,成为当代中国最核心的政治导向。

### (二）坚持以人民为中心的价值立场

马克思主义学术研究及评价必然涉及立场的问题,立场主要是由指导思想决定的。中国特色学术体系是在马克思主义的引领下逐渐建构起来的,人民立场是中国理论工作者必须坚持的正确立场。人民群众在创造物质和精神财富的同时,也在享受和评判着一切创造成果,可以说,人民群众的根本利益、意志和要求代表着社会发展的基本方向。坚持马克思主义学术中国化道路，反映在价值取向上，就是要坚持人民立场，将人民的根本利益和愿望贯穿于中国特色学术体系建构的全过程。

首先，坚持人民立场的价值取向，是马克思主义学术建构的基本要求。

习近平总书记指出："我国哲学社会科学要有所作为，就必须坚持以人民为中心的研究导向。脱离了人民，哲学社会科学就不会有吸引力、感染力、影响力、生命力。"①中国科学研究中"为什么人"的问题，实际上就是学术立场问题，对这一问题的回答直接决定着中国学术研究的根本性质。一切旧社会的学术研究都是为剥削阶级服务，是阶级统治的工具。而马克思主义指导下的学术研究是为人民服务，是人民自己的学问，具有鲜明的无产阶级性质，人民立场的价值取向是建构中国特色学术体系的应有之义。

近年来，在学术评价体系中，对"为什么人"问题的认识正被有意或无意地模糊化和边缘化，这从根本上来说，是对马克思主义人民立场的动摇，致使学术研究经常出现为博吸眼球而过分追求"标新立异"的倾向，他们自以为站在人民立场，实则只是"哗众取宠"而已，不利于科研事业的持续发展。世界上不存在纯而又纯的理论研究及评价，中国理论工作者为谁著书、为谁立言，为谁服务，这是检验其是否坚持人民立场的试金石。坚持人民性并不是要否定其学术性，而是要促进二者的有机融合，只有坚持人民性与学术性的辩证统一，才能真正实现中国学术体系的科学性与意识形态性有机结合。

其次，坚持人民立场的价值取向不应成为空洞的"口号式"标识，而应体现在中国学术评价的各个方面。

坚持人民立场，首先表现为评价中国学术成果的一种价值观选择，具有很强的主观性。正是由于这一立场的主观性和学术成果的多样性以及评价人员构成的复杂性，使得人民立场的价值取向在实际评价活动中的贯彻并不乐观，还很难成为每一个评价者都能始终如一坚决秉持的绝对立场。一些人，表面上高唱"人民至上"，把人民群众"吹捧"到"高空"，背后却将个人私利发挥到极致。究其原因，这其中不乏一些研究者和评价者自身价值观的选择问题，但大部分原因还与目前学术评价的浮躁风气和评价体系中"人民立场"指标的缺位有着较大关系，应该引起足够重视。

人民立场不应该只成为我们在评价哲学社会科学成果时的主观表态，而要将人民立场科学合理地体现在评价活动和评价指标的各个环节。比如，在启动评价工作前，要加强对评审专家的政治审查力度，一方面防止一

① 习近平：《在哲学社会科学工作座谈会上的讲话》，《人民日报》2016年5月19日。

些评价者立场不坚定而作出不当评价，另一方面可以提高评审专家的政治鉴别力，去伪存真，推出真正符合人民需求的优秀成果。另外，需要扭转和改善目前学术评价的浮躁风气。那些“曲高和寡”的“阳春白雪”固然能受到学术界的热捧，但学术研究的一个非常重要使命就是提高人民群众尤其是基层劳动人民的思想水平，所以，应适当提高那些更贴近群众生活实际的“下里巴人”的参评度，使那些专家眼中的“无价值”或“非学术”的成果与人民群众见面，使更多的人民群众直接成为评价主体，在人民与学术的互动中，提升人民群众的鉴赏水平和思想理论水平，进而促进科研成果的大众化转换。同时，评价体系应在主体、客体、目的、方法、指标、制度等各个方面体现人民利益要求，将人民群众的反馈意见作为重要指标纳入评价体系，进而把“从群众中来到群众中去”的群众路线贯彻落实到研究—评价—应用的各个环节，在人民群众的现实实践中，检验和提升学术成果的科学价值。

### （三）坚持中华民族伟大复兴的历史使命

中华民族伟大复兴是近代以来几代中国人共同奋斗和追求的伟大梦想，马克思主义正是顺应了这一历史主题，在漫长的革命、建设和改革的不断探索中开辟了通往民族复兴的正确道路。在当前中国特色社会主义进入新时代的背景下，我们比任何时期都更接近中华民族伟大复兴的梦想，也更有能力、更有信心实现“两个一百年”的奋斗目标。中华民族伟大复兴是全面的复兴，包括经济政治军事上的物质“硬实力”，也包括思想文化上的“软实力”，只有“软”“硬”一起抓，才是真正的民族复兴。

现阶段，中国的经济政治军事都取得了飞速发展，国际地位和国际话语权显著提升。但思想文化的“软实力”水平却相对滞后，中国学术体系的建构与中国特色社会主义实践的脱节现象比较严重，学术成果所呈现的思想水平明显滞后于中国特色社会主义的物质实践状况。因此，及时反映和推动中华民族伟大复兴，就成为新时代中国特色学术体系建设的重大使命。

以中华民族伟大复兴为使命，必须关注中国发展的现实问题。以问题为导向的发展思路是近代以来中国人民实现民族独立、国家富强、人民幸福的重要经验，也是党的十八大以来以习近平同志为核心的党中央提出一系列治国理政新观点、新思想、新战略的现实依据。中国哲学社会科学无论是其教书育人提升人民思想文化水平的教育功能，还是其以思想文化促进经济政治发展的社会功能，都离不开对中国现实问题的关注，尤其是在研究选题、研究目的层面上都要以提出和解决中国问题作为研究的出发点和立脚点。现实问题犹如学术研究的筋骨，以现实为基础的理论探索就构成了学术成果的血肉，只有筋骨强健才能负载更多的血肉。当前，马克思主义学术中国化建设应关注现实,立足国情,把握主题,并将对时代主题的反映程度作为重要的评价指标,在纷繁复杂的各种成果中评选出适应中华民族伟大复兴时代需要的优秀成果。

在这里,我们说马克思主义学术中国化要着眼于中华民族伟大复兴的历史使命,并不是要求所有领域的研究都要以提供政策性建议为目的,那些针对某些领域某些方面的学理性研究仍是必不可少的,它也是中华民族文化复兴的重要使命。只有坚持现实性与学理性的辩证统一,才能促进中国学术发展的持久繁荣。

# 结　语

马克思主义学术中国化是建构中国特色哲学社会科学的逻辑起点和内在动力，这是中国近代特殊场域所赋予学术领域的必然规定性。

在近代中国半殖民地半封建的特殊国情下，中国知识界面临着政治革命与学术重构的双重任务。无论是外来西学，还是传统中学，都已不能代表中国学术的前进方向。十月革命后，马克思主义的系统译介，不仅为黑暗中摸索的中国知识界带来了“真理的火炬”，也开启了中国特色哲学社会科学建构的历史进程。早期马克思主义理论家遵循马克思主义学术中国化的逻辑进路，坚持科学性与价值性相统一的治学导向，立足于中国社会性质的剖析和中国革命规律的探寻，促进学术研究与革命实践的动态结合，一定程度上突破了近代知识界“非中即西”的思维桎梏，走出了一条立足实践、扬弃中西的新民主主义发展路径，开辟了马克思主义引领中国学术发展的新格局，为中国特色哲学社会科学的系统建构，创造了良好开端。

新民主主义革命时期马克思主义学术中国化的探索历程已充分证明：学术中国化是中国哲学社会科学的必然取向；只有自觉接受马克思主义指导，中国哲学社会科学才能在学术中国化的道路上拓展出更为广阔的发展前景。

# 参考文献

## 一、经典文献及著作

[1]《马克思恩格斯文集》第1、2、10卷,人民出版社2009年版。
[2]《马克思恩格斯全集》第27卷,人民出版社2004年版。
[3]《马克思恩格斯选集》第1卷,人民出版社2012年版。
[4]《马克思恩格斯选集》第3卷,人民出版社2012年版。
[5]《列宁选集》第1、2、4卷,人民出版社2012年版。
[6]《毛泽东选集》第一—四卷,人民出版社1991年版。
[7]《毛泽东文集》第二卷,人民出版社1993年版。
[8]《毛泽东文集》第七卷,人民出版社1999年版。
[9]《毛泽东农村调查文集》,人民出版社1982年版。
[10]《毛泽东书信选集》,中央文献出版社2003年版。
[11]陈独秀:《独秀文存·论文》(上、下),首都经济贸易大学出版社2018年版。
[12]《陈独秀文选》,四川文艺出版社2009年版。
[13]《陈独秀著作选》第1、2卷,上海人民出版社1993年版。
[14]《李大钊文集》(上、下),人民出版社1984年版。
[15]《李大钊全集》第2、4卷,人民出版社2013年版。
[16]《郭沫若全集》第16卷,人民文学出版社1989年版。
[17]《艾思奇全书》第3卷,人民出版社2006年版。
[18]《艾思奇文集》第1卷,人民出版社1981年版。
[19]《李达文集》第3卷,人民出版社1980年版。
[20]李达:《现代社会学》,武汉大学出版社2007年版。
[21]《孙冶方全集》第1卷,山西经济出版社1998年版。
[22]翦伯赞:《历史哲学教程》,河北教育出版社2000年版。
[23]《王学文经济文选》,经济科学出版社1986年版。
[24]《王亚南文集》第1、3卷,福建教育出版社1987年版。
[25]《薛暮桥学术精华录》,北京师范学院出版社1988年版。
[26]《张闻天晋陕调查文集》,中共党史出版社1994年版。
[27]《瞿秋白文集(政治理论编)》第2卷,人民出版社2013年版。
[28]《胡绳文集》,重庆出版社1990年版。
[29]《柳湜文集》,生活·读书·新知三联书店1987年版。
[30]《严复集》第1卷,中华书局1986年版。
[31]梁启超:《新史学》,商务印书馆2014年版。

[32]梁启超:《清代学术概论》,天津古籍出版社 2004 年版。
[33]《胡适文集》,北京大学出版社 1998 年版。
[34]侯外庐:《韧的追求》,生活·读书·新知三联书店 1980 年版。
[35]吕振羽:《中国社会史诸问题》,生活·读书·新知三联书店 1961 年版。
[36]胡风:《胡风评论集》,人民文学出版社 1984 年版。
[37]《何干之文集》第 2 卷,北京出版社 1994 年版。
[38]《周扬文集》第 1 卷,人民文学出版社 1984 年版。
[39]《蔡和森的十二篇文章》,人民出版社 1980 年版。
[40]冯友兰:《三松堂学术文集》,北京大学出版社 1994 年版。
[41]冯友兰:《三松堂全集》第 4 卷,河南人民出版社 1996 年版。
[42]《新兴社会科学研究大纲》,科学研究会 1932 年版。
[43]平心:《社会科学研究法》,生活书店 1946 年版。
[44]陈瑞志:《现代社会科学讲话》,生活书店 1935 年版。
[45]祝伯英:《社会科学讲话》,开明书店 1948 年版。
[46]沈志远:《妇女社会科学常识读本》,生活书店 1936 年版。
[47]杨剑秀:《社会科学概论》,现代书局 1932 年版。
[48]胡秋原:《一百三十年来中国思想史纲》,学术出版社 1983 年版。
[49]张申府:《什么是新启蒙运动》,生活书店 1939 年版。
[50]陈伯达:《真理的追求》,新知书店 1937 年版。
[51]沈志远:《新社会学底基本问题》,生活·读书·新知联合发行所 1949 年版。
[52]许德珩:《社会学讲话》,上海书店 1990 年版。
[53]姜君辰:《社会学入门》,文化供应社 1941 年版。
[54]苏光文:《文学理论史料选》,四川教育出版社 1988 年版。
[55]陈翰笙:《四个时代的我》,中国文史出版社 1988 年版。
[56]《郭嵩焘日记》第 3 卷,湖南人民出版社 1982 年版。
[57]郑逸梅:《中国近代文学大系·书信日记集二》,上海书店 1992 年版。
[58]《郑孝胥日记》,中华书局 1993 年版。
[59]葛兆光:《中国思想史》,复旦大学出版社 2013 年版。
[60]中国社会科学院文学研究所编:《左联回忆录》,知识产权出版社 2010 年版。
[61]上海鲁迅纪念馆编:《纪念与研究》第 2 辑,上海鲁迅纪念馆 1980 年版。
[62]矛盾:《我走过的道路》(上),人民文学出版社 1997 年版。
[63][美]埃德加·斯诺:《西行漫记》,董乐山译,东方出版社 2010 年版。
[64]刘益涛:《十年纪事——1937—1947 年毛泽东在延安》,中共党史出版社 2007 年版。
[65]《缅怀毛泽东》(下册),中央文献出版社 2013 年版。
[66]中共党史人物研究会编:《中共党史人物传》第 44 卷,陕西人民出版社 1990 年版。
[67]陈平原:《中国现代学术之建立——以章太炎、胡适之为中心》,北京大学出版社 2010 年版。

[68]吕思勉、童书业编著:《古史辨》第7册(上编),上海古籍出版社1982年版。

[69]贺麟:《文化与人生》,商务印书馆2005年版。

[70]李泽厚:《中国现代思想史论》,生活·读书·新知三联书店2008年版。

[71]许纪霖:《二十世纪中国思想史论》上卷,东方出版中心2000年版。

[72]吴汉全:《中国马克思主义学术史概论》(上、中、下),吉林人民出版社2010年版。

[73]林岱昭、潘国华:《马克思主义在中国——从影响的传入到传播》(上册),清华大学出版社1970年版。

[74]中国革命博物馆、湖南省博物馆编:《新民学会资料》,人民出版社1980年版。

[75]徐迺翔编:《中国新文艺大系(1937—1949)理论史料集》,中国文联出版社1998年版。

[76]钟离蒙、杨凤麟主编:《中国现代哲学史资料汇编》第2辑第4册,辽宁大学出版社1981年版。

[77]中国社会科学院近代史研究所编:《五四运动回忆录》上册,中国社会科学出版社1979年版。

[78]刘大年:《中国复兴枢纽——抗日战争的八年》,北京出版社1997年版。

[79]蔡尚思:《中国现代思想史资料简编》第3卷,浙江人民出版社1983年版。

[80]高军编:《中国社会性质问题论战资料选辑》(上、下),人民出版社1984年版。

[81]彭明:《中国现代史资料选辑》第五册补编,中国人民大学出版社1989年版。

[82]郑师渠:《中国共产党文化思想史研究》,中共中央党校出版社2007年版。

[83]郭湛波:《民国学术文化丛书:近五十年中国思想史》,岳麓书社2013年版。

[84]冯契:《中国近代哲学的革命进程》,上海人民出版社1989年版。

[85]中共中央书记处编:《六大以前》,人民出版社1980年版。

[86]中央档案馆编:《中共中央文件选集》第11册,中共中央党校出版社1991年版。

## 二、马克思主义学术中国化相关文献

[1]齐思和:《近百年来中国史学的发展》,《燕京社会科学》1949年第2期。

[2]谭辅之:《最近的中国哲学界》,《文化建设》1936年第6期。

[3]杨铨:《中国近三十年社会改造思想》,《东方杂志》1924年第17期。

[4]仲九:《教育高在的方法》,《中华教育界》1920年第3期。

[5]舒新城:《论道尔顿制精神答余家菊》,《中华教育界》1924年第8期。

[6]《社会科学者应当努力》,《大公报》1930年2月。

[7]潘梓年:《新阶段学术运动的任务》,《理论与现实》1939年第4期。

[8]《创刊献辞》,《理论与现实》1939年第1期。

[9]潘菽:《学术中国化问题的发端》,《读书月报》1939年第3期。

[10]柳湜:《论中国化》,《读书月报》1939年第3期。

[11]成仿吾:《从文学革命到革命文学》,《创造月刊》1928年第9期。

[12]郭沫若:《革命与文学》,《创造月刊》1926年第3期。

[13]康选宜、杜纲百:《上海各大学教职员联合会会务报告》,上海各大学教职员联合会,1935 年。

[14]张申府:《五四纪念与新启蒙运动》,《北平新报》1937 年 5 月 2 日。

[15]陈伯达:《哲学的国防总动员》,《读书生活》1936 年第 9 期。

[16]艾思奇:《什么是新启蒙运动》,《国民周刊》1937 年第 8 期。

[17]张申府:《论中国化》,《战时文化》1939 年第 2 期。

[18]柳湜:《抗战以来文化运动的发展》,《战时文化》(创刊号),1938 年。

[19]陈独秀:《复东荪先生信》,《新青年》1920 年第 4 期。

[20]《中国社会科学家联盟纲领》,《世界文化》(创刊号),1930 年。

[21]吴亮平:《中国社会科学运动的意义》,《世界文化》(创刊号),1930 年。

[22]何干之:《研究中国社会史的基本知识》,《自修大学》1937 年第 1 期。

[23]胡适:《建国问题引论》,《独立评论》1933 年 11 月 19 日。

[24]张如心:《论布尔塞维克的教育家》,《共产党人》1941 年第 16 期。

[25]吕振羽:《国共两党和中国之命运》,《解放日报》1943 年 8 月 7 日。

[26]陈伯达:《评〈中国之命运〉》,《解放日报》1943 年 8 月 7 日。

[27]张如心:《在毛泽东同志的旗帜下前进》,《解放》1941 年第 127 期。

[28]张如心:《学习和掌握毛泽东同志的理论和策略》,《解放日报》1942 年 2 月 18 日。

[29]陈伯达:《论新启蒙运动》,《新世纪》1936 年第 2 期。

## 三、学术界已有相关研究

[1]吴汉全:《试论中共根据地时期的马克思主义学术建设》,《湖南师范大学社会科学学报》2019 年第 5 期。

[2]邱慧青、梅岚:《马克思主义的科学性审视》,《马克思主义与现实》2019 年第 4 期。

[3]吕惠东:《五四时期建构中国马克思主义学术体系的探索》,《毛泽东研究》2019 年第 3 期。

[4]漆调兰:《延安时期"学术中国化"运动再阐释》,《广西社会科学》2018 年第 10 期。

[5]杜吉刚、周敬新:《抗战时期"学术中国化"讨论中的话语张力》,《南昌大学学报(人文社会科学版)》2018 年第 5 期。

[6]王朝庆:《"中国化"思潮与马克思主义中国化思想的互动研究——以 20 世纪 20—40 年代为考察范围》,《马克思主义与现实》2018 年第 4 期。

[7]郭淑新:《马克思主义哲学中国化的学术化进程——以李达、艾思奇、冯契为坐标》,《中共宁波市委党校学报》2018 年第 4 期。

[8]汪信砚:《马克思主义哲学中国化与中国道路的哲学表达》,《哲学研究》2018 年第 1 期。

[9]李维武:《新文化运动中的唯物史观派》,《武汉大学学报(人文科学版)》2017 年第 4 期。

[10]王朝庆、王刚:《论抗战时期艾思奇对“学术中国化”运动的贡献》,《毛泽东思想研究》2017年第1期。

[11]刘小红:《中国早期马克思主义学术话语的建构路径》,《甘肃社会科学》2017年第1期。

[12]张安、赵亮:《马克思主义中国化生成的逻辑理路——以学术中国化思潮为考察视角》,《湖北民族学院学报(哲学社会科学版)》2016年第5期。

[13]陈红娟、靳书君:《中国化马克思主义学术话语的历史渊源与现实反思》,《社会主义研究》2016年第5期。

[14]郑大华:《抗战时期“学术中国化”运动的再研究——纪念抗日战争胜利七十周年》,《浙江学刊》2015年第4期。

[15]姚宏志:《毛泽东与抗战时期“学术中国化”运动》,《安徽师范大学学报(人文社会科学版)》2015年第3期。

[16]龚云:《马克思主义学者与中国化——以“半殖民地半封建社会”概念的论证、把握为例》,《马克思主义研究》2013年第9期。

[17]汪信砚:《马克思主义哲学在中国的传播与马克思主义哲学中国化》,《马克思主义研究》2013年第8期。

[18]师吉金:《关于马克思主义中国化学术史研究的思考》,《理论月刊》2013年第5期。

[19]赵铁锁、解庆宾:《20世纪上半叶“中国化”思潮与“马克思主义中国化”起源研究述评》,《理论学刊》2013年第1期。

[20]刘建军:《论五四时期的信仰危机与信仰求索》,《中国人民大学学报》2012年第3期。

[21]侯静:《马克思主义中国化的学术文化背景——以20世纪上半期学术界中国化思潮为视角》,《社会科学家》2012年第4期。

[22]侯静:《20世纪上半叶马克思主义学术中国化之检视》,《理论导刊》2011年第12期。

[23]马启民、侯静:《试论20世纪上半期学术界“中国化”思潮》,《陕西师范大学学报(哲学社会科学版)》2011年第6期。

[24]龚云:《中国共产党新民主主义革命时期领导哲学社会科学的成就与经验》,《中共杭州市委党校学报》2011年第3期。

[25]孙辉:《马克思主义中国化的学术意义》,《哲学研究》2010年第3期。

[26]李培林:《20世纪上半叶的唯物史观社会学》,《东岳论丛》2009年第1期。

[27]向燕南:《20世纪二三十年代中国新社会科学运动与史学发展的新境界》,《江海学刊》2008年第3期。

[28]李方祥:《二十世纪三四十年代“学术中国化”与“马克思主义中国化”的思潮互动》,《中共党史研究》2008年第2期。

[29]王向清:《学术层面马克思主义哲学中国化的逻辑发展》,《马克思主义与现实》2007年第6期。

[30]欧阳军喜:《论抗日战争时期的“学术中国化”运动》,《中共党史研究》2007年

第 3 期。

[31]吴汉全:《留学生对马克思主义社会学中国化的努力》,《盐城师范学院学报(人文社会科学版)》2005 年第 4 期。

[32]向燕南:《新社会科学运动(1920 年代末至 1930 年代中)与中国社会科学的发展》,《学术研究》2005 年第 4 期。

[33]方松华:《近百年中国学术思潮反思》,《上海行政学院学报》2004 年第 5 期。

[34]郁建兴:《在科学与意识形态之间——关于马克思主义哲学研究的合法性问题》,《哲学研究》2004 年第 9 期。

[35]周向军:《论科学的马克思主义观》,《山东大学学报(哲学社会科学版)》2003 年第 6 期。

[36]许全兴:《马克思主义中国化的政治层面和学术层面区分》,《理论前沿》2003 年第 18 期。

[37]尹保云:《"马克思主义中国化"的学术定位》,《科学社会主义》2002 年第 3 期。

[38]方朝晖:《"中学"与"西学":重新解读现代中国学术史》,《天津社会科学》2002 年第 3 期。

[39]何兆武:《"中学"、"西学"与历史文化传统——序〈"中学"与"西学"——重新解读现代中国学术史〉一书》,《学术研究》2002 年第 1 期。

[40]冯崇义:《中国抗日战争时期的中国化思潮》,《开放时代》1998 年第 2 期。

[41]陈金龙:《"半殖民地半封建"概念形成过程考析》,《近代史研究》1996 年第 4 期。

# 后　记

马克思主义学术中国化研究既是增强马克思主义中国化科学性、规范性的题中之义，也是建构中国特色哲学社会科学体系的逻辑起点。但由于这一领域所涉及的学科门类较广、思想纷争较多、话语梳理较烦琐，目前学术界的研究还相对薄弱。为了做好该课题的研究，我们查阅了大量文献资料，拜读了许多专家学者的已有成果，经历了反复的修改打磨与头脑风暴，最终才粗浅成稿。这一过程，让我们开拓了视野，增长了见识，领略到马克思主义学术中国化探索历程的博大精深，更深刻体会到"学无止境"这一警训的现实激励意义。

本书主要以新民主主义革命时期为时域，以中国特色哲学社会科学的起源为语境，力图从马克思主义学术中国化的进程中总结出马克思主义引领中国哲学社会科学的内在逻辑，尚未涉及新中国成立后特别是改革开放以来马克思主义学术中国化发展状况的探讨，只能作为该领域研究的一个初步成果，以此抛砖引玉，期待学术界更多研究大作的出炉。

本书的顺利完稿，首先得益于国家社科基金的大力资助，全国哲学社会科学规划办公室在本书的审定、修改等环节，回馈了很多中肯的意见和建议，为书稿的完成，发挥了关键作用。本书的完成，还得力于浙江大学马克思主义学院的鼎力支持，学院各位领导和同事在课题的申报论证等方面，予以了大量的指导和帮助。在本书的写作过程中，我的博士生陈仁锋积极参与了第三、四、六、七章内容的撰写，共计完成 15 万余字。

由于学术水平和专业基础所限，书稿肯定还存在诸多不足之处，还请各位同仁不吝批评指正，不胜感激。

**庞　虎**

2024 年 10 月 22 日